承继的共犯研究

Research on Successive Complicity

王永浩　著

中国社会科学出版社

图书在版编目（CIP）数据

承继的共犯研究／王永浩著．—北京：中国社会科学出版社，2024.6
ISBN 978-7-5227-3410-1

Ⅰ.①承… Ⅱ.①王… Ⅲ.①同案犯—研究—中国 Ⅳ.①D924.04

中国国家版本馆 CIP 数据核字（2024）第 073754 号

出 版 人	赵剑英	
责任编辑	梁剑琴	
责任校对	赵雪姣	
责任印制	郝美娜	

出　　版	中国社会科学出版社
社　　址	北京鼓楼西大街甲 158 号
邮　　编	100720
网　　址	http://www.csspw.cn
发 行 部	010-84083685
门 市 部	010-84029450
经　　销	新华书店及其他书店

印刷装订	北京君升印刷有限公司
版　　次	2024 年 6 月第 1 版
印　　次	2024 年 6 月第 1 次印刷

开　　本	710×1000 1/16
印　　张	19.5
插　　页	2
字　　数	272 千字
定　　价	118.00 元

凡购买中国社会科学出版社图书，如有质量问题请与本社营销中心联系调换
电话：010-84083683
版权所有　侵权必究

出 版 说 明

为进一步加大对哲学社会科学领域青年人才扶持力度，促进优秀青年学者更快更好成长，国家社科基金 2019 年起设立博士论文出版项目，重点资助学术基础扎实、具有创新意识和发展潜力的青年学者。每年评选一次。2022 年经组织申报、专家评审、社会公示，评选出第四批博士论文项目。按照"统一标识、统一封面、统一版式、统一标准"的总体要求，现予出版，以飨读者。

全国哲学社会科学工作办公室
2023 年

序

本书是我指导的博士生王永浩的同名博士论文，该文获得"国家社科基金优秀博士论文出版项目"资助。在论文即将付梓之际，他邀请我为人生第一部专著作序，我的反应是有些迟疑和犹豫的，因为我不太确信我写的序于他的意义是积极的还是消极的。但考虑到他是我指导的第一位博士，我也是该著作的第一位读者，在他艰辛付出取得的成果即将问世之际，作为他学术成长的参与人和见证者，不应该缺席。所以选择接受邀请，向学界同仁推荐他的心血之作。

承继共犯的核心问题是后行为者的责任范围，对此理论界长期争论不休，并形成了全面肯定、全面否定及各种繁杂的中间性学说。尽管承继的共犯是共犯论中一个比较小的论题，却并非孤立的一个点，其与诸如共同正犯的本质、狭义共犯的处罚根据等共犯基础理论紧密关联。因此，试图在"绝望之章"中展开小切口式的研究并有所突破，确实存在相当的难度。不过，研究承继共犯具有很高的学术价值，是"难而正确"的事情。一方面，这与其宽广的理论辐射面有关；另一方面，晚近以来的中外司法实务出现了新的动态，值得给予理论上进一步关注和回应。

我长期为研究生讲授《欧陆日本刑法》专业课，关于承继共犯问题，我注意到日本最高裁判所于2012年（平成二十四年）就一起故意伤害案作出的判决，该判决引发了我对承继共犯理论的思考。为此，我与所带研究生吴荣富（现日本北海道大学刑法学博士）合作撰写了《论承继共犯的范围——对日本最高裁判所平成24年11月6日判决的思考》（发表在《湘江法律评论》第14卷），该文提出：对单一行为犯与复合行为犯中的承继共犯，应采取不同的理论。具体来说，在单一行为犯中，应以后行为对全体犯罪实现所发挥作用重要与否为标准，判断是否成立承继的共同正犯；在复合行为犯中，应在规范层面理解实行行为，只要先行者的实行行为正在进行，后行为者基于共同行为决意加入，即可就全体犯罪成立共同犯罪，但主观上没有必要存在利用意思。此后，随着对国内外相关著述、案例更广泛和深入的了解，我对承继共犯的兴趣持续增加。于是，在与王永浩讨论博士学位论文选题时，我建议他将"承继的共犯"作为选题，彼时他的关注点是"刑法立法活性化"问题，面对我的建议，他面露难色，对于这一被学界视为"绝望之章"的共犯选题，他向我表达了对自己驾驭能力的担忧。但令人欣慰的是，经过一段时间的慎重思考，他接受了这个挑战，而且最终完成的效果不错。在盲评阶段，他的论文受到了专家们的一致好评，圆满通过了毕业答辩，并获评校级优秀博士论文。毕业后，他回到家乡山西，入职山西财经大学法学院，2022年该文获得"国家社科基金优秀博士论文出版项目"立项资助。对于学术研究起步阶段的青年学者来说，这是莫大的肯定与鼓舞。

应该说，王永浩的论文在以下几方面是值得肯定的。

第一，本书对我国及德日的承继共犯司法实践动态进行了梳理，特别是以个案的裁判规则为突破口，深入剖析了其背后的责任判断原理、共犯认定方法等方面的差异。可以说，本书所做的工作，为我们窥见承继共犯乃至共同犯罪的司法认定状况，提供了真实的窗口和宝贵的素材。

第二，关于承继共犯的刑事责任，本书创造性地将其分拆为后行为者的行为性质和责任范围两个问题，并基于共同正犯和帮助犯的构造差异，分别探讨了承继共同正犯和承继帮助犯的归责原理。据我所知，大多数既有的研究未区分行为性质和责任范围，并且有相当一部分文献采用统一原理处理承继共同正犯和承继帮助犯的问题,相较而言,本书在研究思路上有显著的创新。

第三,本书提出的具体观点具有新意。例如,本书提出共同正犯"部分实行,全部责任"植根于以共犯人主观上的"意思疏通"和客观上的"相互利用、相互补充"为依据的"行为相互性归属",在此基础上,本书认为,"先行为效果持续"和先后行为人的意思联络具有使先后两段行为形成"共同性"的机能。基于此,后行为者的行为性质原则上与先行为者一致。再如,为了协调我国刑法对共犯人采取的分工分类与作用分类法,本书提倡缓和正犯实质化的程度,以"半实质化"的正犯概念为中心重塑区分制犯罪参与体系。在具体个罪中,他引入不法结构的概念,以便妥当地进行共犯人的责任认定。这些观点都令人耳目一新。当然,书中还提出了不少有价值的新观点,在此不进行赘述,留待读者研读和讨论。

当然,本书的某些观点尚存可补强、可商榷之处。在我看来,立足部分犯罪共同说阐释共同正犯的本质,不可避免地会面临不同观点的质疑:一方面,共同犯罪是不法形态,旨在实现结果归属,讨论"共同犯罪犯的是什么罪"并没有多大意义,而且在片面共同正犯的场合,还容易造成处罚漏洞;另一方面,从彻底地贯彻个人主义原则来看,部分犯罪共同说不可能认可共犯是各人实现自己的犯罪,多少带有团体主义的色彩。当然,这仍是一个需要继续深入探讨的问题。另外,为了协调两种共犯人分类方法,本书引入"不法结构"概念,这实质上与规范的实行行为说这种少数说更为接近。我个人认为,对具体问题的研究,关注弱势理论是有极大助益的。诚如张明楷教授所说,"一个学科和理论的发展,一定要有人从弱势着手"。既然本书的具体观点倾向于学界的少数说,这就意味在论证上需要更加精细与严谨。仅就此方面,我以为,王永浩博士的这部专著还有努力的空间。但瑕不掩瑜,本书毫无疑问是我国承继共犯领域研究的一部新锐之作。

王永浩博士为人谦和、真诚、善良,为学勤勉、踏实、严谨。

他对自己的评价是天资并不突出，唯有努力。在跟随我攻读硕士、博士学位的六年时间里，他几乎每个暑假都不回家，寒假也是临近过年才离开学校。即使处在利用假期兼职挣取生活费期间，他也经常熬夜阅读了不少专业著作，学术积累扎实。此外，在专业学习之余，他广泛涉猎政治学、历史学、经济学、社会学等相关领域，构筑了较为健全的知识结构体系。他也是担任我的助教和助研时间最长的学生，因此，我们的交流可谓全方位的，我非常了解他的成长经历，一路走来，他极其不易，好在他有着强大抗压抗挫能力的心理支撑。现在他也成长为硕士生导师了，不仅授课深受学生喜爱，科研上也收获了一个良好的开端。确实可喜可贺！作为导师，我深感欣慰。

最后，我希望他能够平衡好健康、工作和生活，人生精彩、学术精湛！

是为序。

程　红

2023 年 11 月 10 日

摘　　要

　　承继的共犯，是指先行为者着手实行部分行为并产生一定结果（状态）后，知情的后行为者参与进来共同实行或协助先行为者完成剩余行为的情况。承继共犯论主要围绕承继共犯的构造及后行为者的刑事责任展开，其中后者是核心问题所在。

　　宏观上考察，德国、日本及深受德日影响的中国台湾的司法实务，全面肯定承继共犯的观点已然式微，限定地肯定承继共犯、彻底否定承继共犯的判例成为主流；在我国司法实践中，全面肯定承继共犯仍得到广泛认同，但中间性、否定性判决也越来越有力。从中观层面看，（限定）肯定性裁判例对共犯的认定倾向于采取整体判断的方法，在量刑时予以个别化处理；而否定性判例对共犯认定及处罚均倾向于采取个别判断的方法。在微观的裁判规则方面，（限定）肯定承继共犯的判例多以"一罪不可分割性""认识、容认""积极利用"和"先行为效果持续"作为理据；而否定承继共犯的裁判普遍以"不存在共同故意""因果性阙如"等作为依据。

　　关于后行为者介入的最后时点，不能形式地以犯罪既遂为标准，也不宜抽象地以犯罪实质终了为标尺。只要先行为者的犯罪能够评价为正在实行，后行为者即可共谋参与，并建立共犯关系。承继共同正犯中，先、后行为人没有必要共同分担实施完成剩余行为，这是正犯实质化的必然归结。不过，承继共犯以"一罪性关系"为前提，且先、后相续的行为只能发生于"同一机会"中。因此，单纯一罪和包括一罪中通常存在承继共犯问题，但在牵连犯中没有讨论承继共犯的必要和价值。

对于后行为者的刑事责任，应区分为行为性质和责任范围两个问题，并分别根据共同正犯与帮助犯的法理进行探讨。

共同正犯是"共同引起"不法侵害的犯罪参与类型，"部分实行，全部责任"植根于以主观上的"意思疏通"（共谋）和客观上的"相互利用、相互补充"为依据的"行为相互性归属"。因此，部分犯罪共同说才能够正确地揭示共同正犯的本质，并且也与我国刑法规定相适应。在正犯实质化的背景下，根据部分犯罪共同说，成立共同正犯以行为人间存在意思联络和共同实行为必需，但不要求现实地分担实行行为。在承继的共同正犯的场合，先、后行为人于犯罪中途所进行的意思联络以及"先行为效果正在持续"具有"黏合"先后两段行为、将后行为者参与前的行为事实纳入"共谋射程"进而使之形成"共同性"的机能。因此，后行为者原则上可以承继先行为者犯罪的构成要件之评价。帮助犯是通过正犯"间接引起"不法侵害的犯罪参与类型，只要后行为者促进先行正犯实行及其法益侵害结果，就可以认定成立先行正犯的帮助犯。因此，成立承继帮助犯不要求"先行为效果正在持续"，也不要求帮助者与先行正犯存在意思联络。原则上，后行的帮助犯也可以承继先行正犯犯罪的构成要件之评价。

在责任范围方面，承继共同正犯与承继帮助犯只能对自己参与"共同引起"或"促进实现"的构成要件承担责任。由于结合犯之前罪、结果加重犯等加重构成具有相对独立性，因此后行为者对先行为者独立实现的结合犯之前罪与加重构成不承担责任；但是，量刑规则并未超越同一构成要件，因而只要该量刑规则是在"同一机会"中实现的，就应当适用其对先、后两部分行为进行整体评价。

承继共犯的归责更是一个实定法的问题，所以必须回归到我国刑法语境中，特别是犯罪参与体系与个罪的不法结构。对我国刑法采取的分工与作用相结合的共犯分类方法，虽有多种解释空间，但考虑到单一正犯体系的缺陷，应尽可能将其解释为区分制。实务和理论通说将实行犯区分为主要实行犯和次要实行犯,前者属于主犯、后者与帮助犯一并归属于从犯。理解我国共犯参与体系时,必须兼顾这一事实。在肯定正犯实质化具有方向合理性的前提下,应缓和实质化的程度,以"半实质化"的正犯概念为核心重塑区分制。即:行为人支配或控制构成要件行为之"次要的不法结构"部分,成立次要的实行犯;反之,行为人支配或控制构成要件行为之"重要的不法结构"部分,则成立主要的实行犯;辅助或促进实行行为及其结果的,成立帮助犯。次要实行犯与帮助犯均属于从犯,其处罚轻重应根据所发挥的作用,进行个别判断。在具体个罪中,应当首先以保护法益为指导,运用体系解释的方法解明该罪的不法结构,并结合案件事实判断行为人所发挥的作用。后行为者控制构成要件行为之"次要的不法结构"部分,应认定为次要的承继正犯;后行为者控制构成要件行为之"重要的不法结构"部分的,则成立主要的承继正犯;后行为者促进先行者犯罪遂行的,只能成立承继帮助犯。以上述原理为指导,本书具体分析了故意伤害罪、非法拘禁罪、绑架罪、抢劫罪、盗窃罪、诈骗罪中承继共犯的刑事责任。

关键词:承继共同正犯;承继帮助犯;犯罪参与体系;行为性质;责任范围

Abstract

Successive complicity refers to the situation where the first perpetrator initiates a partial criminal act, resulting in certain results (states), then the informed subsequent actor is involved in either jointly executing or assisting the first perpetrator in completing the remaining act. The theory of successive complicity primarily revolves around the structure of successive complicity and the criminal responsibility of subsequent actor, with the latter being the core issue.

From a macro perspective, in the judicial practice of Germany, Japan, and Taiwan Province of China, which have been significantly influenced by German and Japan, the viewpoint of fully affirming successive complicity has declined, instead, the legal precedents of limiting and completely denying successive complicity have become prevalent. In the judicial practice of the mainland of China, while there remains a wide recognition of the perspective fully affirming successive complicity among judicial bodies, intermediate and negative viewpoints are also gaining increasingly powerful. Looking at this issue from a mesoscopic perspective, the (limited or comprehensive) affirmative judgements of successive complicity tends to adopt a holistic approach in the determination of whether an accomplice is established or not, while a more individualized treatment is applied in sentencing. The cases of negating successive complicity to lean towards an individualized approach to the identification and punishment of accomplices. At a micro level, (limited or comprehensive) precedents that affirm successive complicity are often based on the principles of "indivisibility of one crime", "recognize it even after knowing the prior crime", "actively utilize the prior crime", and "the effect of the prior criminal act is ongoing". On the other hand, judgments that deny successive complicity generally hinge on factors like "no joint intention", "absence of causality".

The final time point at which the subsequent actor intervenes should not be formally contingent on the completed crime, nor should it be solely based on the substantive end of the criminal act. As long as the crime of the former actor can be evaluated as being implemented, the subsequent actor can collude in participation and establish an accomplice relationship. It is not necessary for the actors to share and complete the residual criminal behavior, which is the inevitable result of the substantiation of the principal offender. Successive complicity operates on the premise of "one crime", and the two consecutive behaviors in successive complicity can only occur within "the same opportunity". Therefore, the issue of successive complicity commonly arises in cases of a single crime and inclusive offence, but discussing successive complicity in implicated offences holds neither necessity nor value.

The criminal liability of the latter actor should be divided into two aspects: the nature of the act and the scope of responsibility. These should be further discussed independently based on the legal principles of joint principal offenders and accessory offenders.

The joint principal offender is a type of crime that jointly causes illegal infringement. The principle of "part action with full responsibilities" is rooted in the "attribution of mutual behavior" based on subjective "intention communication" (collusion) and objective "mutual utilization and supplementation". Therefore, the theory of partly criminal common can accurately reveal the essence of the joint principal offender, aligning with the provisions of Chinese criminal law. In the context of the substantive principal offender, as posited by the theory of partly criminal common, it is necessary that the existence of intention communication and joint execution among the involved parties for the establishment of the joint principal offender. However, it does not require a realistic sharing of the execution behavior. As for the successive joint principal offender, the communication of intentions between the prior and latter actor during the commission of the crime, as well as the "ongoing effect of the prior act", have the function of "bonding" the two consecutive behaviors and incorporating the fact before the latter actor participated in into the "range of conspiracy", thereby forming a "commonality". Hence, in principle, the subsequent actor can inherit the evaluation of the constituent elements of the preceding actor's crime. The accessory offender is a type of crime that indirectly causes illegal infringement through the principal offender. As long as the latter actor promotes the former principal offender to commit the crime and indirectly causes the result of legal interest infringement, it can be recognized as accessory offender. Consequently, the establishment of successive accessory offender does not require "the effect of the prior act is ongoing", nor does it require intention communication between the accessory offender with the prior principal offender. In essence, the subsequent accomplice can also inherit the assessment of the constituent elements of the principal offender's crime.

In terms of the scope of responsibility, successive joint perpetrators and successive accessory offenders are solely bear responsibility for their individual involvement in the constituent elements of "jointly causation" or "facilitating realization". Given the relative independence of the aggravating result of aggregated consequential offence and the preceding offence in a combined crime, the latter actor is not held accountable for it. Nevertheless, sentencing rules do not exceed the same constituent elements. Thus, as long as the sentencing rules are implemented within the "same opportunity", they should be applied to evaluate the two consecutive behaviors.

The attribution of criminal liability for successive complicity must be based on the provisions of Chinese criminal law, especially those pertaining to the criminal participation system and the illegalstructure of a specific offence. While there are many ways to explain traditional classification of accomplices based on work-division and function categorization, it is imperative to lean towards an interpretation that favors a differentiated system, given the limitations of the unitary system. In both judicial practice and theoretical discourse, perpetrators are typically categorized into principal perpetrators and secondary perpetrators. The former is classified as the principal and the latter belongs to the accessory together with help offender. This dual classification must be taken into consideration when comprehending the criminal participation system within Chinese criminal law. Therefore, while affirming the rationality of the concept of a substantive principal offender, we should take the legislative provisions, judicial practice, and general legal theory of our country as the background to moderate the degree of substantiation of principal offender, and reshape the differentiation system with the notion of a semi-substantial principal offender. To elaborate, if an actor plays a pivotal role in the accomplishment of the important part of the offence, a primary perpetrator shall be decided; if an actor plays a secondary role in the accomplishment of the important part of the crime, a secondary perpetrator shall be identified; if an actor aids or promotes the act of perpetrating and its results, an accessory offender shall be recognized. Both the secondary perpetrator and the assisted offender are deemed accessories, and their punishment should be judged individually according to their functions. In specific criminal cases, it is necessary to take legal interests as a guide, use systematic interpretation to comprehend the illegal structure of the crime, and combine the facts of the cases to ascertain the role played by the actor. If the latter actor exercises control over the "secondary illegal structure" part of a specific crime, he should be recognized as a secondary successive principal offender. The latter actor who controls the "important illegal structure" part of the crime should be recognized as the main successive principal offender. The latter actor who promotes the commission of the crime by the former principal offender should be recognized as a successive accessory offender. Adhering to the above principles, this monograph conducts a detailed examination of the criminal culpability of successive accomplices in offences encompassing intentional injury, illegal detention, kidnapping, robbery, theft, and fraud.

Key words: Successive joint perpetrator; Successive accessory offender; Complicity system; Behavior nature; Scope of criminal responsibility

目 录

前　言 ……………………………………………………………（1）
　　一　承继共犯研究的缘起与意义 ……………………………（1）
　　二　承继共犯研究现状简述 …………………………………（8）
　　三　本书的创新点 ……………………………………………（14）

第一章　承继共犯的实务动向与裁判规则之考察 ……………（17）
　第一节　德国、日本司法实践中的承继共犯 …………………（17）
　　一　德国承继共犯实务状况 …………………………………（17）
　　二　日本承继共犯裁判实务的发展 …………………………（25）
　第二节　中国审判实践中的承继共犯 …………………………（40）
　　一　中国大陆司法实践的考察及剖析 ………………………（41）
　　二　中国台湾地区的相关判例 ………………………………（59）
　第三节　本章小结 ………………………………………………（62）

第二章　承继共犯的构造与类型 ………………………………（66）
　第一节　承继共犯的基本构造 …………………………………（66）
　　一　承继共犯时空双维结构之勘定 …………………………（67）
　　二　承继共犯与无事前通谋共犯的构造之辨 ………………（76）
　第二节　三重视野下的承继共犯类型之划分 …………………（79）
　　一　参与类型视野下的承继共犯：承继的共同
　　　　正犯与承继的帮助犯 ……………………………………（79）

二　行为结构视野下的承继共犯：单行为犯与
　　　　复行为犯中的承继共犯…………………………………（83）
　　三　罪数论视野下的承继共犯：单纯一罪与包容
　　　　一罪中的承继共犯………………………………………（87）
第三节　本章小结…………………………………………………（92）

第三章　承继共同正犯的学说流变及立场抉择……………（94）
第一节　共同正犯基本理论框架之勾勒…………………………（94）
　　一　共同正犯的处罚根据……………………………………（94）
　　二　共同正犯的本质…………………………………………（103）
　　三　正犯与帮助犯的界分……………………………………（110）
　　四　共同正犯的成立条件……………………………………（118）
第二节　承继共同正犯的传统学说及其面临的挑战……………（126）
　　一　传统肯定论之评析………………………………………（126）
　　二　传统否定论之介评………………………………………（131）
　　三　传统中间说诸面相之考评………………………………（139）
第三节　承继共同正犯理论的新发展……………………………（151）
　　一　域外的理论发展与评判…………………………………（151）
　　二　我国的理论发展与检讨…………………………………（158）
第四节　限定肯定立场之新探：构成要件评价
　　　　承继说……………………………………………………（164）
　　一　构成要件评价承继说的理论可能性……………………（164）
　　二　构成要件评价承继说的初步展开………………………（166）
第五节　本章小结…………………………………………………（170）

第四章　承继帮助犯之理论争议……………………………（173）
第一节　帮助犯基础理论轮廓之掠影……………………………（173）
　　一　帮助犯的处罚根据：混合惹起说的证成………………（174）
　　二　帮助犯限制从属性之确证………………………………（178）

三　帮助犯的成立条件 …………………………………（183）
　第二节　承继帮助犯的学说透视与检讨 …………………（189）
　　一　承继帮助犯全面肯定说的批驳 …………………（190）
　　二　承继帮助犯全面否定说的反思 …………………（194）
　　三　承继帮助犯部分肯定说的张扬 …………………（197）
　第三节　本章小结 …………………………………………（203）

第五章　我国刑法语境下承继共犯的归责 ……………（205）
　第一节　我国的犯罪参与体系 ……………………………（206）
　　一　分裂与融合：我国犯罪参与体系的理论争议
　　　　述评 …………………………………………………（206）
　　二　重塑区分制共犯体系之新尝试："半实质化正犯"
　　　　概念的提倡 …………………………………………（216）
　第二节　承继共犯的归责路径之展开 ……………………（220）
　　一　承继共犯的成立条件 ……………………………（220）
　　二　承继共犯责任的具体认定：以典型个罪为
　　　　中心 …………………………………………………（224）
　第三节　本章小结 …………………………………………（244）

结　　语 …………………………………………………………（247）

参考文献 …………………………………………………………（250）

索　　引 …………………………………………………………（270）

后　　记 …………………………………………………………（277）

Contents

Foreword ··· (1)
  1. The Origin and Significance of the Study on Successive
     Complicity ··· (1)
  2. An Overview of the Research Status on Successive
     Complicity ··· (8)
  3. Innovations of This Book ·· (14)

**Chapter 1 Observation on Practical Trends and Judgment
          Rules in Successive Complicity** ························ (17)
  Section 1 Judicial Practice of Successive Complicity in Germany
           and Japan ··· (17)
    1 The Judicial Practice of Successive Complicity in
      Germany ··· (17)
    2 The Evolution of Judicial Practice in Successive
      Complicity in Japan ··· (25)
  Section 2 Judicial Practice of Successive Complicity in China ······ (40)
    1 Investigation and Analysis of Judicial Practice in
      Successive Complicity in the Mainland of China ············ (41)
    2 Relevant Cases of Successive Complicity in Taiwan
      Province, China ·· (59)
  Section 3 Summary of This Chapter ································ (62)

Chapter 2 Structure and Types of Successive Complicity …… (66)
Section 1　The Fundamental Structure of Successive Complicity … (66)
　　1　The Spatial and Temporal Aspects of Successive Complicity ……………………………………………………… (67)
　　2　Distinguishing Between Successive Complicity and Accomplice without Prior Conspiracy …………………… (76)
Section 2　Classification of Successive Complicity from a Triple Perspective ………………………………………………… (79)
　　1　Types of Successive Complicity from The Perspective of Participation Forms: Successive Joint Perpetrator and Successive Accessory Offender ………………………… (79)
　　2　Types of Successive Complicity from the Perspective of Behavioral Structure: Successive Complicity in Unilateral and Compound Offense ……………………………………… (83)
　　3　Types of Successive Complicity from the Perspective of Crime Quantity theory: Successive Complicity in Simple and Inclusive Crimes ………………………………… (87)
Section 3　Summary of This Chapter ………………………………… (92)

Chapter 3 Theoretical Evolution and Theoretical Position Selection of Successive joint Perpetrator …………… (94)
Section 1　Theoretical Framework of Joint Principal Offender … (94)
　　1　Basis for the Punishment of Joint Principal Offender ……………………………………………………… (94)
　　2　The Essence of Joint Principal Offender ………………… (103)
　　3　Distinguishing between Principal Offender and Accessory Offender ……………………………………………………… (110)
　　4　The Establishment Conditions of Joint Principal Offender ……………………………………………………… (118)

Section 2　Traditional Theories of Successive Joint Perpetrator
　　　　　　 and the Encountered Challenges ·················· (126)
　1　Analysis of Traditional Positive Theories of Successive
　　　Joint Perpetrator ··· (126)
　2　Analysis of Traditional Negative Theories of Successive
　　　Joint Perpetrator ··· (131)
　3　Analysis of Traditional Compromise Theories of
　　　Successive Joint Perpetrator ···························· (139)
Section 3　The New Development in the Theory of Successive
　　　　　　 Joint Perpetrator ·· (151)
　1　Analysis of New Theories of Successive Joint Perpetrator
　　　Beyond the Traditional Realm ·························· (151)
　2　Review of New Theories of Successive Joint Perpetrator
　　　in China ·· (158)
Section 4　A New Exploration of the Limited Affirmative Position:
　　　　　　 The Inheritance Theory of Evaluating Constituent
　　　　　　 Elements ·· (164)
　1　Theoretical Basis of the Inheritance Theory for
　　　Evaluating Constituent Elements ······················· (164)
　2　Preliminary Development of the Inheritance Theory for
　　　Evaluating Constituent Elements ······················· (166)
Section 5　Summary of This Chapter ···························· (170)

**Chapter 4　Theoretical Disputes on Successive Accessory
　　　　　　　Offender** ·· (173)
Section 1　Theoretical Framework of Accessory Offender ········ (173)
　1　Basis for the Punishment of Accessory Offender:
　　　Advocating the Theory of Mixed Causation ··············· (174)

2　Affirmation of the Restriction Dependency of Accessory
　　　　Offender ……………………………………………………（178）
　　3　The Conditions for the Establishment of Accessory
　　　　Offender ……………………………………………………（183）
　Section 2　Analysis and Review of the Theory of Successive
　　　　　　　Accessory Offender ………………………………（189）
　　1　The Refutation of the Comprehensive Affirmation
　　　　Theory of Successive Accessory Offender ……………（190）
　　2　Reflection on the Theory of Comprehensive Negation
　　　　of Successive Accessory Offender ………………………（194）
　　3　Advancement in the Theory of Affirmative Limitation
　　　　of Successive Accessory Offender ………………………（197）
　Section 3　Summary of This Chapter ………………………（203）

Chapter 5　Liability of Successive Complicity in the Context of Criminal Law in China ……………………（205）

　Section 1　Discussion on the Criminal Participation System by
　　　　　　　Chinese Criminal Law ……………………………（206）
　　1　Splitting and Integration: A Review of Theoretical
　　　　Disputes in the Criminal Participation System by
　　　　Chinese Criminal Law ……………………………………（206）
　　2　A New Attempt to Reshape Differentiated System:
　　　　Advocacy of the Concept of "Semi Substantial Principal
　　　　Offender" ……………………………………………………（216）
　Section 2　Development of the Pathway for Determining Criminal
　　　　　　　Responsibility in Successive Complicity …………（220）
　　1　Conditions for the Establishment of Successive
　　　　Complicity …………………………………………………（220）

  2 Determination of Responsibility for Successive
    Complicity: Centered on Typical Crimes ····················· (224)
 Section 3 Summary of This Chapter ································ (244)

Conclusion ··· (247)

References ··· (250)

Index ·· (270)

Postscript ··· (277)

前　　言

一　承继共犯研究的缘起与意义

承继的共犯，在德国被称为渐进的共犯，日本及中国台湾地区部分学者称为相续的共犯或连锁的共犯。① 所谓承继的共犯，是指先行为者实施部分行为并产生一定结果（状态）后，知情的后行为者参与进来共同实行或协助先行为者完成剩余行为的情况。在先行为者已经着手实行但尚未终了的阶段，后行为者基于共同实行的意思介入并与先行为者共同实施剩余行为的情形，被称为承继的共同正犯；② 中途参与后，协助先行为者完成犯罪的情形，被界定为承继的帮助犯。笔者对承继共犯的关注，缘起于两则真实案例。

案例（一）："侯某某、匡某某、何某某抢劫案"③（下称"侯某某等抢劫案"）是我国最高人民法院首次发布的关于"抢劫罪承继共犯"问题的刑事审判参考案例。该案中，后行为人（何某某）在事前无通谋，但明知他人抢劫的情况下，于先行为人暴力行为致被害人死亡后，参与了共同搜取被害人财物的行为。围绕后行为人之定罪与处罚，一审和二审法院作出了不同的判示。一审的无锡市中级人民法院认为，三被告人以非法占有为目的，共同抢劫他

---

① 鉴于承继的共犯在我国学界及日本学界已广为接受，本书亦采用这一说法。
② 大塚仁、河上和雄等：《大コンメンタール刑法》（第5卷），東京：青林書院1999年版，第221页。
③ 最高人民法院刑事审判一至五庭编：《刑事审判参考》（总第62集），法律出版社2008年版，第31—43页。

人财物，并致一人死亡，其行为均构成抢劫罪。对后行为人应适用抢劫致人死亡的加重法定刑，但其在共同犯罪中起次要作用，系从犯，据此判处有期徒刑十四年，剥夺政治权利四年，并处罚金人民币五千元。一审宣判后，被告人侯某某提出上诉。二审中，该案被告人何某某提出辩护意见：其未同意参与其他二被告人的抢劫行为，后参与在被告人家找钱的行为，系在内心恐惧下所为。二审的江苏省高级人民法院认为："被告人何某某在明知侯、匡二人为抢劫而实施暴力并已致被害人死亡的情况下，应匡某某的要求参与共同非法占有被害人财物的行为，系在抢劫犯罪过程中的帮助行为，亦构成抢劫罪的共同犯罪，其在共同犯罪中起辅助作用，系从犯。因其在被害人死亡前并无与侯、匡二人共同抢劫的主观故意和客观行为，故对其应适用一般抢劫罪的规定予以处罚。"

尽管二审法院维持了"抢劫罪"的定性，但排除了后行为人对致死之加重结果的归责，同时变更一审法院"起次要作用，系从犯"为"起辅助作用，系从犯"。虽然，二审法院的裁判结果具有合理性，但上述判示的理由未见得清楚，甚至有相互矛盾之虞。以主观故意、客观行为的阙如为由否定对致死结果的归咎，可以认为是遵循了主客观一致原则、因果共犯理论。既然如此，对于同样不充足主、客观要件的"暴力、胁迫行为造成的被害人反抗受压制的状态"，为什么却要追究后行为人的刑事责任？将此疑问进行抽象化，应当如何评价共同犯罪中后参与者的行为？想必这一问题与共同犯罪的一般性理论唇齿相关，甚至需要追溯至刑法的基本立场。

案例（二）：2012年（平成24年）11月6日，在一起故意伤害案①（下称"平成24年案"）中，日本最高裁判所首次就承继的共同正犯问题作出判示。该判决对下级裁判所此后的审判实践产生了重要影响。

---

① "日本最高裁第二小法庭平成二十四年十一月六日判决"，载《判例タイムズ》1389号，第109页。

平成 24 年案中，在先行者殴打两被害人致伤后，该案被告人与先行者进行犯意沟通，参与实施了更加严重的暴行，并造成被害人的伤害"相当程度的严重化"。围绕后行为人的责任范围，原审法院与最高裁判所产生了分歧。原审的高松高裁认为："本案被告人对先行者的行为及其结果存在认识与容认，并且出于制裁目的而在将其作为实现自己暴行的手段积极地加以利用的意思下，在具有一罪关系的伤害的中途共谋参与，将先前行为及结果现实地作为制裁的手段进行利用。"在此基础上，高松高裁判决指出："被告人对包含共谋加担前先行为者的暴行及其伤害结果在内的全体事实承担承继的共同正犯的责任。"原审宣判后，辩护人认为，就共谋加担前的事实追究后行为者刑事责任，违反了责任主义，并提起上告。最高裁判所认为上告趣旨并非《刑事诉讼法》第 405 条的上告理由，因此驳回了被告人的上告。同时，最高裁认为原审判决是错误的解释法令，并依职权对伤害罪的共同正犯的成立范围作了判示："根据前述事实，在先行者共谋对两被害人实施暴行并使之负伤后，被告人共谋参与进来，使用金属梯子和方木料等对被害人施加了强度更大的暴行"，"至少可以认为，被告人共谋参与后的行为对被害人的伤害产生了相当程度严重化的效果"。"在这种场合，被告人的共谋及基于此的暴行对参与前已经发生的伤害没有因果性。所以，被告人不应对此承担作为伤害罪共同正犯的责任，被告人仅对共谋参与后的足以引起伤害结果的暴行行为造成的伤害结果承担作为伤害罪的共同正犯的责任。这样的理解是妥当的。"很明显，最高裁的判决以因果关系阙如为由，否定了要求后行者对全体伤害结果承担责任的原判决结论。关于原判决的理由，最高裁判决指出："先行为者对被害人施加暴行而造成伤害并且陷入难以逃走和反抗的状态"并非作为后行为者进一步施加暴行而加以利用的手段，"充其量也不过是被告人共谋参与后进一步实施暴行的动机或者契机，不能说这是被告人要对其共谋参与前的伤害承担刑事责任的理由，而这也不能影响到对伤害罪的共同正犯的成立范围的判断"。除上述判示内容外，千叶胜美法官的补充意见尤为值得注目。千叶法官在肯定法庭关于该案裁判意见的基础上,针对承继的共同正犯发表了以下看法:"在应负强盗、恐吓、诈欺等罪责的场合,由于利用共谋加担前的先行行为的效果而对犯罪结果具有因果性,存在可能成立犯罪的情况,因此可能会认定成立承继的共同正犯。但是,至少对于伤害罪,由于这种因果关系难以认定(正如法庭意见所指出的,先行为人的暴行、伤害只不过是后行为人实施暴行的动机或契机而已),所以很难设想能够成立承继的共同正犯。"

平成 24 年案判决表明因果共犯论获得了日本最高司法机关的接受与认可,标志着承继的共同正犯的认定标准开始转向以因果共犯论为指导原理的思考路径。但是,该判决并不必然意味着全面否定承继的共同正犯。一方面,该判决对承继共犯所持态度及其理据,存在进行多种理解的空间;另一方面,尤其是千叶法官的补充意见,使得最高裁判所对承继共犯的立场更加扑朔迷离。

上述两例表明,无论是在抢劫致人死伤的结果加重犯的场合,还是故意伤害罪这种单一行为犯的情况下,后行为人应否对包含先前事实的全体犯罪承担刑事责任都成为难以回避的课题。对此,中外理论界大体存在全面肯定说、彻底否定说与各种中间说的争议,尽管全面肯定说已然式微,但否定说与中间说的对立仍未见消减。新的司法实践不仅对既有理论形成挑战,同时也促进了承继共犯理论不断向前发展。由此可见,在因果共犯论成为通说的背景下,如何合理评价后行行为尤具现实意义和理论价值。如山口厚教授所意识到的那样,在坚持个人责任原则的前提下,寻求一种既能够得出妥当结论,同时也能与因果共犯论保持整合的理论结构,俨然成为承继共犯理论研究的最根本之课题。①

不过,尽管客观存在承继共犯的现象,但并非所有学者都承认

---

① [日]山口厚:《承继的共犯理论之新发展》,王昭武译,《法学》2017 年第 3 期。

承继共犯的概念。部分学者认为，承继的共犯概念仅仅描述了一种犯罪现象，并无实质内涵。任海涛博士、黄荣坚教授等均在形式意义上把握这一概念，以表达一种共同犯罪决意形成时点特殊的犯罪参与事实。① 也就是说，这种观点认为，承继的共犯在现象学上有其价值，应予保留。与之不同，不少学者认为，承继共犯所强调的是后行为人对先前行为及其结果的承继，如对此持否定态度，就应当否定、放弃承继的共犯（或承继共同正犯）概念。② 这种观点甚至无视承继的共犯所具有的描述性意义，因此难言妥当。笔者认为，即便反对后行为人对先前事实的承继，也不应当就此彻底放弃承继共犯概念。一方面，承继共犯有表达一种特殊共同犯罪现象的价值；另一方面，承继共犯的场合，至少可以认定先、后行为人之间就剩余的犯罪成立共犯。退一步来看，《日本刑法典》第207条对同时伤害准用"部分实行，全部责任"；我国刑法规定，对中途参与接送、中转被拐卖妇女儿童的行为，也以拐卖妇女儿童罪论处。因此，至少需要承继的共犯来描述这种特殊的共同犯罪现象，以区别于原始型共犯。如后文所述，本书将后行为人的刑事责任解构为行为性质与责任范围，并且原则上肯定先后行为性质的一致性，因此也不排斥在实质意义上把握这一概念。

表面上来看，承继共犯理论的核心问题是如何判断后行为者的刑事责任，即后行为者的行为性质和责任范围，但该问题所要追问的是，在后行为者对先前事实既无因果性也无故意的情况下，其行为能否与先行为关联起来在同一犯罪构成内评价，以及能否就该部分事实追究后行为人的刑事责任。回答这一问题，必然涉及共同正犯、狭义共犯的处罚根据及二者的区分，最终必然也要回归到我国

---

① 任海涛：《承继共犯研究》，法律出版社2010年版，第7页；黄荣坚：《基础刑法学》，中国人民大学出版社2009年版，第536页。
② 香川达夫：《刑法総論講義》，東京：成文堂1995年版，第370页；[韩]金日秀、徐甫鹤：《韩国刑法总论》，郑军男译，武汉大学出版社2008年版，第576页；薛智仁：《相续共同正犯概念之商榷》，《月旦刑事法评论》2016年第1期。

犯罪参与体系中对后行为者进行评价。在具体研讨中，分则个罪的保护法益、不法结构等理论点自然也会进入承继共犯论的视野之中。而作为承继共犯理论的前置性课题，需要明确后行为者介入的时间极限，特别是在先行为者犯罪既遂后但尚未终了的阶段，是否有余地成立共同正犯及帮助犯。与该课题直接相关的是，犯罪既遂和犯罪终了的界分根据及其体系意义。由此可见，承继共犯并非一个孤立的点，其不仅关涉共犯基本理论，而且也会辐射到犯罪构成要件理论、实行行为理论以及分则个罪的不法构造等。

笔者认为，承继共犯研究的理论价值主要体现在以下三个方面。

第一，本书对刑法教义学方法普适化、教义学知识本土化进行了积极有益的探索，为刑法学"三个体系"建设提供样本和素材。当下，构建有中国特色的法学学科体系、学术体系和话语体系已经成为学界的普遍共识，刑法学"三个体系"的建设不再局限于"拿来主义"，而应当兼顾吸收人类刑事法治文明优秀成果与挖掘优渥的本土法治资源。本书精选了我国审判实践中的众多案例，并对中外承继共犯审判实践动态、裁判方法思路与裁判规则进行了比较，通过运用刑法教义学方法对立法规定、理论学说和司法案例的分析，在共犯论领域为我国刑法学"三个体系"的建设进行了知识论和方法论上的初步探索。

第二，可以在责任主义的框架内，为解决承继共犯问题探索新的理论路径。责任主义是现代刑法的重要基石，不过以往关于承继共犯的研究，要么突破责任主义原则不受限制地进行归责，要么受责任主义原则的桎梏而陷入迷思，终究无法妥当判定承继共犯的刑事责任。本书将共同正犯界定为"共同行为"实现不法侵害的犯罪类型，摒弃了违背责任主义原理的"共同意思主体说"，同时超越了纯粹个人主义的"行为共同说"，对责任主义原则在共犯论中的贯彻，进行了富有成效的探索。在此前提下，通过区分承继共犯的行为性质和责任范围，对"意思联络""先行为效果持续"进行功能性解读，为承继共同正犯刑事责任的认定，提供了新的思考范式。

在具体个罪中，引入"不法结构"概念，对解决承继共犯的刑事责任乃至主从犯判断问题，都具有普适的指导意义。

第三，可以深化对我国犯罪参与体系的认识，结合我国立法和理论研究实际，发展区分制理论，构建共犯基础理论研究的新架构。犯罪参与体系是共犯基础理论的基础，直接关系到要不要区分正犯与共犯、以什么标准进行区分以及如何协调参与类型与主犯、从犯的关系等。关于我国的犯罪参与体系，形成了形式的单一正犯体系、机能的单一正犯体系、传统区分制、双层区分制、归责区分制"五说纷争"的局面。尽管各派学说都在追求理论的合理性和解释力，但是各学说要么存在参与类型与处罚分离的理论弊端，要么无法协调分工分类与作用分类，使得其对立法的解释力大打折扣。本书对单一制、区分制及其相关变形进行了深入的剖析，在此基础上，综合立法规定、理论和司法实践关于共犯分类的通说，提倡以"半实质化"的正犯概念重塑区分制。这就为区分正犯与共犯、协调参与类型和主从犯提供了崭新的语境和框架。

本书的实践意义主要体现在以下三个方面。

其一，通过揭示共同正犯和帮助犯的本质及其认定规则，为司法实践妥当处理复杂的共犯问题提供清晰的方法和思路。共犯被认为是刑法学中的"黑暗之章"和"绝望之章"，其根源在于对共犯本质的把握比较混乱，在实践中很容易导致处罚过宽或者归责失严。本书对共同正犯、帮助犯的本质分别进行了系统的研究，并在此基础上明确了共同正犯和帮助犯的成立条件，为司法实践中准确判断参与类型、确定处罚范围，提供了具有可操作性的指引。

其二，通过研究承继共犯刑事责任的一般性理论，为司法实践正确认定后行为者的行为性质和责任范围提供方法论的指导。后行为者的刑事责任是承继共犯论的根本问题所在，即能否认可先后行为者成立共犯、需要具备什么样的条件以及可以在什么范围内追究后行为者的责任。本书分别就承继共同正犯和承继帮助犯的行为性质、责任范围展开了系统深入的研究，提出了认定承继共犯的具体思路、条件和确定归责范围的标准，对司法实践中处理承继共犯问题具有方法论的指导意义。

其三，通过对典型个罪中承继共犯的研究，对于司法个案中处理承继共犯问题提供具体、明确的指引和参考。承继共犯理论研究最终必须落脚到解决实际问题，犯罪的差异、具体案情的差异，都会影响承继共犯刑事责任的认定。本书通过对典型个罪不法结构的研究和对具体情形的分析，为解决承继共犯的归责问题提供方法性、示范性的指导。

二　承继共犯研究现状简述

共犯论历来被认为是刑法学研究中的"黑暗之章""绝望之章"，但学者们探幽解密的热情并未因此而有丝毫削减，关于共犯理论的各种著述、学说层出不穷。承继共犯是共犯领域中的子课题，学界对其的论述尤其集中于承继的共同正犯。

（一）国外研究现状述要

德国、日本的承继共犯理论研究源流久远，相关文献可谓汗牛充栋，形成的学说、观点也已蔚为大观。以承继共犯（承继的共同正犯）为主要论题的日文文献数量较多，在专著中对承继共犯进行大篇幅论述的是照沼亮介博士的《体系的共犯论与刑事不法论》（弘文堂2005年版）。照沼博士认为，后行为者既无可能对全体犯罪具有客观上的行为支配，也不可能具有主观上的共同行为决意，并且只要在犯罪认定及处罚上贯彻个人责任原则，就不可能承认承继的共同正犯。除继续犯外，在先行为者的犯罪既遂前，具有认定后行为者成立承继帮助犯的余地，但其责任范围仅限于其促进实现的法益侵害结果。在后行为者既成立先行为者的犯罪的帮助犯，又成立剩余犯罪之共同正犯的场合，原则上应作为想象竞合择一重罪论处。在论文类文献中，较早时期，小野清一郎博士的《强盗杀人罪中只对杀人后的夺取行为加功》［载《刑事判例评释集（第1卷·昭和13年度）》，有斐阁1941年版］一文具有开创性意义。该文主张"单纯一罪具有不可分割性",因此仅参与实施剩余行为的后行者也应当就全体犯罪成立共同正犯。以此为根据的全面肯定说,对此后日本承继共犯学说的发展形成了重大影响。在意思共同主体说兴起后,以集体主义思维作为根据的承继共犯全面肯定说变得相当有力。冈野光雄教授主张共犯"成立上的一体性"与"处罚上的个别性",进而认定后行为者就全体犯罪成立共同正犯,个别行为者依照其贡献对"共同体"罪行承担责任[冈野光雄:《承继的共同正犯》,载《研修》425号(1983年)]。此后,以大阪高裁1987年(昭和62年)7月10日判决为转折点,"积极利用说"逐渐被日本学界广泛接受,并在相当长的一段时间内成为主流理论。在日本,赞同该说的学者主要有大塚仁、福田平及大谷实等。该判决之后,各种中间说如雨后春笋般涌现。平野龙一教授明确提出,在后行为者介入之际先行为的效果仍然持续的场合,后行为者应就包括参与前的事实在内的全体犯罪成立共犯(平野龙一:《刑法总论Ⅱ》,有斐阁1975年版)。"效果持续说"在对后行为评价时引入先前事实的同时,主张将后行为者的责任限制在与其有因果性的范围内。该说也得到了西田典之教授、尾棹司博士等学者的支持,并在平野观点的基础上有所发展。此外,齐藤诚二博士的《围绕着承继的共同正犯》[载《筑波法政》第8号(1985年)]开承继的共同正犯、承继的帮助犯区分说之先河。该文的主要观点为:共同正犯适用"行为支配"原则,而狭义的共犯适用"从属性"原理。基于归责原则上的这种差异,不应认可承继的共同正犯,但是肯定承继帮助犯的成立。齐藤博士之后,高桥则夫教授采取这一观点,不过在论理上引入了"正犯行为的二重性"[高桥则夫:《刑法总论》(第4版),成文堂2018年版;高桥则夫:《共犯体系与共犯理论》,冯军、毛乃纯译,中国人民大学出版社2010年版]。值得注意的是,小岛秀夫在其论文《所谓的承继的共犯的规范论的考察》(载《大东法学》第63号)中,引入行动规范论考察承继共犯问题,并认为正犯的行动规范有别于帮助犯的行动规范,在此基础上,主张否定承继的共同正犯但肯定承继的帮助犯。在德国，以行为支配理论彻底否定承继的共同正犯，同时肯定承继的帮助犯的学说居于主流地位。采取这一观点的学者有克劳斯·罗克辛教授、乌尔斯·金德霍伊泽尔教授等。

在与承继共犯（限定）肯定论的论战中，承继共犯否定说的声音日渐有力化。持否定论的学者主要有牧野英一、中义胜、曾根威彦、浅田和茂、山口厚、山中敬一、松原芳博等。其中山口厚教授的《承继的共犯理论之新发展》（该文由王昭武教授翻译，发表于《法学》2017年第3期）、松原芳博教授的《诈欺罪与承继共犯：以送付型特殊诈欺中"收货人"的罪责认定为中心》[该文发表在《法曹时报》70卷（9号）]就承继共犯问题作了专门论述。山口厚教授认为，只要采取因果共犯论，就没有认可承继共犯的余地。但是，对"承继的共同正犯"中的后行为者，可以引入不作为犯理论肯定其保证人地位，在成立不作为犯的同时，与属于作为犯的先行为者之间成立该罪之共同正犯。松原芳博教授认为，除行为状况、身份等不法前提外，要成立共同正犯，各共同者之行为必须与全体不法内容具有因果性。因此，承继的共犯很难与因果共犯论、行为主义及个人责任原则相调和。对于强盗罪中的后行为人应以盗窃罪论处，诈骗罪中的后行为人则成立占有脱离物侵占罪与赃物犯罪的想象竞合犯。以平成24年案判决为契机，主张根据因果共犯论否定承继共犯的观点越发有力。不过，部分学者的否定论并未一以贯之地得到坚持，在个别犯罪中也例外地承认承继共犯。对此，下文将进行详细论述。

晚近以来，日本学界诞生了数种不同的承继共犯中间说。桥爪隆教授的《论承继的共犯》[该文由王昭武教授翻译，发表于《法律科学》（西北政法大学学报）2018年第2期]及十河太郎教授的《相续的共犯之考察》（该文由王昭武教授翻译，发表于《月旦法学杂志》2016年第3期）提出缓和共犯之因果性要件，进而有限地肯定承继的共犯，不过他们的观点之间也存在一定区别。桥爪隆教授文章的核心观点是，共犯不同于单独犯，不要求其与所有构成要件事实之间均存在因果关系，只要与作为不法本质内容的构成要件结果之间具有因果性即可。因此，在后行为与直接征表法益侵害的构成要件结果具有因果关系的场合，即可与先行为人成立共同犯罪。十河太郎教授则认为，共犯之成立不需要对所有构成要件要素具有因果性，在后行为人通过参与先行为者的行为，而侵害了该犯罪的主要保护法益的情况下，就可以认为后行为者与先行为人共同实现了该罪之构成要件，进而成立承继的共犯。此外，高桥直哉教授的《承继的共犯论的归宿》（该文载于［日］川端博、浅田和茂、山口厚、井田良编《理论刑法学的探求 9》，成文堂 2016 年版）采取了整体性评价的视角，认为后行为者在先行者的犯罪遂行中途加担会产生"构成要件的压缩"，先行为者正在实行犯罪途中具有使得后行为与先行为在同一构成要件上连接起来的作用。因此，先后行为应作为一个整体，在先行为者犯罪的构成要件中进行评价。高桥直哉教授对承继共犯现象的评价视角与前述"效果持续说"相类似，但理论根据存在明显不同。

（二）我国研究现状概要

我国传统刑法学理论中并无"承继共犯"的说法，与之相近的概念为"事中共犯"或"无事前通谋的共犯"。过往的理论一致认为事中参与实施犯罪者，与先行为人就全体犯罪成立共同犯罪，只不过由于不存在事前的通谋，因此其社会危害性相对较小。随着中外刑法学交流的拓展和深化，承继共犯理论逐渐受到国内学界和实务界的关注，并经历了介绍移用域外学说向自主发展本土理论的学术成长过程。较早给予承继共犯关注的代表性文献有：马克昌教授的《犯罪通论》（武汉大学出版社 1999 年版）、刘凌梅博士的学位论文《帮助犯研究》（武汉大学出版社 2003 年版）、陈家林博士的学位论文《共同正犯研究》（武汉大学出版社 2004 年版），以及聂立泽副教授的《承继共犯研究》（发表于《云南大学学报法学版》2004 年第 3 期）与侯国云教授的《论继承性共犯》［发表于《政法论坛（中国政法大学学报）》2006年第3期]。其中马克昌教授与陈家林博士对承继的共同正犯持限定肯定态度，明确主张以"效果持续说"限定承继共犯的成立范围，而刘凌梅博士全面肯定承继的帮助犯，在具体论理上赞同日本学者冈野光雄提出的"成立上的一体性""处罚上的个别性"原理。聂立泽副教授论文的核心观点是：实行行为只能是单数，在单一行为犯中，后行为人与先行为人成立共同犯罪，只是在量刑时，对其参与情况给予适当考量；在复合的实行行为犯中，应以"主观上容认先行为、客观上利用先行为"为依据认定承继共犯的成立范围。侯国云教授文章的主要观点是：承继共犯只能存在于手段—目的型犯罪以及结合犯中；关于后行为人的责任，应当跳出其是否对被承继者的行为和结果承担责任的怪圈，而对自身的利用行为负责，即后行为人不仅应对介入后的行为事实承担责任，还应对其利用的先行行为及其结果承担责任；而且，先后行为人原则上成立同一个罪名。可以发现，较早时期，理论界对承继共犯基本持全面肯定或限定肯定的态度。

吉林大学任海涛博士的《承继共犯研究》（法律出版社2010年版，该书为作者的同名博士学位论文）是国内首部对该问题进行系统性研究的专著。任文的核心观点是：由于后行为人不可能对先前行为及其结果赋予因果力，因此，无论在单一行为犯还是复合行为犯中，都不应承认后行为者对先前事实的承继，即应当否定承继的共同正犯和承继的帮助犯。据此，承继共犯只不过是一个现象学意义上的概念。在承继的共同正犯现象中，后行为者责任的确定应依照其参与犯罪后，共同体所支配的法益侵害的种类加以确定。在承继的帮助犯中也应当以法益侵害为衡量指标，行为人参与实现了何种法益侵害，则相应地承担何种责任。此后，尽管"承继共犯"这一主题吸引了学界一定的关注，但除少量硕士学位论文外，再无以此为主题的专著出版。这就意味着国内外晚近十余年的承继共犯理论发展以及新的实务动态，没有得到深入、系统的论述和检讨。不得不说，这是我国承继共犯研究的缺憾，但也是本书写作的良好契机，表明当下系统研究承继共犯有一定的学术作为空间。

在我国承继共犯理论争议潮流中，陈洪兵教授始终擎着彻底否定论的旗帜。在其论文《一个案例的共犯论展开》[发表于《内蒙古社会科学》（汉文版）2007年第6期]、《承继共犯否定论：从因果共犯论的视角论证》（载陈兴良主编《刑事法评论》第25卷）等系列文章中，明确提出由于后行为者对先行行为及其结果不具有因果性，因此只要坚持因果共犯论，就应当彻底否定承继的共同正犯和承继的帮助犯。近期，姚培培博士的《承继共犯论的展开》（载陈兴良主编《刑事法评论》第40卷）梳理了中外承继共犯判例演进以及理论发展脉络，并立足于我国刑法，从共犯基本理论出发，主张彻底否定承继共犯。该文的主旨为：行为共同说在认定共犯上坚持"以因果性为核心""以共同事实为基础""以被评价的共犯本身为视角"，而且对共犯行为的评价不依赖于正犯的主行为的评价。在承继共犯的场合，后行为人对先前事实并无因果性，因此，该部分不能视为其与先行为人的共同事实；依照行为共同说，也应放弃"罪名从属性"而从后行为人视角来评价其行为。据此，对承继共犯应采取全面否定说。尽管全面否定说的支持者有增长趋势，但尚不能认为其在我国成为主流理论。

晚近以来，我国部分学者对承继共犯也提出了新的观点，其中尤为值得注意的文献有：程红教授与吴荣富硕士的《论承继共犯的范围——对日本最高裁判所平成24年11月6日判决的思考》（载程波主编：《湘江法律评论》第14卷）、马荣春教授的《承继共犯的成立：肯定说的新生》（发表于《东方法学》2015年第5期）以及朱艺楠的《承继共同正犯中间说的肯定说之提倡——引入支配犯与义务犯概念》（载江溯主编《刑事法评论》第41卷）。程红教授文章的核心主张是：对单一行为犯与复合行为犯中的承继共犯，应采取不同的理论。在单一行为犯中，应以后行为对全体犯罪实现所发挥作用重要与否为标准，判断是否成立承继的共同正犯；在复合行为犯中，应在规范层面理解实行行为，只要先行者的实行行为正在进行，后行为者基于共同行为决意加入，即可就全体犯罪成立共同犯罪，但主观上没有必要存在利用意思。《承继共犯的成立：肯定说的新生》一文的核心观点是：承继共犯的场合，后行为对先行为具有"巩固"或"强化"的作用，因此后行为与先行为在客观上"暗结"着因果性。即后行为者要么"加剧"先行为既成的结果或状态，进而兑现先行为预设的法益侵害结果，要么通过"强化"该结果或状态，促进先行为继续实施。基于后行为对先行为的"巩固""强化"作用以及对介入后先行为者行为的"壮大"作用，后行为人便应对"整个共同犯罪事实承担责任"，即全面肯定承继共犯。朱艺楠的论文的主要观点是：在共同正犯处罚根据上，应舍弃因果共犯论，尝试引入支配犯和义务犯概念，构建递进式的承继共同正犯处罚结构。详言之，在先后相续的犯罪现象中，应首先判断后行为者是否成立作为犯的支配犯；其次，判断能否成立不作为犯的支配犯，在前两个步骤均得出否定结论时，以违背积极义务作为以承继的共同正犯处罚后行者的根据。

以上简要梳理了德国、日本及我国承继共犯理论的发展脉络和研究现状，并对其中重点文献作了扼要的介绍。对比中外研究状况，可以发现我国承继共犯的研究在借鉴、参照国外特别是日本理论的同时，自主性、本土性逐渐增强。这集中体现在，根据我国刑法的规定，重视从行为结构即单一行为犯与复合行为犯视角讨论后行为的性质及责任，同时也尝试立足于具有中国特色的共犯参与体系，协调先后行为者间刑事责任的分配。这也从侧面反映了我国刑法教义学研究正逐步走向成熟。

三　本书的创新点

本书的创新之处，有以下两个方面。

第一，研究方法的创新。关于承继共犯的既有文献，大多以假想案例或者少量真实案例为素材，缺乏对司法实践的重视，对裁判思路和规则的深度分析也远远不够，更鲜有从实践中汲取有益成分。

本书选取了大量中外真实案例，对承继共犯司法实践进行整体观察，并对个案裁判规则进行深入分析，避免了既有研究可能存在的失真性和片面性，在宏观、中观、微观层面呈现司法样态的同时，充分挖掘、吸收有益的司法经验，将理论与实践相融合，兼顾教义学知识和教义学方法的良性互动。

　　第二，具体观点的创新。本书不仅厘清了学界和实务界长期存在的一些争议，在个别问题上还提出了新的见解：（1）关于承继共犯的时间构造。本书以危险性作为实行行为的规范内涵，提出犯罪既遂意味着构成要件的实现、犯罪终了标志着行为危险的消灭，进而超越了犯罪既遂说与犯罪终了说之争，主张只要先行为在规范上能评价为正在实行，后行为者即可加入形成共犯关系。（2）关于共同正犯的处罚根据。本书从兼顾共同正犯的正犯性与共犯性的视角出发，认为"部分实行，全部责任"的依据是各行为人的"共同行为"实现了构成要件，这种"共同性"正是植根于主观上的"意思疏通"（共谋）和客观上的"相互利用、相互补充"。（3）关于承继共犯归责的一般原理。本书跳出了将行为性质与责任范围混同的传统思维模式，在行为性质方面，对承继共同正犯与承继帮助犯分别依照不同原理，原则性地提倡"构成要件评价承继说"；在归责范围方面，贯彻因果共犯论，否定加重构成、结合犯之前罪对后行为者的可归责性，但肯定量刑规则的可承继性。（4）关于我国的犯罪参与体系。本书纠正了既有学说漠视立法规定和实务及理论通说的问题，在坚持区分制与正犯实质化的前提下，立足我国刑法，主张以"次要实行犯"为最低标准缓和正犯实质化程度，提出了"半实质化"的正犯概念。

　　囿于笔者理论修养尚浅，视野局促且缺乏实务经验，本书至多算是对承继共犯研究的一次浅陋尝试。共犯理论体系庞杂、内容精深，本就令人"绝望"，加之吾平庸愚钝，纵常夙兴夜寐、思虑万千，仍止于粗领要义。因故，行文中难免误解方家高论，甚至论述不周延之处怕是俯拾皆是。然而，刑法教义学之奥妙常使笔者陶醉其间、怡然自乐，故求索之欲未曾消减半分，渴慕之情反倒越发浓厚。衣带渐宽而初心不改，发髻日疏而信念弥坚。惶惶而冀拙作之于承继共犯学术研究有些许助益，亦乞望以拙作就教于诸位前辈、同侪。

第 一 章

承继共犯的实务动向与裁判规则之考察

承继的共犯首先是一个实践向度的课题，因此审视实务中承继共犯现象的处理情况就成为必要，也只有在对实务的考察中才能发掘"真问题"，为理论建构奠定实践基础。考虑到德国、日本刑法及中国台湾地区刑法在实务及理论研究层面对中国大陆刑法具有的深刻影响乃至塑造力，以下将重点介绍并比较德国、日本及中国的司法实践状况。

第一节 德国、日本司法实践中的承继共犯

一 德国承继共犯实务状况

第二次世界大战前，德国司法实务中既有否定承继共犯的判例，亦有肯定者。对于在连续的诈骗中途参与进来的被告人，法院仅就其参与后的部分进行问责（RGSt 34, 47）；对货物通过海关后参与犯罪的人，也有判例否定成立逃税罪的共同正犯（RGSt 35, 13）。否定承继的理由是，在构成要件该当行为终了后不可能存在"共同实行"，对于先行者实现的刑罚加重事由的事后认识，无法奠定成立共同正犯所必要的"意思的一致"的基础。不过，也有判例肯定后

行为人就参与前、后的全体事实成立帮助犯。例如，在先行为人破窗进入服装店盗窃，并将服装放在柜台上后，被告人帮助将服装搬出的案件中，法院认为："在实施帮助行为时，关于正犯是否已经实施了个别的构成要件该当行为，从犯一方只要认识到未达到既遂的正犯行为的全部基本构成要件的特征，就不会影响其答责性。"① 据此，法院肯定了被告人就全体盗窃事实成立帮助犯（RGSt 52, 202）。显而易见，战前关于承继共犯成立与否的实务分歧，集中于犯罪（构成要件事实）既遂后到实质终了前的阶段加入的行为人能否就全体事实成立共犯。这种分歧在德国战后的司法实务中仍未消弭，以下通过几则案例呈现德国承继共犯实务态度的演变轨迹和现况。

（一）肯定"承继"的判例

德国联邦最高法院曾作出判决，认定仅参与取财行为者成立抢劫罪之承继共同正犯。具体而言，①如果被告人在暴力行为结束后加入抢劫行为中，即使其只是在取财行为中发挥了共同作用，也应当被认定为抢劫罪的共同正犯而受处罚。② 有的判例在结论上虽然否定了后行为人成立抢劫罪的承继共犯，但其理由部分却对承继共犯持肯定态度。②在一起抢劫案件中，先行为人用刀袭击加油站并夺取现金，知悉情况的被告人首次加入进来，并驾车搭载先行为人逃逸。对此，联邦普通法院（BGH JZ 1989, 759）认为，在盗赃物的占有得以确保后的场合，盗窃及强盗即构成终了。该案中，由于被告人已经驾驶汽车离开了案发现场，排除了所有权人或目击者夺回财物的可能性，因此不能认为后行为人成立抢劫罪的帮助犯。③ 上述判决表明，只要后行为人在先行为人的犯罪尚未终了的阶段介入并

---

① 转引自照沼亮介《体系的共犯論と刑事不法論》，東京：弘文堂2005年版，第249—250页。

② ［德］克劳斯·罗克辛：《德国最高法院判例刑法总论》，何庆仁、蔡桂生译，中国人民大学出版社2012年版，第207页。

③ 转引自照沼亮介《体系的共犯論と刑事不法論》，東京：弘文堂2005年版，第258页。

实施取财行为或促进构成要件的实现，即具有成立抢劫罪承继共犯的余地。

1952 年，在一起入户盗窃案件中，德国联邦普通法院肯定了后加入者就全体事实成立共同正犯。③该案（BGHSt 2，344）的基本案情是：先行为人破窗进入商店偷出一部分食品，并将之搬到此时尚不知情的被告人家中，将相关事实告知被告人。二人进行犯意沟通后前往该商店，共同将剩余的食品搬出。关于后加入的被告人行为之定性，联邦普通法院认为意思联络的时点对于共同正犯和从犯而言基本上不重要，因此，"在全体的犯罪计划中，没有理由认为只有在这种意思联络下实现的事实部分才有刑事责任"。"如果某行为人在认识并容认以前发生的事实的基础上，还作为共同正犯而参与，在这种场合，其意思联络与整个犯罪计划相结合，并且根据这种意思联络就产生了将全体犯罪事实在刑法上归责于他的基础。"但是，该判决同时指出，对于已经完全终了的犯罪事实，仅凭借意思联络无法建立处罚的基础，即不能作为共同正犯处罚后行为人。① 与该案类似，案例④中被告人在认识到先行为人侵入建筑物实施盗窃，之后接受邀请而加入共同盗出财物。联邦普通法院（BGH MDR 1966，197=GA 1966，210）认为，被告人不仅是对既存状况的简单利用，而且对尚未终了的犯罪的共同实行做出了贡献，进而认定其成立入户盗窃的共同正犯。② 这两则案例的不同之处是，案例④中的后行为人介入时，先行为者的入户盗窃犯罪正在进行中，而案例③中先行为者的盗窃事实已经既遂，只不过先后两段盗窃行为具有连续性。因此，可以认为案例④中的被告人之行为本身就属于入户盗窃，但法院同时要求其就先行为人的入户盗窃承担责任。

---

① 转引自照沼亮介《体系的共犯论と刑事不法论》，東京：弘文堂 2005 年版，第 250—251 页。

② 转引自照沼亮介《体系的共犯论と刑事不法论》，東京：弘文堂 2005 年版，第 252 页。

⑤1960年5月23日，在一起放火案中，哈姆高等法院（OLG Hamm JZ 1961，194）认定中途参与添加燃料者成立放火罪的帮助犯。在先行为者放火后，火势尚未蔓延至整个建筑物之际，后行为人加入并向火中倒入5升汽油加强了火势，致使整个建筑物被毁损。对此，法院认为在先行为人的放火已经既遂但尚未终了的场合，后行为人参与犯罪，即应成立放火罪的帮助犯。只不过，在这种情况下应根据其不法的贡献量和责任来适当地量刑。① 该判决将对后行为人之行为定性与量刑分离，在肯定承继的前提下，经由量刑个别化的调整实现处罚的妥当性。细加比较可以发现，上述五个对承继共犯持肯定态度的判例有一个共性特征，即后行为人是在先前犯罪尚未终了的阶段加入，并且对该犯罪构成要件的实现做出了贡献。

（二）否定"承继"的判例

德国联邦最高法院曾在多个判例中指出："如果符合构成要件的结果或事件已经完全结束，后行为人合意参与，即使其认识、同意或利用其他共犯所制造的条件，也不对已经完成的事实承担可罚的责任。"② 这一判示内容明确排除了在构成要件行为实质性终了后成立承继的共同正犯的可能性。其背后所潜藏的因果性的思考，对德国各级法院的审判实践产生了深远影响。对于中途加入并对被害人施暴者，有判例明确否定其就先行为人已经造成的伤害结果承担责任，理由是后行行为不可能对既成事实具有因果关系。

①联邦普通法院1984年8月7日判决（BGH NStZ 1984，548）指出，在先行为人使被害人负伤后，被告人参与进来并用拳头殴打了被害人面部，之后先行为人狠狠地殴打了被害人。最终，被害人因先行为人先前的暴行所造成的伤害而住院治疗，其间引起了肺炎而死亡。该案中后行为人的暴行对死亡结果的发生，没有任何

---

① 转引自照沼亮介《体系的共犯論と刑事不法論》，東京：弘文堂2005年版，第252页。

② 转引自BGH 5 StR 264/14，德国联邦最高法院2014年8月12日判决。

促进性影响。法院认为其不能成立伤害致死罪的承继的共同正犯，而仅就危险伤害罪承担责任。① 近期，仍有判例坚持认为如果后行为人在某行为已经全部终了的阶段合意加入，即使其认识、容认并利用先行为者制造的条件，也不对已经完成的事实承担责任。

②2014 年 6 月 2 日，该案的两名被告人 K 和 S 以为 A 的高档住宅没有人，遂侵入实施盗窃，但将睡在卧室的 B 惊醒。在 B 冲向门口之际，行为人关住门，将 B 拘禁在卧室。由于 B 开始大声呼叫、敲门，两名被告中至少有一人决定用武力恐吓 B，以不受干扰地从房子里取出其他物品，随后，其打开门缝用随身携带的胡椒喷雾喷向 B 的面部（不能查明二人对此是否有合意）。之后，二被告人决定监禁 B 以便继续搜寻财物，于是将一个沉重的沙发推至卧室门口。在二人继续寻找财物时，B 打电话报警，二被告人遂逃逸。关于该案，施特拉尔松德（Stralsund）州法院认为，两名被告人最初的行为分工是为了盗窃，尽管是否合意使用胡椒喷雾并不确定，但他们都应当对使用喷雾负责。没有使用胡椒喷雾的被告人至少将该行为作为了自己的行为，因为他帮助共同被告将沙发推到卧室门口，尽管其知道共同被告使用了喷雾，却仍然实施盗窃。据此，法院认定 K 与 S 成立加重强盗罪与危险伤害罪的观念竞合，分别判处三年九个月自由刑、三年自由刑。宣判后，该案被告人 K 提起上诉。联邦最高法院认为，当两名被告人将沙发推到卧室门口时，先前的身体伤害行为已经终了，所以没有使用胡椒喷雾的被告人不能承继危险的身体伤害行为。②

此外，也有判例否定抢劫故意，而认定仅参与共同取财行为者成立盗窃罪。

③该案件中，甲、乙共谋盗窃一家餐馆，实行之际被被害人发

---

① 转引自照沼亮介《体系的共犯論と刑事不法論》，東京：弘文堂 2005 年版，第 255 页。

② BGH 2 StR 123/15，德国联邦最高法院 2016 年 3 月 7 日判决。

现，甲遂关上门以挡住被害人出路，并打开收银机。在通过上述行为压制被害人反抗后，乙也加入进来与甲一起拿着现金逃逸。关于该案中乙的行为定性，联邦普通法院于 1986 年 11 月 20 日作出判决（BGH MDR 1987，281），认为乙超越了单方面认可、利用甲的行为造成的状况，希望以此作为自己的犯罪的意思，尚不足以充分地证明其主观层面的事实。对于共同取得现金的部分，可以认定成立盗窃罪的共同正犯，或者在不能认定成立盗窃罪共同正犯的场合，也能够认定成立包庇罪。因此，联邦普通法院撤销了认定甲、乙成立抢劫性恐吓取财罪共同正犯的原审判决。①

在否定承继共犯的众多判例中，有判决从共犯认定方法出发，认为后行为人不应对先行事实承担责任。

④该案的基本事实是：被告人从熟人处接受报酬，作为回报，答应参与盗窃并与其他共犯者一起去了案发现场。当时，用于围挡的铁丝网已经被剪开一部分，而且有一部分财物已经被搬运至铁丝网外，之后，被告人将剩余的财物搬出并装上了卡车。关于该案，联邦普通法院于 1994 年 1 月 12 日作出判决（BGH GA 1994，485 = StV 1994，240），认为加重盗窃中的刑罚加重事由并非加重的构成要件，毋宁是量刑判断的问题。个别行为人是否充足加重事由，通常应从对参与者全体的评价中独立出来进行判断。在此基础上，由于其构造与构成要件类似，所以应作与"承继的共同正犯"中加重事由的归责相同的判断。其结果是，各参与行为是否存在个别性，或者通常是否存在能够进行归责的证据被推翻的例外情况，这一点非常重要。本案中，已经破坏的铁丝网不可能归责于被告人，原审没有充分考量上述原则而肯定归属的可能性，据此应废弃原审。② 显

---

① 转引自照沼亮介《体系的共犯論と刑事不法論》，東京：弘文堂 2005 年版，第 257 页。

② 转引自照沼亮介《体系的共犯論と刑事不法論》，東京：弘文堂 2005 年版，第 259 页。

然，该判决不赞成将共犯者视为整体来判断行为是否该当加重事由这种共犯认定方法，而主张把各行为人从对整体的评价中独立出来进行判断。据此可以认为，该判决在共犯认定方法上彻头彻尾地坚持了责任主义。

(三) 限定肯定"承继"的判例

在一起杀人未遂案件中，法院虽然否定后行为人对先行事实承担责任，但在论理上，明显采取了限定地肯定承继共犯的态度。

①该案的基本事实是：先行为人甲以未必的杀人故意用刀捅刺被害人。乙作为甲的兄长起初想进行劝解，但认识到弟弟的决意非常坚定后，同样以未必的杀人故意用刀朝被害人捅刺。不过，最终被害人得救，生命得以保全。一审法院认定甲、乙成立故意杀人罪未遂的共同正犯。对此，德国联邦普通法院判决（BGH MDR 1996, 117＝NStZ 1996, 227）认为，原审认定二人成立承继的共同正犯，但这仅限于后行为人对其做出因果性贡献之前的事实具有利用的意思的场合，并且先行为人也要对后行为人的贡献有认识、容认。该案中，既不能承认乙在捅刺被害人时对甲的故意杀人未遂行为有利用的意思，也不能认为甲对乙实施的攻击行为有认识。另外，"在吵架的情况下，只是基于相互帮助的一般的合意的兄弟团结，不能建立起作为共同正犯的意思联络而必需的了解的基础"。因此只能认定二人成立故意杀人罪未遂的同时正犯，分别在自己的行为贡献的范围内承担责任。① 根据该判决，成立承继的共同正犯除符合普通共同正犯的要件外，还要求后行为人认识、容认先前事实，主观上对该事实有"利用的意思"，同时先行为者也应对后行为具有认识。

②1980年联邦普通法院判决（BGH JZ 1981, 596）对承继的共犯采取了限定肯定的态度。该案中，甲与乙因被害人的言语而被激怒，遂决心打倒被害人，此时，乙问甲是否打算夺取被害人之金钱，

---

① 转引自照沼亮介《体系的共犯論と刑事不法論》，東京：弘文堂2005年版，第259—260页。

被甲拒绝。之后，二人骑摩托车追上被害人，在乙停放摩托车期间，甲向被害人冲去，并用拳头狠狠殴打了被害人的眼睛。紧接着乙也加入进来，二人共同将被害人殴打至陷入意识不清、丧失反抗能力后，乙从被害人的上衣口袋中拿出钱包，并将其中一半的现金（60马克）给了甲，尽管甲开始拒绝接受，但最终还是收下了。一审法院认定被告人甲成立重伤害罪与盗窃罪数罪，后检察官提起抗诉。二审的联邦普通法院认为，在乙持抢劫的目的实施暴行造成的效果持续的阶段，甲参与尚未终了的财物夺取行为，具有成立抢劫罪共同正犯的余地。① 该判决因采用先行行为效果持续这一基准而引人注目。即：在认识、容认的主观要素之外，从客观上以"先行为效果持续"为要件，限定了承继共同正犯的成立范围。

　　以上判例表明，德国司法实务主要对承继共犯的成立时间、后行为者的责任范围这两个问题存在分歧。关于承继共犯的成立时点，所有判例一致认为前行为实质性地终了后就不再有成立共犯的余地。对于前行为既遂后但尚未终了的阶段是否存在共犯，实务中存在截然相反的态度。部分判例持肯定态度，相反，主流观点认为，在此阶段介入的后行为者，不可能成立共同正犯。对于在此阶段共谋参与的后行为者之行为定性，德国的司法机关通常运用竞合论中的"行为单数"理论解决。② 在能够肯定构成行为单数的场合，承认后行为人与先行为人成立先前犯罪的共犯。关于后行为人的责任承担范围，尽管判例的态度不尽相同，但否定就"已经完全结束"的先前事实承担责任逐渐成为共识。不过，这并不意味着彻底否定后行者对任何先前事实的"承继"，例如，先行为者以抢劫为目的，使用强暴手段致被害人受伤，后行为人参与进来共同取财。由于强制状态仍在持续，所以有判例肯定后行为人成立抢劫罪的共犯，但不对致伤结果承

---

　　① 转引自堀内捷三、町野朔、西田典之《判例によるドイツ刑法 総論》，東京：良书普及会 1987 年版，第 184—186 页。

　　② 薛智仁：《相续共同正犯概念之商榷》，《月旦刑事法评论》2016 年第 1 期。

担责任。当前，德国司法实践中，否定"承继"与限定地肯定"承继"的观点都比较有力，实务的分歧也主要围绕这两种态度而展开。但是，否定"承继"的判例内部，既有以因果性阙如为依据者，也有以共同行为故意欠缺为理由者，更有以个人主义的共犯认定方法为理据者。与之相对，限定肯定"承继"的判例中，有以"认识、容认+积极利用"为标准者，也有以"先行为效果持续"为依凭者。可见，不仅"承继"与否存在对立，而且同一立场下也存在论理结构的差异。

二　日本承继共犯裁判实务的发展

（一）战前的实务概况

第二次世界大战前，日本实务界对承继共犯持全面肯定态度，即不仅认可先后行为者成立共犯而且要求后行为者就先前事实承担责任。在大审院时代①，有两起较为知名的案例。第一起案件中，后行为人中途加入实施诉讼欺诈，对此大审院判决指出："关于共谋犯罪并分担实行遂行犯罪的必要行为的，不论从当初开始参与还是中途开始参加，都应该以诈欺罪的共同正犯论处。"② 第二起案例的基本事实是：妻子发现丈夫形迹可疑并尾随其后。在与丈夫会合后，丈夫告知妻子其因强盗已将被害人杀死，并要求妻子协助其取财。于是，妻子在黑暗中举起点燃的蜡烛，使得丈夫更加容易地抢夺了钱财。日本大审院于1938年11月18日就该案作出判决，认定妻子成立强盗杀人罪的帮助犯。判决理由是："由于刑法第240条后段所规定之罪，即强盗杀人罪是由强盗罪与杀人罪或伤害致死罪结合而

---

① 日本大审院设立于明治八年，第二次世界大战后，即昭和22年（1947年），随着《日本国宪法》及《裁判所法》的实施，大审院被撤销，最高裁判所取代大审院成为日本最高审判机关。大正10年（1921年）以前，大审院所作的重要判例收录于《大审院（刑事、民事）判决录》，大正11年（1922年）年后的重要判例收录于《大审院（刑事、民事）判例集》。按照通例，1947年前的审判史被称为大审院时代。

② 山中敬一：《刑法総論》，東京：成文堂2008年版，第851页。

成的单纯一罪,因此,参与强盗杀人罪的部分行为即劫取财物的行为,以帮助该罪遂行的,应该成立强盗杀人罪的帮助犯。"[1]

通过对两判例进行分析,可以发现,第一个案件中,大审院肯定后行为人成立诈欺罪共同正犯的理由是:①共谋形成于着手实行前或实行过程中,并不影响共犯关系的认定;②成立共同正犯不需要行为人实施全部行为,因而何时参与实施不成为问题。第二起案件中,肯定作为后参与者的妻子成立强盗杀人罪的帮助犯,是以"一罪性"或者犯罪的不可分割性为依据的。大审院的上述裁决对战后日本司法实务也产生了相当长远且深刻的影响,特别是第二起案例所提出的"一罪不可分割性"原理,在此后相当长一段时期内,被下级裁判所频繁援用。

战后,直至2012年前,最高裁判所没有就承继共犯作出过任何判决,但下级法院实务中有大量相关审判例。不过,其中既有(限定)肯定后行为者承继先行事实而与先行为人成立共同犯罪者,也有否定后行为人就全体事实与先行为人成立共犯者。以下,以罪名为线索进行梳理,并对重点案例作详细介绍,特别是要明确其背后的裁判规则。

(二) 战后较早时期的实务状况

1. 肯定"承继"的裁判例

1953年(昭和28年)6月30日,札幌高裁对一起强盗致伤罪案件的判决,继承了战前大审院关于承继共犯的态度。该案中,后行为者明知先行者以强盗目的殴打受害者并造成受害人负伤,仍然共谋加入与先行为者一同夺取钱物。札幌高裁认定后行为者成立强盗致伤罪的共同正犯。该判决指出,刑法第240条前段之罪系构成单纯一罪的强盗罪的结果加重犯。后行为者明知他人以强盗为目的施加暴行的事实,仍决心利用该机会共同抢劫钱物,进而基于意思

---

[1] "日本大审院1938年11月18日判决",载《大审院刑事判例集》第17卷第21号,第839页。

联络强取钱物。即便后行为者对共犯者先前的暴行产生的伤害结果没有任何认识,以强盗致伤罪的共同正犯论处也是正当的。① 显然,该案与大审院时代全面肯定承继共犯的判例的裁判思路是一以贯之的。二战后,在强盗罪或强盗致死伤罪中,很多判例以"一罪不可分割性"为根据肯定承继共犯。在他人以抢劫为目的实行了暴行后,被告人才加入实施取财行为,神户地裁认定其成立强盗致伤罪的共同正犯(神户地判昭和 39 年 3 月 10 日下刑第 6 卷 3 = 4 号第 204 页)。在先行者施加暴行抢夺了财物后,紧接着,后行为者又进一步施加了暴行。关于该案,东京高裁认为这是承继共同正犯的问题,进而认定后行为者成立强盗伤人的共同正犯(东京高判昭和 57 年 7 月 13 日《判时》1082 号第 141 页)。②

在强奸致伤类案件中,也有判例肯定后行为者"承继"伤害结果,进而成立强奸致伤罪共同正犯。先行为人以奸淫目的对被害人施加暴行后,后行为人加入实施犯罪,但被害人所负伤害的发生时点不能确定。对于该案,1959 年 12 月 2 日东京高裁作出的判决指出:"关于共同正犯,共犯者中的某行为人在他人实施完成部分行为后,产生与其他行为人的意思联络并共同实施(剩余)实行行为的场合,就是所谓的承继的共同正犯。中途介入的后行为人,如果在其介入时对先行为人的行为具有认识,那么就应当对包括自己介入前的先行为人的事实在内的全体犯罪行为承担责任。因此,在作为结果加重犯的强奸致伤罪的场合,数行为人基于共谋而强奸被害妇女并造成伤害结果,即使不能查明伤害结果系何人造成,所有共犯者也无法免除对强奸致伤罪承担共同正犯的责任。"③ 类似的一起案

---

① 参见"札幌高等裁判所 1954 年 6 月 30 日判决",转引自山中敬一《刑法総論》,東京:成文堂 2008 年版,第 856 页。
② 转引自今井康介《承継的共同正犯について》,《早稻田法学》89 卷 2 号(2014 年)。
③ "东京高等裁判所 1959 年 12 月 2 日判决",载《东京高等裁判所判决时报(刑事)》第 10 卷第 12 号,第 435 页。

件中，先行者以强奸的意思对受害者进行暴行、威胁，致使被害人无法抗拒，先行者遂让家访的后行者先奸淫，不过此后先行者自己的奸淫未能得逞。对于该案，名古屋高裁认为先行者和后行者都是强奸既遂的共同正犯。①

在继续犯的场合，也有判例肯定承继共犯。其他共犯者通过施加暴行、胁迫或监督等手段已经将被害人等拘禁在被告人家里一段时间后，被告人于下午两点左右回家，并认识到此种情况，在与其他共犯人沟通犯意的基础上，利用该状态继续对被害人实施拘禁。东京高裁认为："在被害人被非法拘禁后，被告人于中途充分认识到犯罪行为的基础上，仍然基于犯意联络而利用前面的拘禁状态继续对被害人实施拘禁行为，显然应当作为承继的共同正犯对包括其回家前的非法监禁行为在内的全部犯罪承担责任。"②

在一起恐吓罪案件中，名古屋高裁作出判决，肯定了中途参与实施索要钱物行为的后行为人与先行为人成立恐吓罪共同正犯。该案的基本案情为：先行为者恐吓被害人交付2000万日元，被害人先交付1000万日元并在先行的共犯者间进行了分配。在此阶段，后行为人共谋参与并试图实施索要行为来获得剩余的1000万日元，但因客观原因未能得逞。关于后行为人的罪责，名古屋高裁认为，被告人认容并利用先行的其他共犯实施胁迫使得被害人陷入畏惧状态，在此基础上，共谋加入实施钱物索要行为。对于这种情况，尽管被告人没有实施胁迫行为，也要就加入后索要1000万日元负恐吓罪未遂的责任。③该判决显然认可了对"畏惧状态"的承继。

1975年（昭和50年），名古屋高裁曾作出肯定伤害罪承继共犯的

---

① "名古屋高等裁判所1963年12月5日判决"，载《下级裁判所刑事裁判例集》第5卷第11＝12号，第1080页。

② "东京高等裁判所1959年12月7日判决"，载《刑事裁判月报》第2卷第10号，第1025页。

③ "名古屋高等裁判所1983年1月13日判决"，载《判例时报》第1084号，第144页。

判决。该案中，被告人于先行为者的暴行途中加入，共同实施暴力伤害行为。上述暴行最终导致被害人负伤，但不能查明伤害结果发生在被告人加入前后哪一阶段。名古屋高裁以被告人明知先行为者的犯罪事实仍加入实施一系列暴行为依据，认定被告人成立伤害罪的承继共同正犯。[①] 在案情类似的伤害罪案件中，东京高裁于1996年（平成8年）8月7日作出判决，认定后行为者成立伤害罪之承继共同正犯，并要求其就共谋成立前其他共犯的暴行及其产生的伤害结果承担罪责。[②]

可以发现，上述全面肯定承继共犯的判例采取了"对既存犯罪事实的认识、容认+共谋参与剩余犯罪行为"的公式，而肯定"承继"的根据皆在于特定犯罪的"一罪性"或者说不可分割性。在否定或限定地肯定承继的判例、理论研究文献中，成为问题的"事后故意"，在上述肯定性判例中尚未被察觉。相反，肯定性判例认为共同犯意的形成时间以及介入实施犯罪的时点无关紧要。

2. 否定"承继"的裁判例

第二次世界大战后，日本司法实务中也出现了不少否定后行为人"承继"的判例，甚至可以认为，"在伤害罪及其以外的结果加重犯等类型案件中，否定承继的倾向越来越明显"[③]。

1954年（昭和29年），在一起强盗致死案件中，对中途加入仅参与夺取财物行为者，名古屋高裁的判决否定后行为人成立强盗致死共犯，而仅认定为盗窃罪。该案中，先行为者在使被害人昏倒之后（最终因此而死亡），被告人乘此机会加入而夺取了财物。该案判决指出："在他人昏睡或被害人自己昏迷、熟睡期间，夺取被害人财物的行为不能说是强盗罪"，尽管被告人的行为可以看作先行为者的

[①] "名古屋高等裁判所1975年7月1日判决"，载《判例時報》第806号，第108页。

[②] "东京高等裁判所1996年8月7日判决"，载《東京高等裁判所判決時報（刑事）》47卷1—12号，第103页。

[③] 松宫孝明：《"承继的"共犯について—最决平成24年11月6日刑集66卷11号1281页を素材に》，《立命馆法学》352卷6号（2013年）。

"强盗致死罪的一部分帮助行为，但是没有强盗的犯意"①。所以，只能认定被告人成立盗窃罪的共同正犯。显而易见，该案是从主观层面出发，以后行为者"没有强盗的犯意"为由，从而彻底否定承继共犯成立。许多文献将否定死亡、伤害结果的承继但肯定成立强盗罪的裁判例归入否定性的类型中。笔者认为，这一类判决并未彻底否定承继。因为只有在肯定后行为者承继了先行的暴力、胁迫行为或其效果的前提下，才可以认为成立强盗罪。所以，在强盗罪结果加重犯的场合，这一类判例的态度实际属于部分肯定承继共犯。

在强奸罪中，否定承继共犯的判例并不少见。较早时期，对一起伤害结果不能查明发生于后行为者介入前后哪一阶段的强奸致伤案件，广岛高裁指出："关于像这样从先行者已经开始的犯罪行为中途加入者的责任，应该理解为仅及于其介入后发生事情。本案中被告人只对前述共谋成立后的犯罪行为负责任，对其他共犯者先前的犯罪行为不负责任。然而，本案中的伤害结果是在一连串的强奸行为中发生的，但在证据上不能查明该结果发生于哪一阶段。因此，只能在强奸罪的范围内追究责任，而不能对原判示的伤害结果承担责任。"② 在另一起强奸致伤案中，X 与 Y 在酒馆喝酒时偶然认识离家出走的 19 岁女大学生 A，A 同意与二人发生性关系后，被带至旅馆的房间，二人逼迫 A 与其性交。A 强硬反抗，X 遂施加暴行并致被害人负伤，此后，Y 也强迫 A 与其性交，但都终止于未遂。关于该案，浦和地裁否认 X、Y 成立事前共谋，只成立现场的共谋。该判决认为 Y 是从包括一罪的途中参与犯罪，无论其是否认识、容认 X 的行为并利用该先行为，都能够肯定就共谋参与之后的事实成立

---

① "名古屋高等裁判所 1954 年 10 月 28 日判决"，载《高等裁判所刑事裁判时报》第 1 卷第 10 号，第 427 页。

② "广岛高等裁判所 1959 年 2 月 27 日判决"，载《判例タイムズ》90 号，第 44 页。

共同正犯，并且在此限度内认定刑事责任就足够了，进而否定了承继的共犯。该判决不认为是由 Y 共谋参与后的行为导致 A 负伤，因此只认定 Y 成立强奸未遂，而不对伤害结果负责。① 在不能查明伤害结果发生阶段的情况下，上述判例以因果性为标准，否定了就该加重结果的客观归属，而仅在强奸罪基本犯的范围内追究后加入者的刑事责任。

值得注意的是，与前述以"一罪性"为理由肯定承继共犯的判例相反，在杀人罪这种典型的单纯一罪场合，也有判例否定后行为人成立承继的共同正犯。先行为者大贺正受被害人大西宇三郎辱骂而暴怒，进而产生杀人故意，用菜刀将被害人颈部右侧砍伤。在被害人进行反击之际，目睹这一幕的被告人大原辉美，突然决定协助大贺正攻击被害人。在与先行为人进行犯意沟通的基础上，当先行为者准备再次用刀砍被害人时，被告人将被害人撞倒，并用威士忌酒瓶、圆椅子等击打了被害人的头等部位。经查明，先行为者造成被害人颈部右侧、头部、手部受伤，被告人大原辉美的行为导致被害人头部负伤。不过，被害人最终因颈部右侧刺伤引起的动脉大出血，于同日凌晨死亡，被告人大原辉美介入之后二人的行为对死亡结果没有产生影响。关于该案，检察官认为是所谓的承继共同正犯，被告人大原辉美应成立故意杀人罪既遂。对此，第一审的大阪地裁认为："但是，如果先行者开始犯罪的实行行为之后，后行者在意思联络或共谋的基础上，从中途介入，即使其有认识或利用先行行为的意思，也不应该让其承担先行行为的责任，只对介入后的行为承担共同正犯责任的理解才是相当的。在单纯一罪的情况下，如果介入后的行为充足构成条件的话，无论怎样，都应成立该罪的共同正犯。因此，即使承认对包括先行行为在内的全体行为成立共同正犯，也不会产生特别的障碍。但是，即使如本案一样只是单纯一罪，仅

---

① "浦和地方裁判所 1992 年 3 月 9 日判决"，载《判例タイムズ》796 号，第 236 页。

有先行为者的行为导致了死亡结果，后行为者介入后二者共同实施的行为虽然符合杀人罪的构成条件，但没有客观地影响由先行行为引起的因果关系的经过，在与结果的发生无关的情况下，不能采取这样的见解。"① 据此，大阪地裁判定被告人大原辉美不承担先行为者引起的故意杀人既遂之责任，其与先行为者就介入后的事实成立故意杀人未遂的共同正犯。不过，上诉审的大阪高裁认为原判决认定事实和适用法律均存在错误，因此撤销了原判决，并认定后行为人大原辉美也成立杀人罪既遂的共同正犯。② 该案第一审判决以行为的因果关系作为划定责任范围的标准，并对先后行为的因果性作了区隔判断，而对与死亡结果没有因果关系的后行为者，仅以杀人未遂论处。

否定承继的判例坚持以因果性作为责任承担根据，彻底地贯彻了个人责任原则，这一点是应予肯定的。值得关注的是，相较于肯定承继的判例，对共同犯罪进行分割判断是否定性判例的显著特征。

3. 限定地肯定"承继"的案例

1987年（昭和62年）7月10日，大阪高裁就一起恐吓罪所作的判决，在日本承继共犯实务上具有里程碑意义。该案的基本案情是：A与B在共谋的基础上，在从被害人X的住所去往事务所的出租车内连续殴打了X。到达事务所后，C共谋参与进来，用拳头、木制道具、玻璃制烟灰缸数次殴打X的脸部。随后，该案被告人从事务所3楼来到犯罪现场，看到了被A等人殴打至头部、面部流血的被害人X，并听N说明了情况。被告人应C的邀请，以共同加功的意思，实施了用手两三次将被害人X的下巴举起和用拳头殴打面部的暴行。大阪地方裁判所认定被告人成立伤害罪的共同正犯。对

---

① "大阪地方裁判所1979年1月17日判决"，载《判例タイムズ》249号，第279页。

② "大阪高等裁判所1979年10月27日判决"，载《判例タイムズ》259号，第310页。

此，被告人以 X 的伤害结果在其加功前就已经产生了，根据共同正犯的理论，不能追究被告人伤害罪的责任为理由，提起了上诉。二审的大阪高裁指出："对于从先行者的犯罪中途共谋加担的后行者，认定其就包含先行者的行为在内的全体构罪事实成立共同正犯的实质根据，除了后行者将先行者的行为等作为遂行自己犯罪的手段而加以积极利用之外，没有其他的根据。因此，成立承继的共同正犯，后行者不仅要认识到先行者的行为及其结果，而且要有作为遂行自己的犯罪手段而积极利用的意思。在先行者实施构成实体法上的一罪的犯罪途中共谋加入，并将既成行为现实地作为这样的手段加以利用的场合，认定为承继的共同正犯是相当的。"① 据此，由于很难认定被告人有将 A 等人的暴行现实地作为遂行自己犯罪的手段而加以利用的意思，所以仅能就共谋成立后的行为认定为共同正犯，而不能对包括共谋成立前 A 等人的行为在内的全体犯罪追究承继的共同正犯的责任，最终只认定成立暴行罪的共同正犯。日本学者宫崎万寿夫对该判决的意义给予了充分肯定，认为在此之前承继共犯的肯、否论都没有给出承继共犯成立的实质根据，该判决明示了承继共犯的成立条件，并在采取中间说的基础上，导入了引人注目的"利用意思"之概念。②

该判决之后，日本许多审判例采用了该判决中提出的"积极利用"之公式，进而限定地肯定承继共犯。1996 年（平成 8 年），在一起暴行案件中，东京高裁曾援用"利用意思"标准，作出了肯定承继共犯的判决。在先行为者对被害人施加暴行的中途，被告人共谋加入与先行为者一起实行暴行，最终导致被害人负伤，但是不能查明伤害结果发生于被告人加入前后哪一阶段。东京高裁判决指出："虽说是加担后的行为，但其范围的确定有时未必容易。对于无法识别、分离的，后行为者应对先行为者的行为及其伤害结果等承担作

---

① 堀内捷三：《刑法判例百選Ⅰ》，東京：有斐閣 2008 年版，第 168 页。
② 宫﨑万壽夫：《承継共犯論の新展開》，《青山法務研究論集》7 号（2013 年）。

为全体犯罪的共同正犯的责任。除此之外，没有更合理的处理方法。与之相反，像伤害案件那样，在能够明确区别加担前的行为和由此产生的结果的场合，比较缺乏先行行为的结果等对后行行为影响的关系，也就是在个别的伤害行为集合在一起的犯罪中，中途加担的后行为者只要不是可以评价为将先行为者的行为及其结果作为实现自己的犯罪的手段而加以利用的特别情况，要求其就参与前的行为和结果承担刑事责任就缺乏实质的根据。"① 采用这一标准而限定地肯定承继共犯的判例还有东京地裁平成 7 年（1995 年）7 月 10 日判决、大阪地裁平成 9 年（1997 年）8 月 20 日判决、东京高裁平成 16 年（2004 年）6 月 22 日判决等。可以认为，在相当长一段时间内，以此为根据的限定肯定说是日本司法实践的主流观点。

需要注意的是，对于像强盗致伤罪那样的结果加重犯，部分判例仅认定后行为者在强盗罪基本犯的范围内"承继"先前犯罪事实，而否定了对伤害结果的责任归属。典型适例为东京地裁 1995 年（平成 7 年）10 月 9 日就一起强盗致伤罪所作的裁判。该案的大致案情为：B 与其同居女友 C 曾对某酒吧的经营者投放安眠药后，趁其昏睡而盗取现金，实施昏醉抢劫。因游玩需要钱，二人计划再次实施同样的昏醉抢劫行为。C 准备了安眠药，并提议邀请其女玩伴 A 共同参与。A 在听了抢劫计划后表示赞同。三人在 D 经营的酒吧劝 D 喝酒，并趁其不备将安眠药放入酒杯中。D 喝下后，虽然出现意识模糊，但并未熟睡。此时，B 失去耐心并对 D 施加暴力而将其打昏，A 全程旁观了这一事实。B 与 C 从 D 处夺取了约 10 万日元的现金，在其二人的催促下，A 取走了放在账台抽屉中的几张 CD。关于该案中后行为人 A 的行为定性，东京地裁认为：如若不能认定被告人 A 对与昏醉抢劫在手段方法上存在质的不同的以暴力或威胁为手段的抢劫存在共谋的话，就不能让后行为人承担致伤害的责任。由于

---

① "东京高等裁判所 1996 年 8 月 7 日判决"，载《判例タイムズ》1308 号，第 45 页。

"后行为者对先行部分的积极利用仅限于反抗被压制的状态，因此仅成立强盗罪的承继的共同正犯"①。更早时期，对与该案事实类似的案件，福冈地裁判定后行为者仅在强盗罪的范围内成立共同正犯，而不对致伤结果负责，但其理由尚不明确。②可见，尽管东京地裁判决以"积极利用意思"限定地肯定了承继的共同正犯，但将利用对象局限于"被害人反抗受压制的状态"，对超出此状态的致伤结果则认为是不必要的，进而否定了承继。

（三）日本承继共犯实践的最新发展

如上文所反映的，关于承继的共犯，日本实务中历来既有肯定性裁判例，也不乏否定的做法。晚近以来，全面肯定承继的判例大幅减少，附加一定条件而限定地肯定承继共犯的判例成为主流，否定承继共犯的判例也逐渐变得有力。2012年（平成24年）11月6日，最高裁判所在一起故意伤害案中首次就承继共犯问题作出判决，以该案为契机，日本审判实践出现了新的动向。

以下简要述评最高裁平成24年判决，并概览该案之后日本的实务动向。

该案的案情概要如下：2010年5月26日凌晨3时左右，先行为者A、B在手机销售店旁的停车场对被害人C实施了用石头敲打大拇指、拳打脚踢的暴行，对被害人D实施了殴打面部、用膝盖顶面部和腹部的暴行。此后，将被害人D押入汽车后备箱、将C押上车前往该案现场。在此之际，也告知该案被告人会带被害人C等前往现场。到达该案现场后，A、B进一步殴打D的头部，并将金属制梯

---

① "东京地方裁判所1995年10月9日判决"，载《判例时报》第1598号，第155页。

② "福冈地判昭和40年2月24日判决"，载《下级裁判所刑事裁判例集》第7卷第2号，第227页。此外，强奸致伤罪中否定致伤结果归责，而在强奸罪范围内认定共同正犯成立的判例，如"东京地方裁判所1965年8月10日判决"，载《判例タイムズ》181号，第192页；也有仅在抢劫案未遂的限度内认定成立共同正犯的判例，如"浦和地方裁判所1992年3月9日判决"，载《判例タイムズ》796号，第236页。

子与方材砸向其上半身；对 C 实施了用金属制梯子砸其身体的暴行。

当日凌晨 4 时过后，该案被告人到达现场，虽然认识到 C 等被害人因受到 A 等人的暴行而陷入难以逃走和抵抗的状态，但仍然在与 A 等人共谋的基础上，进一步对 C 等人施加了暴行。其暴行具体的态样为：使用方材殴打 D 的背部、腹部和脚部等处，用脚踢 D 的头部，数次使用金属梯子砸 D；多次用金属梯子、方材殴打 C 的头部、肩部和背部等处，并对 C 拳打脚踢。被告人等的暴行一直持续至凌晨 5 时左右，共谋加担后被告人所施加的暴行较先行为者等人之前的暴行程度更加激烈。

被告人加担前、后的上述一系列暴行造成的结果是：D 头部、面部、腿部等处受蹭伤、跌伤，颈椎及腰椎扭伤等，需要静养或治疗约 3 周；C 右手拇指基节骨骨折、头部和双膝挫伤等，需要静养或治疗约 6 周。

一审的松山地裁认定被告人就包括其共谋参与前由 A、B 造成的伤害在内的全体事实，成立故意伤害罪的承继的共同正犯。原审判决也认为，被告人对 A 等人的行为及其结果有认识、容认，在出于制裁目的将其作为实现自己犯罪的手段而积极利用的意思之下，于一罪关系的伤害的中途共谋加入，并且现实地将上述行为作为制裁手段而进行利用。在此基础上，原审判决也认定被告人应对包括共谋成立之前的行为及其伤害结果在内的全体犯罪事实，承担作为承继的共同正犯的责任。① 原审判决作出后，辩护人认为要求被告人就包括共谋加担前的事实承担责任，违反了责任主义，并据此提出上告。

日本最高裁指出上告的趣旨并不能成为刑诉法第 405 条的上告理由，并在肯定原审判决及第一审判决认定的事实的基础上，就伤害罪共同正犯的成立范围依职权作了如下判示：

"在 A 等人基于共谋对 C 等人施加暴行并致其受伤后，被告人

---

① "日本最高裁判所第二小法庭平成 24 年 11 月 6 日判决"，载《判例タイムズ》1389 号，第 109 页。

经过与 A 等人的共谋而加入，实施了使用金属制梯子和方材殴打 D 的背部与脚，C 的头部、肩部、背部和脚，并踢打 D 的头部等强度更大的暴行。至少可以认为，共谋参与之后的暴行在相当程度上加重了 C 等人的伤害。在这种场合，适当的理解是，被告人的共谋及基于共谋的行为，与共谋参与前的 A 等人已经造成的伤害结果间没有因果关系，所以被告人不应负作为伤害罪共同正犯的责任，而仅对共谋参与后足以引起伤害结果的暴行及实际所助长的对 C 等人的伤害结果，承担作为伤害罪共同正犯的罪责。"关于原判决的认定，最高裁认为："其旨趣可以理解为，C 等人因受到 A 等人的暴行而负伤，并陷入难以逃跑和抵抗的状态，被告人利用这一状态进一步实施了更加严重的暴行。但即使存在这样的事实，也只不过是被告人共谋参与后进一步实施暴行的动机或契机，不能以此作为追究其共谋参与前的伤害结果的刑事责任的理由，也不能够左右上述关于伤害罪共同正犯的成立范围的判断。那么，认定被告人就共谋参与前 A 等人已经造成的结果在内的全体事实成立故意伤害罪共同正犯的原判决，不得不说是对刑法第 60 条、第 204 条规定的错误适用，违反了法令。"[1]

除此之外，千叶胜美法官还附上了补充意见。该意见主要涉及共谋参与之后的伤害的认定方法以及承继共同正犯的成立范围两方面的内容。此处，需要特别注意的是关于承继共同正犯成立范围的补充意见。千叶法官指出："这样考虑的话，在所谓的承继的共同正犯中，后行为人是否作为共同正犯承担责任的问题，在让其承担强盗、敲诈勒索、诈骗等的罪责的场合，有时候也可以通过利用共谋参与之前的先行为的效果，而对犯罪结果具有因果关系，进而成立先行为者犯罪的承继共同正犯。但是，至少就故意伤害罪而言，由于难以认定存在这种因果关系（如法庭意见指出

---

[1] "日本最高裁判所第二小法庭平成 24 年 11 月 6 日判决"，载《判例タイムズ》1389 号，第 109 页。

的那样，先行为人的暴行与伤害，只不过是后行为人实施暴行的动机或契机），所以很难设想出那种可以成立承继的共同正犯的情形。"由于这一补充意见超越该案事实而一般性地讨论承继的共同正犯的成立问题，山口厚教授评价道："作为补充意见来说，应该是有点过头了。"①

关于最高裁判决对承继的共同正犯所显示之态度，日本理论界的看法存在尖锐的对立。第一种理解认为，该案不过是对"积极利用"采取了更加严格的认定方法，并没有彻底否定承继的共同正犯。第二种解读认为，该判决采取了与前述大阪高裁 1987 年 7 月 10 日判决相同的理解，即否定了对伤害这一"结果"的承继，但肯定对畏惧这一"状态"的承继。第三种理解认为，该案中最高裁明示了区别先行者引起的部分与后行者引起的部分的标准，在区别的基础上，否定了承继。②且不究问该判决是否一般性地排除了任何犯罪类型中成立承继共同正犯的可能性，至少可以确定的是，其对承继共犯问题采取了因果共犯论的立场。在这一点上，该判决具有超越故意伤害罪的普遍适用性。

平成 24 年案判决所采取的因果共犯论的方法，对此后的审判实践产生了示范效应。在一起特殊类型诈欺案中，福冈地裁采取了因果性的标准解决承继共犯问题。该案件中，先行为者们的欺诈行为实行终了之后，后行为者参与进来仅担当受领被害人寄送的财物的行为。关于后行为者的罪责，福冈地裁指出："共犯的处罚根据应该从其对犯罪结果具有因果性这一点上来寻求"，诈欺罪是"需要经过由因果关系联结的一定的阶段而成立的犯罪类型"，"能够想象后行为者利用共谋参与前的先行为者的行为效果而对犯罪结果具有因果关系，从而对这一结果成立犯罪的场合"。据此，后行为者有成立诈

---

① ［日］山口厚：《承继的共犯理论之新发展》，王昭武译，《法学》2017 年第 3 期。

② 今井康介：《承继的共同正犯について》，《早稻田法学》89 卷 2 号（2014 年）。

欺罪的承继的共同正犯的余地。① 显然，福冈地裁所作的判决在采取因果共犯论的同时，肯定了"利用先行为效果"也可以与犯罪结果产生因果性。这实际上相当于承认"效果持续"与因果共犯论具有整合性。关于该案，二审的福冈高裁认为："即便在这一时期，以这种方法参与，也能够与先行的欺骗行为相结合，而有助于财产损害的发生。另外，诈欺罪的本质的保护法益是个人的财产，欺骗行为并没有直接侵害该法益；相反，从陷入错误认识的人处接受财物的交付，直接侵害了本罪的保护法益。这样一来，在欺骗行为结束以后，对于仅参与财物交付部分的行为人，只要对本质的法益侵害具有因果性，就可以认定为诈欺罪的共犯，参照其作用的重要程度等，也可以肯定正犯性。"② 可见，福冈高裁虽然仍站在因果共犯论的立场，却大幅地缓和了因果性要件。只要各共同者的行为与本质的法益侵害具有因果关系，即可能认定成立承继的共同正犯。不过，最高裁关于该案的终审判决却颇耐人寻味。关于该案所涉及的承继共犯问题，最高裁认为："本案中，被告人在共犯者实施欺骗行为后，并未认识到'为协助破案而假装受骗'已经开始，与共犯者们共谋后，在完成本案欺诈行为的基础上，参与了与本案的欺骗行为一体预定的财物受领行为。这样一来，不管'为协助破案而假装受骗'开始与否，认定被告人就包括加功前的欺骗行为在内的全体欺诈事实，承担作为诈欺罪未遂的共同正犯的责任的理解就是相当的。"③ 以上判示内容没有明显地采取平成24年案判决提倡的因果性

---

① 该判决的评释参见阿部英雄《判例研究：詐欺未遂罪につき無罪とした事例（福岡地裁平成28年9月12日判決）》，《創価ロージャーナル》10号（2017年），第185—194页。不过，由于该案中的包裹是被害人"为协助破案而假装受骗"（騙されたふり作戦）寄出的，受领行为并不该当于诈欺罪的实行行为，被告人受领该包裹并没有对发生诈欺结果的危险性做出贡献，所以福冈地裁认定被告人无罪。

② "福岡高等裁判所2017年5月31日判决"，载《判例タイムズ》1442号，第65页。

③ "最高裁第三小法庭2017年12月11日判决"，载《判例タイムズ》1448号，第62页。

判断标准；相反，似乎有更大的余地认为，其回到了以"积极利用"为标准的部分肯定承继的立场。原因在于，其与平成 24 年案判决中千叶胜美法官的补充意见有不谋而合之处。可以认为，对承继共犯中后行为者的归责根据，该判决的处理显得过于暧昧。

综上所述，以最高裁平成 24 年案判决为契机，关于承继共犯的问题，日本的审判实务已经由过往采取"积极利用"的基准转向了以"因果性"为核心进行判断。[①] 由此可以断定，在日本理论界居于通说地位的因果共犯论，已经渗透入承继共犯的司法实践。在共犯责任的判断方法上，该判决对前述部分传统观点形成了挑战。因此，不仅是检讨以往的实践态度成为问题，更重要的是，在处理承继共犯问题时，如何寻求具有结论妥当性，同时兼顾与因果共犯论具有整合性的路径。

第二节　中国审判实践中的承继共犯

受历史和学术传承的影响，长期以来，中国大陆与中国台湾地区在刑事司法实务方面存在显著的差异，对类似现象的概括术语不尽相同，对类似事实的处理也多有差异。中国台湾地区在实务与理论上亲近于德国、日本，较早时就关注了承继共犯问题，在具体操作层面与德国、日本也多有类似。中国大陆虽然鲜有案例中使用"承继共（同正）犯"的说法，但也不乏同类型案件，不过在具体归责方面展示了其个性。当然，伴随着晚近以来中国大陆刑法学术话语体系的持续开放以及对外司法实务合作的发展，这种差异正在缩小，德国、日本刑法中更加科学的概念体系、方法论逐渐获得了中国大陆实务界的接受。

[①] 尾棹司：《わが国における承継的共犯論について》，《法学研究論集》48 号（2018 年）。

一 中国大陆司法实践的考察及剖析

（一）肯定承继的案例

伤害罪中肯定承继共犯判例较为常见，这大抵是因为伤害罪是单一行为犯，而且前、后两段行为所造成的伤害结果难以区分。在伤害结果的发生阶段不能查明的场合，不少判决仍然认定后行为人对该结果承担责任。

①姜某甲因嫖娼与客栈老板娘马某某发生争执，先行为人李某甲、邸某某、马某某遂与被害人发生厮打。在厮打过程中，先行为者持拖布、小凳子击打姜某甲身体，并用手打姜某甲的脸部。应邸某某邀请，后行为者李某某加入实施暴力，在客栈外与姜某甲发生扭打。后姜某甲倒地死亡，死因系蛛网膜下腔血管动脉瘤破裂造成的蛛网膜下腔出血致脑功能障碍。关于后行者李某某的行为性质，法院认为，其明知不法侵害行为正在进行，仍参与继续实施伤害行为，"属于刑法理论上的承继的共同犯罪"。上述四行为人具有共同伤害被害人的犯罪故意，且"在客观行为上李某某也系正犯"，因而成立共同犯罪。庭审中，辩护人提出致死原因发生阶段不明，应对后行为人适用"疑罪从无原则"，作无罪处理。对此，法院在衡量被害人特殊体质与四行为人伤害行为之因果力后，肯定了四人的打击行为与死亡结果之间的因果关系，拒绝了上述辩护意见。最终，认定李某某成立故意伤害（致人死亡）罪，判处十一年有期徒刑。① 该判决对共同犯罪因果关系采取了一体性考察的方法，而没有单独认定后行为人对结果的因果性，在此基础上，认定后行为者承担故意伤害致人死亡的罪责，并适用主犯之刑。对于类似不能查明伤害结果发生阶段的案件，虽然法院认定后行为人对结果承担责任，但考虑到其系中途参与犯罪，而给予从宽处罚。

②先行为人对被害人施加了拳打脚踢、击打腹部等暴力，赵某

---

① 吉林省白城市洮北区人民法院〔2016〕吉0802刑初23号刑事附带民事判决书。

某中途加入也对被害人实施脚踢、膝盖顶腹部的暴力，最终导致被害人脾脏重伤害。法院认为，在先行为人殴打并致被害人重伤的过程中，后行为人参与实施伤害行为，其明知系与他人共同而非孤立地实施伤害，从而与先行为人"形成目标一致的伤害故意，其行为系事前无通谋的共同犯罪"，成立故意伤害罪。但是，考虑到后行者中途参与伤害被害人后又离开，作用相对较小，属于从犯，依法可以减轻处罚。① 对于共同犯罪因果关系的判断，该判决同样采取了一体认定的方法。只不过在认可"承继"的前提下，综合评价后行为者在共同犯罪中的作用，依照从犯处刑。在致死原因发生于后行为人介入前阶段的场合，有判例依然认定其对该结果负责。

③在致被害人死亡的原因行为实施结束后，赵某 4 加入殴打并致使其他被害人受伤。辩护人提出："赵某 4 行为与死伤结果不存在因果关系，不应负责。"河北省高院认为，后行为者在获知打斗信息后，仍赶往现场参与斗殴，"主观上具有站在先行为者一方共同伤害他人的故意，客观上实施了先行为者一方尚未全部实行终了的行为"。其行为"是本案整个犯罪环节的组成部分，属承继的共犯，根据'部分实行，全部责任'原则，应对被害人的死伤结果承担责任"。不过，河北省高院认为原审对后行为者赵某 4 量刑过重，并将原判"六年有期徒刑、剥夺政治权利一年"改为"有期徒刑三年"②。该案中，后行为者共谋参与时，致死原因已经发生，既然如此，何以肯定结果的归属？对上述判定，可以设想两种理解：第一，法院提出了"主观上存在共同故意+客观上实施尚未终了的行为"的公式，并据此肯定了对既成事实的"承继"；第二，尽管后行为人加入时，致死原因已经成就，但其加入后的行为加速了死亡结果的发生，因此认定其对死亡结果负责。结合判决的表述，应当说，第一种理解更加自然。值得注意的是，该判决将适用于正犯的"部分

---

① 四川省仪陇县人民法院〔2017〕川 1324 刑初 153 号刑事判决书。
② 河北省高级人民法院〔2016〕冀刑终 289 号刑事判决书。

实行，全部责任"原则适用于主犯，这是将二者等同的见解。

非法拘禁罪属于典型的持续犯，在拘禁行为终了前的任意阶段，共同者均可以加入实施继续拘禁的行为。所以，很容易认定先后行为者成立非法拘禁罪共犯。问题在于，先行为者实施的非法拘禁行为能否归责于中途参与者。关于这一问题，国内实务中似乎未加以明确区分，而仅作为主从犯判断的考量因素之一。①2015 年 10 月 10 日 18 时许，廖某以周某某与其前妻有不正当男女关系为由，伙同李某、段某某挟持被害人，并使用皮带等进行殴打。其间，段某某离开，廖某与李某继续控制被害人。12 日凌晨 1 时许，后行为者幸某某应廖某要求到达案发现场，共同看守被害人至当日 18 时许。随后，三人将被害人带至其家楼下，因廖某与被害人的亲属发生争吵，幸某某等被民警抓获。幸某某被认定为从犯，其"系中途参与犯罪，时间相对较短且未对被害人实施暴力"属于从宽量刑的事由。① 后行为者实际参与拘禁的时间不足 24 小时，也没有殴打被害人，若独立地考察，并不符合非法拘禁罪构罪标准。唯有将后行为者与先行为者作为整体进行评价，肯定其对先行为的承继，才能认定后行为者成立非法拘禁罪共犯。值得注意的是，后行为者明知非法拘禁行为正在进行而于中途共谋加入的场合，有判例肯定其应对既成犯罪事实承担责任。②先行为者控制被害人人身自由后，后行的 2 名被告人加入继续拘禁被害人，但拘禁时间较短。对此，法院认为后行为者对"参与之前被害人被拘禁的时间并不知晓"，因此不对先行为者独立完成的非法拘禁行为承担责任。② 可以认为，该判决实际上全面肯定了"承继"，即只要后行者"认识"先行的犯罪行为，即应对先前事实承担罪责。

抢劫罪系由暴力、胁迫的手段行为与强取财物的目的行为复合而成的犯罪，实践中，有判例认定仅参与取财行为者成立抢劫罪之

---

① 四川省广汉市人民法院〔2017〕川 0681 刑初 305 号刑事判决书。
② 福建省莆田市涵某区人民法院〔2015〕涵刑初字第 102 号刑事判决书。

共犯。①王某欧安排江某、张某岳及殷某等人将被害人谢某强行带至某酒店，进行殴打、搜身、用烟头烫伤面部，索要财物。当晚，后行为者武某富到达酒店，知悉了上述情况并目睹先行为者对谢某施加暴力，后又离开酒店。次日凌晨4时许，应王某欧邀请，武某富再次到达酒店。在先行为者逼迫被害人说出支付宝账户密码后，武某富接受指使，通过支付宝等方式将被害人账户内的9690元转账至王某欧、武某富和张某岳账户或消费。法院认为，虽然武某富与先行为者无事前通谋，事中也没有对被害人谢某实施暴力，但其"在现场目睹了其他被告人和同案犯对被害人殴打、索要钱财的事实，说明武某富主观上明知他人抢劫"，"在抢劫犯罪行为仍然处于持续状态期间，武某富应邀到达现场，通过操作手机软件透支转账或消费被害人4000余元，并将其中200元转入其个人账户，足以认定武某富主观上具有与他人共同抢劫的故意，客观上实施了劫取他人财物的行为"，① 因此其成立抢劫罪的共犯。以上判示意味着，只要抢劫犯罪处于正在进行状态，即使仅参与实施了取财行为，也能够成立抢劫罪之共犯。换言之，是否对反抗受压制状态具有因果性贡献，并不重要，"趁火打劫"也应认定为抢劫。抢劫罪结果加重犯中，后行为人的责任范围是实务中的难题。②在事前无通谋的情况下，行为人明知他人抢劫，而于其他共犯者使用暴力致人死亡后参与共同搜取被害人财物。对此，一审法院认定行为人成立抢劫罪，并适用抢劫致人死亡的加重法定刑。② 由于笔者没有获取一审判决书，因此承认对致死结果的承继的理由尚不清楚。在转化型抢劫中，先行为者盗窃、诈骗、抢夺实施结束后，共谋加入实施暴力的后行为者之刑事责任也会成为问题。③先行为者胡某某、孟某某盗窃王

---

① 湖南省衡阳市石鼓区人民法院〔2017〕湘0407刑初55号刑事判决书。

② 最高人民法院刑事审判一至五庭编：《刑事审判参考》（总第62集），法律出版社2008年版，第31—43页。后该案上诉至江苏省高级人民法院，被告人何某某仍被认定成立抢劫罪，但不对先行为者造成的死亡结果负责。详细案情见后文"限定肯定承继的案例"部分。

某某的大货车油箱内柴油之际,被受害人刘某某、刘某父子发现,继而双方发生打斗。胡某某持斧头劈砍刘某某,致左肘轻微伤。二刘父子将孟某某制服,并捆绑于大货车后侧。胡某某逃跑,并打电话叫来张某、翟某某、贾某与井某某。四人到达现场后,由井某某驾车望风,翟某某等三人持斧子与被害人王某某及二刘父子打斗,并实施了打砸车辆、驾车冲撞被害人等暴力。打斗期间,翟某某用斧子猛砍王某某头部,致其颅脑损伤,经抢救无效死亡。河北省沧州市中级法院认为,翟某某等人"明知胡某某、孟某某系盗窃、抢劫犯罪分子,事先与胡某某虽无盗窃、抢劫犯罪的通谋",但在获知先行为者孟某某因盗窃被抓获后,仍然参与支持胡某某的抗拒抓捕、持斧子劫夺孟某某行为,"与先行为者胡某某形成了解救孟某某、抗拒抓捕的共同犯罪故意"。翟某某等人的行为与先行为人胡某某、孟某某的转化抢劫犯罪行为是"一个连续的整体","系事前无通谋的共同犯罪"。据此,认定翟某某等后行为人成立抢劫罪。一审宣判后,翟某某、胡某某等提出上诉。河北省高院基于同样的理由,驳回了翟某某与胡某某的上诉,并对其他上诉人的处罚作出相应改判。[1] 上述判决中"一个连续的整体"的概念,值得予以关注,但是其认定标准并不明确。如果以犯意之共同为标准,则必定遵循先将各共犯人评价为共同体,再分别判断其作用的思路;如果以行为的连续性为标准,则表明成立转化型抢劫不以参与盗、诈、抢(夺)行为为必要。但是,无论采取何种思路,都会轻易地肯定"承继"。

在盗窃罪的场合,肯定承继共犯的案例并不鲜见。①张某甲趁被害人不备盗走其挎包,包内有现金、购物卡、手机等财物。在从超市下楼的过程中,将挎包交给周某某。后来,张某甲将手机存放在周某某家中。该案中,不能查明二行为人间是否存在事前共谋,

---

[1] 最高人民法院刑事审判一至五庭编:《刑事审判参考》(总第109集),法律出版社2017年版,第40—43页。

因此周某某行为的定性成为问题。审判机关认为，窃得挎包后下楼的过程中，"盗窃行为随时可能被发现"，被告人周某某在接过挎包时，"也明知该包是张某甲盗窃所得仍提供帮助，应属于盗窃行为的延续"。共同犯罪故意不意味着各共同者的犯罪故意内容完全一致，即使先后行为人不存在事前通谋，甚至先行为者实施盗窃时，后行为者也不知情，"但是周某某明知张某甲实施盗窃行为，还积极提供帮助，中途加入犯罪，构成承继的共犯"。鉴于周某某在共同犯罪中仅起辅助、帮助作用，应认定为从犯。① ②三行为人邀请董某某帮忙拉货，其欣然应允，并驾驶面包车载三人至某卫生院。该三人分别从卫生院值班室盗得电瓶车一辆（经鉴定价值 2254 元），从收费室内盗窃现金 1000 余元。后董某某分得赃款。庭审中，辩护人提出董某某事先不知情。审判机关认为，董某某于凌晨 2 时许驾车载数人前往该案现场，应当概括地认识到本人和其他人行为的性质与结果；目睹他人推出电动车，就应当认识到系与他人共同盗窃，这种意思联络，形成了共同的盗窃故意。所以，董某某系明知其他共犯者着手实施盗窃，而提供帮助，构成盗窃罪之承继的共犯。而且董某某在共同盗窃犯罪中，积极配合，与他人相互协作，作用相当，应按照主犯论处。② ③先行为人盗得原油后，后行为者李某某、王某某加入协助运输原油。审判机关认为，二被告人"作为承继的共犯，仅仅参与了偷运原油的帮助行为，其行为符合盗窃罪的构成要件，数额较大，应以盗窃罪定罪处罚"，但在共同犯罪中起辅助作用，系从犯。③ 关于承继的共犯问题，以上案例提示了下述几点内容：首先，至少可以肯定案例①和案例③中先行为人的盗窃罪已经既遂，后行为者巩固或转移盗赃物的行为被认定为"盗窃行为的继续""符合盗窃罪的构成要件"，成立盗窃罪共犯。这种判断的根据是"盗窃行

---

① 安徽省阜阳市颍州区人民法院〔2013〕州刑初字第 00502 号刑事判决书。
② 安徽省阜阳市颍泉区人民法院〔2014〕泉刑初字第 00149 号刑事判决书。
③ 陕西省淳化县人民法院〔2017〕陕 0430 刑初 10 号刑事判决书。

为随时可以被发现",即稳固盗赃物占有的行为亦属于盗窃罪的构成要件行为。其次,共谋的形成时间不影响共同犯罪的成立,只要盗窃犯罪正在实施阶段,明知先前犯罪事实仍共谋参与的,即可认定为共同犯罪。最后,成立共同犯罪既不要求各共犯者间的故意内容一致,也不要求具备确定的故意。根据上述判决,承继共犯的成立条件与原始共犯并无二致,后行为者"承继"先前事实也没有特殊障碍。

诈骗罪由欺骗行为与财物受领行为复合而成,现实中存在中途介入仅参与取财行为的情况。对此,无论在普通诈骗还是电信诈骗中,均有判例肯定先、后行为人成立共同犯罪。①先行为人樊某等以一人假装丢钱、一人捡钱并许诺可以一起分钱等手段骗得被害人夏某的借记卡一张,并骗取了密码。李某明知银行卡及密码系樊某等人诈骗获得,仍积极帮助先行为人从银行卡中取走 53900 元,并参与分赃。公诉机关认为,先行为人成立诈骗罪,后行为人李某构成赃物类犯罪。一审法院认定所有被告人皆成立诈骗罪。上诉后,宁波市中级人民法院裁定驳回上诉,维持原判。① 诈骗罪中的财物受领行为以被害人因欺骗而陷入错误状态为前提。将仅实施取款行为的后行者认定为诈骗罪共犯,意味着成立承继共犯无须对"被害人的错误状态"具有因果性。电信网络诈骗组织结构复杂,欺骗行为与取财行为通常是分离实施的。因此,取款、套现行为的定性,就成为电信网络诈骗中的共性问题。②先行为者吕某某等三人通过手机短信骗得被害人 43 万元后,邀请吕某将赃款取现,并约定支付 35%的报酬。后吕某指使陈某某四次从银行取款共计 7 万元,并指使吕某 1 套现诈骗赃款,吕某 1 继而找蓝某某取现 19900 元。套现后,吕某交给吕某某 16.5 万元和价值 6.8 万元的黄金饰品。法院认为上述诸被告人"以非法占有为目的骗取他人财物,其行为均已构

---

① 朱章程、黄书建:《承继共犯后继帮助取款行为的定性》,《人民司法(案例)》2007 年第 10 期。

成诈骗罪",系共同犯罪。但是,在认定具体犯罪数额时,仅以各行为人实际参与的犯罪为准,认定陈某某诈骗数额巨大、吕某1与蓝某某诈骗数额较大;并且三人在共同犯罪中起次要作用或辅助作用,为从犯。① 上述两个案例的共同特征是,后行为者均是在欺骗行为结束且已实际控制被害人钱款后介入。法院认定后行为者成立诈骗罪共犯的根据在于,后行为者主观上"明知"系他人诈骗所得财物,且取现或套现行为客观上对诈骗罪的实现具有作用力。不过,判决结论的理由并不见得充分。一方面,后行为者介入时,先行为者已经实际控制钱款,取现行为何以对诈骗罪既遂具有作用力,缺乏令人信服的说明。另一方面,在电信诈骗中主观明知的意蕴未见得清楚。从形式上来看,"明知"是否包括单方明知,进一步说,单方明知能否充足犯意沟通的要求;就内容而言,"明知"是指明知先行为者正在实施诈骗犯罪,还是明知钱财为诈骗犯罪所得。不过,上述判例均以实际参与的犯罪为基准,认定主从犯、确定处罚轻重,这一点似乎区别于前文将正犯与主犯等同的观点。

除上述几种常见的犯罪外,敲诈勒索罪中也存在认可承继共犯的判例。①先行为者控制被害人自由,施加拳打脚踢等暴行致其受伤,并强迫被害人签下20万元补偿款协议。此后,李某某受先行为者雇用而为其提供运输服务,在释放被害人后,为了掩饰自己的身份而将车号牌遮挡。关于后行为者李某某的刑事责任,办案法官作了如下诠释:在单一犯的场合,后行为者应对先行为者的行为及其后果承担责任;在复合犯中则要区分行为人的主观认识,若其与先行为者的故意完全一致,则属事中共犯,需就全体犯罪事实承担责任,若不能证明先、后行为者具有完全一致的故意,则属承继的共犯,仅就介入后的行为承担责任。敲诈勒索行为只侵犯一种法益,属于单一犯。该案中,后行为者"了解到先行为人的主观意图之后,仍然参与到整个犯罪之中",属于事中共犯;就量刑而言,先前的行

---

① 黑龙江省佳木斯市向阳区人民法院〔2018〕黑0803刑初57号刑事判决书。

为相对于全体犯罪行为,"也不具有单独的量刑意义,即事实上整个敲诈勒索犯罪并没有被李某某的介入行为而割裂"。所以,后行为者李某某应就全体犯罪行为承担责任。① 质言之,敲诈勒索罪是单一犯,因此不论先、后行为人的故意内容是否一致,后行为人均需对全体犯罪承担责任。该判决否定了单一犯的可分割性,而承认复合犯具有拆分可能性。在单一犯中,后行为者对全体犯罪承担责任;在复合犯中,后行为人仅对参与后的事实承担责任。以上对承继共犯的界定与通说迥然相异,尽管对敲诈勒索罪的承继共犯持全面肯定态度,但总体来讲,上述见解采取了以故意内容是否一致为标准的限定肯定的立场。

梳理上述裁判例,可以总结出几条共通的裁判规则:第一,在认定思路方面,肯定"承继"的判例将先、后行为人视作共同体,整体性地考察全体行为与构成要件结果之间的因果性,在此基础上,分别判断各共犯者在共同犯罪中的作用,进而确定为主犯或从犯。第二,主观明知先前事实、客观上参与实施犯罪是承继共犯的成立要件。共同犯意的形成时间、参与犯罪的阶段,并不重要。原则上,只要先行者的犯罪尚在继续,即有成立承继共犯的余地。特别值得注意的是,在财产犯罪中,巩固占有行为被认为是先行为的继续。第三,在归责范围方面,以上判例均认可将先行为者的行为及其结果归属于后行为人,而"中途参与"作为认定从犯的参考要素。除少数案例外,一般认为后行为人系从犯,可以从轻、减轻处罚。将后行为人以从犯论处,在一定程度上修正了犯罪认定时整体性考察方法可能造成的处罚失衡。不过,其实效仍有待检讨。第四,部分判例体现了一罪之构成要件不可分割性,但在复合法益犯罪的场合,也例外地承认构成要件行为可以分割评价。当然,上述裁判规则并非在每个判例中均有完整体现。

---

① 盛辉、陈卓见、胡兴汇:《承继的帮助犯之责任范围》,《人民司法》2012年第22期。

丰富多样的实践中，既有全面肯定承继共犯的判例，也不乏彻底否定承继共犯的判例，而且其理据同样值得给予学术关注。比较肯定性判例与否定性判例，有助于批判性对承继共犯实践进行体系的思考和问题的思考。

（二）否定承继的判例

故意伤害罪承继共犯的场合，伤害结果的发生原因、阶段通常难以查明，因此认可承继共犯成为消解证明困难的方法。即使如此，实务中仍不乏彻底否定伤害罪承继共犯的判例。

①王某 2 因纠纷与被害人王某 8 及王某 9 发生厮打，并将被害人王某 9 面部、胸部打伤。后行为者王某 3 赶至现场，并与先行为者共同将王某 8 面部打伤。法院认为，后行为者明知双方存在纠纷，仍加入打斗，其与先行为人构成事前无通谋的共同犯罪，且二人均系主犯，"应按照各自所参与的全部犯罪处罚"①。因为先后两段行为的伤害对象、结果界限清晰，因此该判决仅就王某 8 的伤害追究后行者的罪责。实务中，在先、后行为侵害对象同一的场合，也有否定承继而仅就剩余部分成立共犯的判例。

②陆某 2、顾某 2 及张某 1 因打碎 KTV 酒具划伤手指，与工作人员张某某、邵某某发生争吵。张某某之友张某 2 见状，上前与顾某 2 发生争吵、撕扯，后被多人拉开。张某 2 得知陆某 2 仍在该 KTV 外辱骂自己，遂与臧某某、姜某等人来到停车场，再次与陆某 2 发生厮打。王某某、邵某某、张某某、刘某及 KTV 彭姓领班也赶至案发现场，制止打斗。返回之际，陆某 2 追上张某某，用手扼、掐其颈部，张某某随即用拳猛击陆某 2 后颈部一次，拳击陆某 2 的下颌部一下。随后，彭姓领班及王某某殴打陆某 2 的头、颈、背部并将其打倒在地，此时站在一旁的邵某某也上前踢踹陆某 2 头部数下，臧某某、刘某、姜某也加入踢踹陆某 2 的躯干、下肢等部位。后陆某 2 被送往医院抢救治疗，数日后，因颈髓损伤合并蛛网膜下

---

① 河南省长垣县人民法院〔2017〕豫 0728 刑初 17 号刑事判决书。

腔出血死亡。检察机关以张某某、王某某、邵某某、臧某某、刘某、姜某犯故意伤害罪提起公诉。法院经审理后认为，结合既有证据，可以证明张某某、王某某、邵某某的加害行为共同造成被害人伤害致死的结果，其三人成立故意伤害罪；臧某某、刘某、姜某三人所实施的行为系一般伤害行为，对死亡结果没有因果关系，因此对被害人死亡结果不承担责任。① 综观该案，可以肯定的是，直至张某某等人在停车场将陆某2与张某2拉开并返回时，上述被告人尚未形成共同伤害的行为决意。关于此后的行为事实的认定，笔者认为存在一定的矛盾之处。首先，先行为者张某某与后加入的王某某、邵某某均击打了致人死亡的部位，但死亡结果究竟系谁造成并不清楚。在这种情况下，将死亡结果归属于三行为人，相当于认可了承继共犯。然而，法院同时以臧某某、刘某、姜某的行为与死亡结果没有因果关系为由，否定其三人对致死结果承担责任，而仅认定成立"随意殴打他人"型寻衅滋事罪，显然彻底否定了对致死结果的承继。问题在于，同样站在因果关系的视角，为什么在因果性不清的场合肯定承继，而在没有因果性的场合否定承继？在前一种情况下，难道不应该适用"罪疑时有利于被告"原则而否定结果归属吗？笔者揣测，在因果关系不能查明的场合，该判决采用了前述肯定性案例中整体考察的方法，而在能够查明因果关系的场合，却彻底地贯彻了个别认定因果性的方法。但是，这种自相矛盾的"便宜之计"，其正当性与合理性值得质疑。实务中，也有判例完全采取个别认定因果关系的方法，进而彻底否定了承继共犯。

③因酒钱纠纷，拉某与被害人扎某某某、伟某、措某、桑某甲发生争执。郎某见此情形，进行劝解，伟某认为郎某在帮拉某，遂发生撕扯。在此过程中，伟某使用小刀划破朗某胳膊及衣服，于是朗某拿起锅铲击打被害人伟某左额处。此时，站在一旁的拉某加入进来，并用随身携带的刀子捅刺了伟某肩部，朝措某腹部、胸部、

---

① 山东省临沂市中级人民法院〔2014〕临刑一初字第39号刑事判决书。

腰部各捅一刀，向桑某甲腹部捅了两刀、手臂上砍了一刀、臀部砍了一刀。关于朗某与拉某的刑事责任，法院进行了分别判断。具体来讲，认定被告人拉某伤害他人身体，并造成被害人桑某甲重伤二级、措某轻微伤、伟某轻微伤的严重后果，成立故意伤害罪，判处有期徒刑五年五个月；认定被告人郎某故意伤害他人身体，并造成被害人伟某轻伤二级的后果，判处有期徒刑三年，缓刑四年。[①] 显而易见，直至郎某加害伟某前，其与拉某并未形成共同伤害的故意，拉某在认识、容认郎某加害行为事实的基础上，于犯罪的中途加入并加害其他被害人。对此，法院采取了与前文中肯定伤害罪承继共犯的判例相反的做法，即依照各被告人造成的伤害结果分别判断其刑事责任。换言之，法院否定了就包含郎某伤害伟某在内的全体事实追究拉某故意伤害罪的责任。一方面，该判决彻底采取了因果共犯论的立场，分别考察二行为人与伤害结果的因果关系；另一方面，也没有凭借认识、容认而肯定共同故意的成立。

尽管盗窃罪属于典型的单一行为犯，但否定盗窃罪承继共犯的判例并不鲜见。盗窃既遂后加入巩固占有的行为与盗窃罪构成要件的实现缺乏因果性，是多数否定性判例所采取的立场。①先行为人曾某某盗得电动车和四桶香油后，因电动三轮车没电不能继续行驶，遂要求后行为者王某某租车将电动三轮车与香油拉回沈丘县，王某某事后也参与了分赃。对此，原公诉机关认为先、后行为人成立共同盗窃罪。原审法院认为，盗窃行为系曾某某独立完成，在盗窃行为既遂之后不可能成立承继共犯。虽然后行为者参与了销赃和分赃，但不应承担盗窃共犯的责任。二审法院认可不成立盗窃罪的原判决，同时判定王某某构成掩饰隐瞒犯罪所得罪。[②] 该案中，王某某中途运输盗得物的行为，与前述肯定性判例中巩固占有的行为无异。审判机关却以既遂后不可能存在共犯为由，认定后行为属妨害司法类

---

① 西藏自治区丁青县人民法院〔2016〕藏 0325 刑初 5 号刑事判决书。
② 安徽省阜阳市中级人民法院〔2014〕阜刑终字第 00409 号刑事判决书。

犯罪。②某日夜间，杨某某驾车载孙某某、褚某某（事前不知情）来到某村，由杨某某、孙某某用吹针将被害人艾某圈养的一头雄性梅花鹿（价值4050元）迷倒后盗出，装车后（褚某某知道在装东西），由褚某某驾车离开，后以3500元出卖该鹿。根据既有证据，不能查明褚某某明知盗窃事实。关于褚某某行为之定性，审理该案的法院提出："即使其此时意识到杨、孙在实施盗窃，但两人犯罪行为已经既遂，褚某某的行为不成立承继的共犯。"① 相较于案例①，该案中，先行为者尚未将赃物带离现场，占有的稳固性更弱，依照肯定性判例的逻辑，巩固占有者成立共犯的可能性更高。否定承继共犯的判决表明，法院对"既遂"采取形式化的理解。即，只要行为人对他人财物建立起自己的占有即可。在此之后的阶段，不可能存在成立共犯的余地。由此可见，在盗窃罪的场合，肯定性判例与否定性判例的核心分歧点在于对共犯成立最后时点理解。但是，这并非一个孤立的问题。其与财产罪实行行为的判断不可分割，在进行解释适用时，必须兼顾实现构成要件的定型机能和法益保护目的。

在诈骗罪的场合，针对中途加入仅实施财物受领行为或取现行为的人，有判例明确否定成立诈骗罪共犯。①龚某明知先行为人陈某进行网络诈骗，而帮陈某找人开设银行卡，并从中收取提成谋取私利。龚某找到何某间接联络到李某、苏某（对诈骗并不知情），由其二人开设银行卡接收诈骗所得钱款，并取现。某日，先行为人冒充某公司总经理与财务人员取得联系，要求财务人员向指定银行卡汇款33.7万元。龚某在事先知道该款项系诈骗所得的情况下，联系何某，让其确定取款人员。后何某联系了李某，李某与苏某取得联系后，苏某将诈骗所得资金转到李某开设的银行卡内。此后，苏某联系李某，与李某一起到银行将其中的33万元取走，苏某随后在ATM上取款6900元。公诉机关认为龚某的行为已经构成诈骗罪，李某、苏某的行为构成掩饰、隐瞒犯罪所得罪。对此，审理该案的法

---

① 吉林省双阳区人民法院〔2018〕吉0112刑初254号刑事判决书。

院认为，现有证据不能证明被告人龚某参与实施了诈骗活动，但其明知他人从事犯罪活动仍协助转移犯罪所得资金，已构成掩饰、隐瞒犯罪所得罪；李某、苏某也应明知其所协助转移的资金为犯罪所得，故其二人协助他人转移犯罪所得的行为构成掩饰、隐瞒犯罪所得罪。① 该案中，苏、李二人实施了开设银行卡受领先行为人诈骗所得钱款以及转移、取现两个行为。与肯定承继的判例不同，该判决将转移、取现行为从诈骗犯罪过程中剥离，仅认定成立赃物类犯罪。如果说对此种行为的定性分歧系因对既遂与犯罪实质终了的不同认识而产生，因而具有合理化可能性的话，那么，将事先知情并指使他人开设银行卡接收诈骗所得的行为认定为掩饰隐瞒犯罪所得罪，就颇值得商榷。因为，开设银行卡时诈骗尚未得逞，不可能认为先行为者的诈骗犯罪已经既遂。因此，该案否定承继的理由有待进一步阐明。

在"随意殴打他人"型寻衅滋事罪中，有判例明确否定后行为人就先前的伤害承担责任。①先行为人对被害人吴某施加了拳打脚踢、用垃圾桶打砸被害人陈某1头部的暴力，后行为人仇某受邀并纠集王某、董某某等携带砍刀到达案发现场。后董某某用刀面拍打被害人吴某头、面部，王某持刀挥砍吴某左肩膀部数刀。仇某让被害人吉某跪在地上，并与王某、沈某（另案处理）及先行为人蔡某某等对吉某拳打脚踢。上述暴力造成被害人陈某1头皮创口，为轻微伤；被害人吴某的左肩胛骨肩缝骨折的轻伤且其肢体受轻微伤。庭审中，董某某的辩护人提出董某某对被害人陈某1头部伤害不承担责任的意见。关于该辩护意见，法院认为董某某等人系在陈某1头部受伤后加入犯罪，"系承继的共犯，不对先行为导致的危害结果负责"，故而不对陈某1头部伤害承担刑事责任。② 显然，法院是以因果关系阙如为根据，否定仇某等后行为人对陈某1头部的伤害负

---

① 山东省五莲县人民法院〔2016〕鲁1121刑初2号刑事判决书。
② 江苏省盐城经济技术开发区人民法院〔2018〕苏0991刑初24号刑事判决书。

责。换言之，因为后行为不可能回溯性地引起先前事实，因此只能就参与之后的犯罪事实成立共犯。这种观点与因果共犯论具有亲和性，值得注意。

据笔者对相关判例的检索和分析，实务中，全面否定承继共犯属于少数主张。遗憾的是，多数否定"承继"的判例并没有提出实质性的理由，部分观点存在逻辑难以自洽、前后冲突等问题。不过，少数否定承继共犯的判例站在因果性的立场，分别考察各参与者与法益侵害结果之间的因果关系，这种因果共犯的认定思路具有较强的说服力。总而言之，否定性判例所体现的问题思考，其理据尚需进一步阐明，同时应结合体系思考展开检讨。

（三）限定肯定承继的判例

除全面肯定、彻底否定承继共犯的判例外，我国司法实务中也不乏中间性判例。根据笔者的考证与分析，限定肯定承继共犯的判例主要包括两种类型：其一，导入"积极利用"概念，即行为人在认识、容认先前事实的基础上，仍"积极利用"先行为实现自己的犯罪，因此应对全体犯罪承担共犯责任；其二，肯定对先行行为之效果的承继，但否定对既成结果的承继，这在结果加重犯中可以得到充分体现。以下仅以一起绑架案与两则抢劫案件为例加以说明。

首先，在绑架罪中，有判例采取"认识、容认+积极利用"的公式，肯定后行为者成立绑架罪之共犯。①在章某等绑架案中，先行为人章某向另一行为人谎称索债共同绑架了被害人吴某。随后，章某联系后行为者章某1，告知绑架事实并要求其帮助自己打电话向被害人家属勒索财物，章某1表示同意。章某1共三次打电话联系被害人家属，提出赎回人质的条件。次日，章某找到后行为者章某1，再次要求其继续向被害人家属打电话勒索，被章某1拒绝。后因家属报案，上述三行为人被抓获，同时解救了被害人吴某。该案的核心争议是，后行为者仅实施勒索财物行为，能否认定为绑架罪的共犯？对此，审理该案的宿迁市中院法官认为，勒索型绑架罪中，绑架行为从绑架实施终了到实现其勒索目的为止，一直处于持续状态。后行为者章某 1 在明知先行为人章某实施绑架行为后，仍打电话勒索财物，属于刑法理论上的"承继共同犯罪"。鉴于"负何种罪责与具体量刑并不是一回事"，尽管本案后行为者在先行为人实施绑架行为之后才介入，但其正是利用了这种绑架行为向被害人亲属实施勒索行为的。没有先前的绑架行为，就没有之后的勒索行为，绑架与勒索均在其共同犯意之内。据此，后行为人章某 1 应对包括绑架行为在内的全体犯罪负责，成立绑架罪，但系从犯，可以减轻处罚。一审宣判后，附带民事诉讼原告人提起上诉，江苏省高院依法裁定驳回上诉，维持原判。① 绑架罪是侵犯人身自由的犯罪，后行为者对控制人身自由行为没有因果性，认定其成立绑架罪的根据何在？上述判决中明示了只要后行为人"明知"先前事实，并积极利用先行者的行为，即可成立承继的共同犯罪。另外，勒索财物的目的行为被认为是绑架罪的构成要件行为，进而认为只要目的未实现，绑架罪就没有终了。不过，为了缓释统一定罪可能带来的处罚过重问题，该判决采取了将定罪与量刑相对剥离的方式。当然，定罪与量刑本来就是不同的事情，关键在于如何在同一套法定刑下，妥当地处罚后行为者。

其次，在抢劫致人死亡这种结果加重犯的情况下，有判决明确否认就致死结果追究后加入者的刑事责任，而仅以抢劫罪基本犯论处。①侯某某与匡某某事前曾两次拉拢何某某共同抢劫雇主，但被其拒绝。案发当日中午，在三人住的房间内，匡某某从床铺下取出预先准备好的剔骨刀，准备实施抢劫。侯、匡二人使用暴力、胁迫压制女雇主反抗并索要钱财，由于女雇主大声呼救、反抗，其二人遂采取捂嘴、扑翻、卡喉及用胶带捆绑女雇主双腿等暴力压制其反抗。女雇主挣脱并大声呼救，匡某某旋即持剔骨刀对女雇主胸腹部、背部等处刺戳数刀，同时侯某某用被子捂住女雇主的头部，致女雇

---

① 最高人民法院刑事审判第一、第二庭编：《刑事审判参考》（总第 24 辑），法律出版社 2002 年版，第 40—48 页。

主当场死亡。后行为者何某某听到客厅中的打斗声渐小后,走出房门,确认侯、匡二人已杀死女雇主。应匡某某邀请,何某某与侯、匡二人一起到女雇主房间去搜寻钱物。三人在被害人家中共搜出1000余元。一审的无锡市中院认定三人均构成抢劫罪,并适用致人死亡之加重法定刑,何某某在共同犯罪中起次要作用,系从犯,予以从轻处罚。一审宣判后,侯某某不服判决提起上诉。关于后行为者何某某的行为定性,二审的江苏省高院指出:"原审被告人何某某在明知侯、匡二人为抢劫而实施暴力并已致被害人死亡的情况下,应匡某某的要求参与侯、匡二人共同非法占有被害人财物的行为,系在抢劫犯罪过程中的帮助行为",因此,构成抢劫罪的共同犯罪,属从犯。对"致死结果"的归责,二审法院认为:"因何某某在被害人死亡前并无与侯、匡二人共同抢劫的主观故意和客观行为",故不能将该加重结果归责于被告人何某某,仅适用一般抢劫罪之规定。认定后行为人何某某构成抢劫罪的基本犯,"系基于其对侯、匡二人犯罪目的和行为性质的明知、认可,参与了抢劫罪的后续行为之事实,从其主观认知和行为目的符合主客观一致原则的角度予以确认的"。换言之,认定仅参与取财行为的后行为者成立抢劫罪的根据,是其对先行为者犯罪事实的认识与容认,这与日本全面肯定承继共犯的判例之观点是一致的。没有将"致死"的加重结果归属于后行为人,原因在于其与作为先行为者的侯、匡二人"在事前既无共同犯意,在事中亦无实施共同暴力行为","根据刑法罪责自负原则",如将该致死结果归责于后行为人,"有违罪责刑相一致的基本原则"。[①] 问题在于,在致死结果发生后的阶段介入的后行为人对于死亡结果、先行行为性质均具有认识、容认,且压制反抗的行为与死亡结果均已为既成事实,后行为人不可能回溯性地与任何既成事实具有因果关系。在这种情形下,何以认定成立抢劫罪基本犯之共同

[①] 最高人民法院刑事审判一至五庭编:《刑事审判参考》(总第62集),法律出版社2008年版,第31—43页。

犯罪，反而否定就致死结果进行归责？换言之，在认识、容认先前事实之外，为什么反抗受压制的状态具有可承继性（抽象意义的可参与性），而致死结果却不可承继？其背后的理据，要么在于先行为压制被害人反抗的状态尚处持续中，具有可承继性，而致人死亡的结果则不具有持续性；要么认为致死结果属抢劫罪的过剩结果，唯有反抗被压制状态之于后行为人是必要的。不得不说，以上判决究竟基于何种立场，仍然有待进一步明确。

最后，在抢劫罪的基本犯的场合，有判例否定后行为人承继先行为者既成的犯罪数额，但认可对被害人反抗受压制状态的承继。②先行为者以被害人赌博"出老千"为由，对被害人余某某、周某某进行殴打，抢劫部分现金后，作为先行为者之一的冯某某通知方某赶到现场，方某又邀请王某某1共赴现场。二人到达现场后，王某某1从被害人余某某身上搜出2900元，冯某某等先行为人又伙同后行为人以威逼恐吓的方式，挟持余某某在自动取款机取款20000元。关于该案，二审法院认为，方某、王某某1系事中参与抢劫，对其介入前已抢劫既遂的部分不承担责任，二人抢劫犯罪数额为22900元。① 该案中，直至两名后行为者加入时，先行为者的抢劫犯罪仍处于进行状态。法院以先前的抢劫犯罪数额已经既遂，后行为者不可能对之有因果贡献为由，否定就该部分犯罪数额进行归责。但是，在被害人反抗被压制的状态处于持续的情况下，后行为者仍参与夺取财物行为，因此应成立抢劫罪的共犯。简言之，对先行为者引起的、可相对分割评价的事实否定承继，但对于后行为者可利用、难以分割的状态能够认可承继。遗憾的是，上述判决没有阐明处理结论的实质性根据。如果深究的话，后行为人对先行者之行为或其造成的某种"状态"的发生也没有因果力，因此肯定状态承继、否定结果承继的见解与因果共犯论间的整合性，必定成为不可回避

---

① 新疆维吾尔自治区昌吉回族自治州中级人民法院〔2016〕新23刑终66号刑事判决书。

的问题。

二 中国台湾地区的相关判例

中国台湾地区的审判实践中亦有关于相续共同正犯问题的判例，不过，受历史和法律文化交流等因素影响，在话语模式、裁判思路等方面与德国、日本较为亲近。下文以几则中国台湾地区所谓"最高法院"的判例为例，说明其承继共犯实践的基本样态。

在掳人勒索罪或诈欺罪的场合，中国台湾地区所谓"最高法院"曾就承继共犯问题作了具有深刻理论和实务影响力的判决。①甲计划以掳人方式向 A 家属勒索财物，并将该计划向丙、丁透露，二人不赞同。于是甲先到工地观察 A 的作息，并谎称需要人手押人讨债邀请乙帮忙，并承诺事成之后给予报酬，乙应允。某日，甲驾驶汽车将 A 骑的摩托车撞倒，乙上前用棒球棍殴打 A 腿部，然后以手铐铐住 A、以胶带捂住嘴，押入汽车里。中途，甲强行夺取 A 随身财物，并交由乙保管。随后，甲通知丙已经掳掠到 A 且正由乙看管。甲打电话联系 A 的女儿 B，要求其准备 3000 万元（新台币）赎回 A，打电话时，乙就在旁边但仍继续看管 A。期间，由于 A 不断大声呼救，甲遂产生杀意，先用木棍殴打 A 后，又开车将 A 押出，甲向乙谎称要释放 A，让乙下车。后甲独自开车将 A 押到其他地方，杀害后将其掩埋。但甲仍然没有放弃勒索，最终与 B 约定赎金降至 300 万元。甲遂要求丙驾车找乙一起勘察领取赎金地点，同时要求丙、丁在速食店内观察有无警察车辆经过。丙欠丁 100 万元，对丁表示将偿还该欠款，丁开车将丙送至速食店后，又独自离开。丙在速食店等候时，乙拨打电话要求 B 将赎金丢在高速公路下方，在下方等候的甲取得赎金后离去。后甲将其中 15 万元交予丙，以感谢其帮助自己度过经济困难并帮助其注意警察行动，同时将剩余赎金存放在丙处。随后，甲通知丙带 90 万元至宾馆，当场交给丁以偿还丙的债务，并将 85 万元交给丁转交乙作为报酬，后丙将剩余 105 万赎金悉数交给甲。① 乙在实施掳人行为时并没有勒索意图，在此阶段成立剥夺行动自由罪，问题是，其在认识到甲的勒索意图后的行为性质当如何认定？对此，中国台湾地区"地方法院"认为，既然乙已经发现甲向被害人家属勒索财物，为了获得报酬仍然继续看管被害人，其行为已变更为掳人勒赎，并与甲基于意图勒赎而掳人之犯意，共同实施后续的勒索行为，而且掳人勒赎罪系继续犯，只要在被害人释放前，出面继续参与勒索的目的行为，应成立共同正犯。后该案上诉，"高等法院"认定乙成立掳人勒赎罪的共同正犯，处无期徒刑。此后，该案又上诉至中国台湾地区所谓"最高法院"，被以事实认定不准确、适用法律错误为理由，发回"高等法院"。从"地方法院"及"高等法院"对乙行为的定性来看，至少在继续犯（短缩的二行为犯）的场合，以认识、容认为标准全面肯定了承继的共同正犯。即，只要先行者的犯罪正在继续，后行者明知而仍然参与实施剩余构成要件行为的，便应成立先行者犯罪之共同正犯。

在另一起掳人勒赎案件的判决中，中国台湾地区所谓"最高法院"明确提出了认可承继的共同正犯的条件。该案的基本事实是：甲与被害医生因口角而产生怨恨，遂纠集乙、丙二人前往被害人所在的诊所，表示要将其抓出来教训。甲与丙在诊所强押被害人离开时，因被害人不顺从并进行反抗，甲遂以随身携带的冲锋枪枪托用力击打被害人头部，造成颅骨横向线状骨折。随后，甲与乙、丙将被害医生押上车，用胶带捆绑其手并蒙上眼睛。汽车行进途中，甲向被害人的诊所打电话要求赎金，后丙、乙先后打电话要求准备付赎金。一审中，乙、丙表示，其二人在被害医生被押上车后，才知道甲要进行掳人勒赎。关于中途才认识到甲掳人勒赎并继续控制被害人自由、索要赎金的行为性质，基于"刑法中的相续共同正犯，凡属共同正犯，对于共同意思范围内之行为均应负责之原则，共同犯罪之意思不以在实行犯罪行为前成立为限，若了解最初行为者之

---

① 转引自黄惠婷《掳人勒赎罪》，《月旦法学杂志》2008 年第 8 期。

意思而于其实行犯罪之中途发生共同之意思而参与实行者,亦足成立;故对于发生共同犯意以前其他共同正犯所为之行为,苟有既成之条件加以利用而继续共同实行犯罪之意思,则该行为即在共同意思范围以内,应共同负责"的法理,中国台湾地区所谓"最高法院"认为:"二人纵非自始即有使被害人以财物赎取人身之意思,惟于知情后,利用既成之条件,而与自始即有勒赎目的之甲基于掳人勒赎之犯意联络而参与勒赎行为并杀害被害人及损坏尸体,自应就共同意思范围内之全部行为负责。"[1] 该判决不仅将后行为与先行为纳入同一犯罪构成要件中进行评价,同时基于一定条件,将先行为者造成的结果也归属于后行为者。简言之,该判决实际认为共同犯意的形成时间之于共犯的成立与否并不重要,后行为人在认识、容认先前事实的前提下,利用先行为造成的既成条件而继续实行先行为者的犯罪,即可肯定承继。据此,中国台湾地区所谓"最高法院"对承继共同正犯采取了"认识、容认+积极利用"的限定肯定的态度。这一见解在2016年台上字2708号判决中得到了继受和应用。[2]

值得注意的是,2016年,中国台湾地区所谓"最高法院"在一起诈欺银行罪案件的判决中,提出了不同的认定承继共同正犯的条件。该判决指出,"共同正犯之所以适用'部分实行,全部责任',即在于共同正犯间之'相互利用、补充关系',若其他共同正犯之前行为,对加入之事中共犯于构成要件之实现上,具有重要影响力,即其他共同正犯与事中共犯对于前行为与后行为皆存在相互利用、补充关系,自应对其他共同正犯之前行为负责;否则,事中共同正犯对其他共同正犯之前行为,既未参与,亦无形成共同行为之决意,即难谓有行为共同之存在,自无须对其参与前之犯罪行为负责。亦

---

[1] 谢开平:《相续共同正犯应否对加入之前行为负责——评"最高法院"2009年台上字第四二零三号刑事判决》,《月旦裁判时报》2010年第2期。

[2] 裁判要旨可参见林钰雄、王士凡《实务法学:刑法类》,《月旦裁判时报》2017年第3期。

即，于通常情形，事中共同正犯对于其参与前之行为，因不具有因果性，故仅就参与后之行为及结果负其责任；但于某些犯罪，前行为人所实现之行为，其行为之效果仍在持续进行中，后行为人参与时，利用该持续存在之先行为效果，于此情形方可认为后行为人对于前行为人所生之结果亦有因果性，且系与先行为人共同惹起结果，而亦须负整体责任。"[1] 该判决明确将"相互利用、补充关系"作为共同正犯"部分实行，全部责任"的实质性根据，即共同正犯的正犯性的根据。在此之下，采用"先行为效果持续+利用"的公式认可承继的共同正犯。在强调"先行为效果持续"这一点上，明显有别于中国台湾地区其他判决所提出的条件，但同样属于限定肯定承继共同正犯的立场。值得注意的是，该判决没有区分承继的共同正犯与事中共同正犯，将二者视为同一概念。

本节依照不同类型，梳理、分析了个案审判实践中关于承继共犯的不同见解。可以认为，在中国大陆，全面肯定承继共犯的判例属于主流，但伴随着因果共犯论的引入，彻底否定或部分肯定承继共犯的判例呈增长态势，尤其以后者值得注意。中国台湾地区的实务中，以"积极利用"或"先行为状态持续"为核心要件，限定地肯定承继共犯是具有绝对优势的见解。

第三节　本章小结

刑法学作为一门社会科学，具有跨国界性，但刑法立法则带有更加厚重的地方性。刑事司法实践既受到本国刑事立法的约束，也受到具有普遍性的刑法学理论的影响。这就使得各国司法实践在呈现更多个性的同时，也夹杂着一些共性。

---

[1] 裁判摘要可参见解读裁判周报编辑室《"最高法院"裁判选录：刑事法篇》，《解读裁判周报》2017年第6期。

从整体上观察，德国、日本关于承继共犯的处理经历了由全面肯定到否定与限定肯定并行的转变，这种转变与责任主义、因果共犯论的有力化相伴发生。与之形成对比的是，中国大陆司法实践中仍以全面肯定承继共犯（事中共犯）为主流，深受德日影响的中国台湾地区则以限定肯定承继共犯的观点最为有力。这种现象的背后，有刑法知识谱系、客观主义抑或主观主义立场的差异，也有立法规定的因素。例如，德国刑法规定有危险的身体伤害罪，日本刑法中有暴行罪、同时伤害的特例，但中国刑法只设置有伤害罪且总则区分主犯、从犯。为了确保归责，中国司法机关往往倾向于全面或部分认可故意伤害罪的承继共犯，并以从犯论处后行为者，以修正认定为故意伤害罪造成的处罚过重问题。

关于承继共犯裁判规则及其分歧，可以做如下提炼。

第一，犯罪既遂之后到犯罪终了前的阶段，能否建立共犯关系。肯定论认为，犯罪终了前的参与行为，只要存在意思联络，就构成整个犯罪行为的一部分；否定论的立场是，犯罪既遂后不可能持续充足构成要件，共犯关系止于构成要件既遂。共犯的最后成立时点，在一般层面上涉及对犯罪既遂与犯罪终了的实质意义的理解；在个罪适用中关乎构成要件的解释，例如盗窃、诈骗等财产犯罪的既遂、终了时点成为问题。

第二，中外司法实践多在抢劫罪、诈骗罪、强奸罪等复行为犯及持续犯中讨论承继的共犯，但也不乏故意伤害罪、盗窃罪等单行为犯的事例。复行为犯包含两段行为，且通常存在中间结果（如反抗被压制状态），更容易出现是否"承继"的问题；持续犯表现为显著的过程性，易于形成事中共犯；而单行为犯一般不具有以上特征。因此，在何种类型的犯罪中有必要研究承继共犯，以及单行为犯与复行为犯中的承继共犯面临的问题是否相同、解决问题的机理是否普适，还需要进行理论上的检视。

第三，共犯认定应采取整体判断还是个别认定的方法，团体主义、责任主义及因果共犯论应当在何种程度上予以贯彻。基于团体主义的立场,采取整体判断的思路趋向于全面肯定承继共犯;若彻底地贯彻责任主义、因果共犯论,承继共犯否定论就是比较自然的逻辑归结。然而,共同犯罪不是数人单独犯罪的偶然结合,其归责根据及路径必然应当与共同犯罪的特征相适配。凡此种种,无不需要借助共犯的基础理论才能够予以解明。

第四,在肯定性裁判例中,大量援用了后行为者的"认识、容认""积极利用意思"以及"先行为效果的持续"等要件;相反,否定性裁判例中多以"不存在共同犯罪故意""因果性阙如"作为否定承继的理由。因此,我们一方面要追问的是"认识、容认""积极利用意思"与"先行为效果的持续"的意义及其理论功能,另一方面要回答这些要件与共同犯罪的主客观成立条件的整合性。

第五,关于承继共犯责任的归属范围,实务中大体上形成三种结局:其一,完全肯定后行为者承继先行为及其结果,对承继者与先行为者作一体评价;其二,原则上承认先后行为的法律性质相同,但否定承继先行为独立引起的结果;其三,彻底否定对先行为及其引起的任何结果的承继,只在后行为者共谋加入后的行为范围内肯定成立共犯(表1-1以抢劫致人死亡为例,呈现三种不同归责范围)。当然,同一个归责结论完全可能依据的不同理论路径而形成。

表 1-1   基本事实:先行为者抢劫致人死亡或死亡阶段无法查明

结论一	先后行为人就抢劫致人死亡成立共犯
结论二	先后行为人成立抢劫罪基本犯的共犯,但后行为者对死亡结果不负责
结论三	先后行为人成立盗窃罪/侵占罪共犯,先行为人单独构成抢劫致人死亡

第六,在具体个罪中,后行为者究竟应认定为承继共同正犯还是承继帮助犯,应以主犯还是从犯论处,存在不同主张。倾向于形式判断的观点,以后行为者实施的行为是否为特定犯罪的构成要件行为,作为区分共同正犯与帮助犯的标准;青睐于实质认定的观点,

以后行为者的行为对犯罪完成的作用，作为区分共同正犯与帮助犯的基准。在中国刑法语境下，主、从犯的认定以及正犯、狭义共犯与主、从犯的协调成为无法回避的课题。以上问题既涉及共犯的基础理论，也与具体个罪的不法结构相关。

第 二 章

承继共犯的构造与类型

本书第一章对相关判例的梳理表明,实务中对后行为者的责任范围以及承继共犯的基本构造存在较为突出的分歧。基本构造是承继共犯理论的前置性命题,在具体展开评价后行为者刑事责任前,有必要先行框定承继共犯的构造。此外,承继共犯的归责问题通常以承继的共同正犯、承继的帮助犯的刑事责任问题加以展开,在进行归责判断前,应当依照一定的标准对承继共犯作类型化处理。本章承前启后,将主要论述承继共犯之构造与类型划分,为后文探讨承继共犯责任的认定做好铺垫。

第一节 承继共犯的基本构造

在时间维度,承继共犯的基本构造关涉后行为者介入的最后时点,对此存在先行犯罪既遂说与先行犯罪实质终了说之对立;在空间维度,剩余犯罪行为是否必须由先、后行为人共同实施成为问题。当然,空间维度的构造之争只有在承继共同正犯的场合才有意义,因为狭义共犯本就不需要实施构成要件行为。承继共犯构造并不是完全自我指涉的课题,在概念上还应将其与无事前通谋的共犯区分开来,以明确承继共犯所具有的特殊性。

一　承继共犯时空双维结构之勘定

（一）时间之维：后行为者介入的时点之明确

1. 学说之争：既遂与犯罪终了之间

在承继共犯中，后行为人介入的始点是先行为者之犯罪着手实行，这无论在实务还是理论上都不存在争议。问题是，后行为者最迟可以在哪一时点前共谋加入，才能在二者之间建立共犯关系。从共犯的一般理论来看，共同正犯与帮助犯的成立阶段不限于实行前，在犯罪实行过程中皆可形成共犯关系。由此看来，只要实行行为尚在继续中，后行为者就可以介入而形成承继共犯关系。不过，实务和理论界关于后行为者的介入终点，仍然存在犯罪既遂说与犯罪实质终了说的分歧。

德国联邦最高法院的判例曾主张，在其他正犯犯罪终了之前形成共同的行为决意并且分担实行者，不论加入时该罪的构成要件是否继续实现，都可以成立共同正犯。[①] 在我国的司法实践中，对于在先前的盗窃既遂后共谋加入转移犯罪所得者，部分司法机关否定其成立盗窃罪之共犯，而以掩饰隐瞒犯罪所得、犯罪所得收益罪论处。[②] 不过，在诈骗犯罪特别是电信网络诈骗中，对先行为者欺骗被害人转账至其控制的账户后始介入并实施提现行为者，也有认定提现的后行为者成立诈骗罪共犯的裁判例。[③] 可见，实务上并没有形成通用的标准。

[①] BGHSt. 2, 345，转引自薛智仁《相续共同正犯概念之商榷》，《月旦刑事法评论》2016 年第 1 期。

[②] 先行为者曾某某盗得电动车和香油，因电动车没电，后行为者王某某受邀租车转移犯罪所得；在曾某某盗得摩托车后，王某某介入骑走该摩托车。针对以上两起事件，一、二审法院均认为，"盗窃行为既遂后，不可能成立承继的共犯"。安徽省阜阳市中级人民法院〔2014〕阜刑终字第 00409 号刑事判决书。

[③] 福建省龙岩市新罗区人民法院〔2018〕闽 0802 刑初 720 号刑事判决书；山东省五莲县人民法院〔2016〕鲁 1121 刑初 2 号刑事判决书。

关于承继的最后时点，理论上的相关论述更是纷繁复杂、对立显著。德国学者罗克辛教授认为，承继的共犯可以存在于一个犯罪行为进入未遂开始直至犯罪在形式上完成（既遂）这个阶段;[①] 韩国学者金日秀与徐甫鹤强调，"在虽然犯罪既遂但尚未实质完成的场合，也没有成立承继共同正犯的余地"[②]；日本的大塚仁教授也持既遂说，他认为承继的共同正犯只能发生于先行者已经完成了一部分实行行为，但尚未到达既遂的阶段,[③] 川端博教授[④]、中山研一教授[⑤]等也支持该说。曲新久教授指出，继承的共犯只能成立于先行犯罪的部分行为已经着手实行至未达既遂前这个阶段。[⑥] 可以认为，上述观点属于彻底的既遂说。此外，也有学者原则上赞同既遂说，但在例外的场合，也肯定既遂后有成立共犯的可能性。张明楷教授原则上以先前犯罪之既遂作为后行为人介入的最后时点，同时认为在继续犯中，既遂之后、犯罪实质性完结前加入的后行为者，也可以成立该罪之承继的共犯；张明楷教授还提出，在其他类型的犯罪中，该阶段的帮助行为，可以依照妨碍司法的犯罪处理。[⑦] 相较于后述的实质终了说，既遂说无疑限缩了共犯关系的存续范围，但在诈骗罪、恐吓罪（敲诈勒索罪）等场合，可能会产生处罚不周延的问题。对于这一批判，既遂说的拥趸多以"可论以妨害司法或侵占脱离占有物犯罪"进行辩护。问题是，认定后行为人成立妨害司法等犯罪，

---

① ［德］克劳斯·罗克辛：《德国刑法学总论》（第2卷），王世洲等译，法律出版社2013年版，第69页。

② ［韩］金日秀、徐甫鹤：《韩国刑法总论》，郑军男译，武汉大学出版社2008年版，第575页。

③ ［日］大塚仁：《犯罪论的基本问题》，冯军译，中国政法大学出版社1993年版，第266页。

④ ［日］川端博：《刑法总论二十五讲》，余振华译，中国政法大学出版社2003年版，第368页。

⑤ 中山研一：《口述刑法総論》，東京：成文堂2007年版，第296页。

⑥ 曲新久等：《刑法学》，中国政法大学出版社2016年版，第171页。

⑦ 张明楷：《刑法学》，法律出版社2016年版，第431页。

以不存在共犯关系或者共犯关系已经解除为前提。所以，既遂说是否妥当，自然应首先判断该阶段先、后行为人能否形成共犯关系。

与前述既遂说的主张相反，有很多学者赞成犯罪实质终了说。在日本，犯罪实质终了说属于相当有力的主张。大谷实教授认为，承继的共同正犯发生于先行者着手特定的犯罪的实行，但实行行为尚未全部终了的阶段；① 西田典之教授指出，在先行为者着手犯罪的实行之后、终了之前，后行为者在与先行为者意思联络之下参与该犯罪行为的场合，就是承继的共犯；② 尾椋司博士赞成后行为者的介入时段为先行者犯罪的实行着手后至全部的行为终了的阶段③。在中国台湾地区，犯罪终了也是颇有影响力的见解。林山田教授认为，所谓相续的共同正犯，是指共同行为决意形成于行为当时或犯罪既遂后行为终了前的共同正犯；④ 林玉雄教授也持类似观点，即在原行为人实行行为"完成之前"，后行为者可以加入而成为相续之共同正犯⑤。在中国大陆，陈家林教授提出，从实行着手到终了之间都有可能成立承继的共犯；⑥ 郑泽善教授也认为，承继的共犯现象存在于先行者着手实行后至行为尚未全部终了的阶段；⑦ 姚培培博士亦明确指出，后行为人加入犯罪的时点要在犯罪行为实质上终了之前⑧。上述观点可谓彻底的犯罪终了说，此外，有学者主张根据不同情形，确定承继共犯的成立时点。陈兴良教授提出，实行行为完成的判断因

---

① 大谷實：《刑法講義総論》，東京：成文堂 2013 年版，第 417 页。
② ［日］西田典之：《共犯理论的展开》，江溯、李世阳译，中国法制出版社 2017 年版，第 254 页。
③ 尾椋司：《わが国における承継的共犯論について》，《法学研究論集》第 48 号（2018 年）。
④ 林山田：《刑法通论》，北京大学出版社 2012 年版，第 39 页。
⑤ 林玉雄：《新刑法总则》，元照出版有限公司 2018 年版，第 442 页。
⑥ 陈家林：《共同正犯研究》，武汉大学出版社 2004 年版，第 241 页。
⑦ 郑泽善：《论承继共犯》，《法治研究》2014 年第 5 期，第 4 页。
⑧ 姚培培：《承继共犯论的展开》，载陈兴良主编《刑事法评论》（第 40 卷），北京大学出版社 2017 年版，第 130 页。

单一犯与复合犯而不同，在即成犯与继续犯的实行行为持续过程中，都可能成立承继的共同正犯；复合犯存在双重实行行为，在后一实行行为中介入，也能够成立承继的共同正犯。① 尽管区分了单行为犯与复合犯，但陈兴良教授的观点与犯罪实质终了说并没有质的差异。相较于既遂说，实质终了说显著地扩展了共犯关系的存续阶段，因此招致了批判。在德国，有学者将犯罪行为的终了概念评价为一个失败的法形象，认为既遂到终了的一连串行为该当于构成要件的想法，是对构成要件的刑法体系机能的无视；犯罪终了论会使得该阶段的行为的不法归属陷入不明确，进而以违反法的安定性的危险方法而极度扩张构成要件。② 此外，根据犯罪实质终了说，也会导致单一的行为不仅构成前行为之共同正犯，同时也成立其他后续犯罪，进而造成适用上的困难。③ 或许，正是由于意识到实质终了说存在的问题，今日之德国学界，既遂说已经成为主流，同时例外地承认在继续犯和接续犯的场合，如果既遂后该行为仍反复地实现构成要件，则有成立承认共犯的余地。

遗憾的是，这一问题似乎并未得到学者们的一致重视。不少学者笼统地认为，承继共犯的介入时点为"先行为者的实行行为的一部分终了后"④ "先行为人已经实施了一部分实行行为后"⑤ 或者"前行为人已着手犯罪之实行后"⑥。换言之，在这部分学者看来，

---

① 陈兴良：《共同正犯：承继性与重合性——高海明绑架、郭永杭非法拘禁案的法理分析》，载陈兴良主编《刑事法评论》（第 21 卷），北京大学出版社 2007 年版，第 36 页。

② Nikolaos Bitzilekis, Vollendung und Beendigung der Straftat, ZStW99, 1987, S. 749. 转引自小岛秀夫《いわゆる承継的共犯の規範論的考察》，《大東法学》63 号（2014 年）。

③ 薛智仁：《相续共同正犯概念之商榷》，《月旦刑事法评论》2016 年第 1 期。

④ 山中敬一：《刑法総論》，東京：成文堂 2008 年版，第 851 页。马克昌教授也赞同山中敬一教授的观点，参见马克昌《比较刑法原理：外国刑法学总论》，武汉大学出版社 2002 年版，第 691 页。

⑤ 陈洪兵：《一个案例的共犯论展开》，《内蒙古社会科学》（汉文版）2007 年第 6 期。

⑥ 陈子平：《刑法总论》，中国人民大学出版社 2009 年版，第 370 页。

承继共犯发生的最后时点并不成其为问题。但是，承继的时间范围直接关系着共犯关系的存在界域，决定了刑法处罚范围的大小、个案罪刑评价之轻重。不可谓之为无关紧要的问题，但两种学说各自也存在需要检讨的余地。

2. 反思与重述：既遂和犯罪终了的实质意义

既遂说的优势在于明确性高且维护了构成要件的定型机能，其缺陷是显得过于武断或者形式化。一方面，在既遂说内部，有观点认为在继续犯、接续犯中能够承认既遂后至终了前成立共犯的可能性，这就说明该说不可能贯彻到底；另一方面，既遂说形式地考察共犯的成立阶段，而有忽视其背后实际的法益侵害的状况、简单地掩盖犯罪现象多样性之虞。在抢劫罪的场合，强取财物后被害人仍有夺回可能性时，对于后行为者在现场加入巩固财物占有、排除被害者夺回可能性情况，如果完全否定其成立抢劫罪共犯，显然违背了公众朴素的法感情，也忽视了使用强力排除所有者恢复占有的事实。再者，在既遂后至实质终了阶段的加入者能否被评价为妨害司法犯罪，也值得质疑。至少在财产犯罪中，从陷入恐惧或错误状态的被害人处受领或夺取财物的行为，不能评价为赃物类犯罪。此外，如果彻底否定对既遂后至实行终了前参与的后行为者进行不法的归属，可能会不当地压缩正当防卫的适用空间（特别是在采取否定为公益的防卫的立法例的国家）。因此，在维护构成要件机能，实现共犯成立范围明确化方向的努力上，既遂说值得肯定，但也不能就此忽视刑法评价的妥当性和处罚的周延性。关于实质终了说，确实何谓犯罪实行终了并不见得是一个清楚的概念，因而，理论界对犯罪的实质终了说的质疑，也不能说完全没有道理。但是，实质终了说试图从构成要件背后的法益或规范保护出发，实质性地划定共犯成立时期，同时也重视后行为与先行为间的密切关联性。从这些方面看，实质终了说也有其合理性。可见，既遂说并非完全合理，犯罪实质终了说也并非一无是处，二者都需要进行批判性思考。笔者认为，关于承继时间范围的确定，既要协调自由保障机能与法益保护机能，更有必要在教义学层面检讨犯罪既遂与犯罪实质终了的价值、功能。

犯罪既遂与犯罪终了都是针对犯罪行为而言的，在实质意义上，它们均具有表达犯罪行为危险性的作用，这是二者的共性。但是，既遂与未遂相对应，属于犯罪的完成形态，其所强调的是行为充足了分则个罪的全部构成要件，旨在说明行为危险的实现。终了与着手是相对应的概念，属于犯罪阶段上客观存在的一个点。着手标示现实、紧迫危险的发生，终了表明行为危险的消灭。正是因为危险实现不等同于危险消灭，因此即便犯罪已经既遂，行为的危险也仍然可能处于持续发生的状态，此时介入可能会巩固、加剧行为的危险。故意杀人等即成犯中，既遂与犯罪终了同步的根据就在于，犯罪既遂后行为的危险也随之湮灭；盗窃罪等状态犯中，既遂与犯罪终了同步的原因是，既遂后对该财产的危险也归于停滞，即法益被害的状态得以维持而不可能再恶化（存在例外）；非法拘禁罪等继续犯中，既遂与犯罪实质终了相分离，因为犯罪既遂后，行为的危险性仍处于持续发展的状态，行为与法益侵害的不法状态同时延续。这就意味着，在某些特殊情况下，犯罪既遂后，行为依然能够不断地充足构成要件。[①] 有必要强调，本书反对机械地理解"行为"概念，刑法中的行为应该包含"行为的效果"。对此，有批评意见会认为，如果将效果包含在行为中，进而效果的持续就等于行为的持续的话，那么在产生后遗症的伤害罪案件中，只要受害者没有死亡，就可以说犯罪没有终了。[②] 如果将"行为的效果"限定为行为所造成的法益危险状态仍在发展的情况，想必就不会引起前述批评意见所提出的疑虑。因此，只要行为持续、反复地（有助于）实现构

[①] 佐伯仁志教授曾指出，非法拘禁罪之所以是继续犯，根据就在于拘禁行为既遂后，在拘禁状态持续期间，非法拘禁的行为也在继续，该罪的构成要件不断得到充足。佐伯仁志：《犯罪の終了時期について》，《研修》556 号（1994 年）。

[②] 山口厚：《インターネット上の名誉毀損罪における犯罪の終了時期》，《平成 17 年度重要判例解說・臨時增刊》1313 号（2006 年）。

要件，就应当以该构成要件加以评价；同理，行为的持续为后行为者加入先行为者的犯罪并建立共犯关系提供了契机，就有可能受到先行为者犯罪的评价。由此可见，对于承继的时间范围问题，犯罪既遂说与犯罪实质终了说均失之武断，故而我们应当依照具体情况，从实质意义上判断后行为者介入的最后时点。

或许正是基于上述考虑，为了兼顾构成要件的体系机能和处罚的实质合理性，日本学者小岛秀夫提出："这样看来，犯罪的终了时期可以分为与构成要件关联的终了和与构成要件分离的终了"，"在前者的场合，直至犯罪终了前都可能成立帮助犯，在后者的场合，只有在直至达到既遂前才可能成立帮助犯。"[1] 笔者基本认同小岛秀夫教授的这一见解。其放弃了以既遂或者犯罪终了为标准而武断地否定或肯定共犯的成立可能性，转而采用类型化的方法，平衡了构成要件机能与处罚的妥当性间的关系。典型事例如，即使在盗窃罪的这样的状态犯中，如果是盗窃电力，由于接通电源后盗窃行为处于"持续实行"状态，所以仍然可能成立共犯；类似地，在拐卖妇女儿童罪（是否状态犯有争议）中，先行为者控制被害人人身自由后，被告人中途加担负责接送、中转被拐卖妇女、儿童的，也能够认定成立承继的共犯。换言之，只要先行者的犯罪的实行行为可以评价为正在实行，就有承认承继共犯的余地。据此，如果"前行为者着手实行后"这种笼统的表述的旨趣，也可以理解为"犯罪行为正在实行"的话，就是值得赞同的。如此一来，在继续犯、接续犯中，于既遂后至实行终了前的阶段首次介入的后行为人，必定能够认可共犯的成立；在其他类型的犯罪中，则需要实质地判断犯罪行为是否正在实行过程中。例如，在诽谤罪中，只要行为人将捏造的事实公之于众，诽谤罪便宣告既遂，但只要该虚假事实处于持续传播中，就可以评价为"正在实行"。对于后行为者基于共谋加入

---

[1] 小岛秀夫：《いわゆる承継的共犯の規範論的考察》，《大東法学》63 号（2014 年）。

进一步传播该虚假事实的情况，理论上存在肯定共犯关系的余地。

先行者之犯罪行为"正在实行"意味着，后行为者只能够在先前犯罪的同一机会中介入。所谓"同一机会"并非纯物理意义上的同一场所或短时期内，其具体判断应参照先后行为人主观认识、先后相续的客观事实间关联的紧密性等因素。例如，先行为人基于概括故意连续杀害数人后，后行为者基于犯意沟通中途加入参与杀害一人。在这种场合，针对先前数人的杀人行为不能评价为正在实行，因此并不存在承继共犯的问题。相反，先行为人出于抢劫故意使用暴力控制被害人自由并转移场所，即便后行为人于次日在转移后的场所搜取被害人财物，其应否承继先前的暴力行为，依然会成为问题。

尽管只要先行者的犯罪行为可以评价为正在实行，中途加入的后行为者即可能成立共犯，但其承担责任范围的确定以及属于共同正犯还是帮助犯，则是另一个层面的问题。本书将在第五章就这一问题的解决，展开详细的论述。

（二）空间之维：共同实行必要性之检讨

关于后行为者介入后，剩余行为共同实行必要与否的问题，仅发生在承继的共同正犯的场合。因为，教唆犯、帮助犯本来就不要求分担实行行为。在承继的共同正犯中，围绕着剩余行为是否必须由先后行为人共同实行的问题，理论上存在必要说与不必要说之争。

必要说认为，只有后行为者与先行为者共同实施剩余行为的情况，才可能成立承继的共同正犯；不必要说则认为，即使完全由后行为人独立实施完成剩余行为，也能够成立承继的共同正犯。德国学者科勒对此持必要说，日本的大塚仁教授也认为，必要说符合共同正犯的旨趣，进而赞成这一见解。[①] 必要说的根据是共同正犯应当分担实行行为，否则不能认定客观上有"共同实行"的事实。不过，

---

① [日]大塚仁：《刑法概说 总论》，冯军译，中国人民大学出版社 2003 年版，第250页。

不必要说是现在的主流观点。① 即在先、后行为人存在犯意联络的情况下，无论是后行为者单独实施完成抑或由双方协力完成剩余的实行行为，均不影响承继共同正犯的成立。不必要说对"共同实行"作实质化的理解，将"共同实行"把握为价值上的相互归属，而不仅仅是形式上的分担。

笔者认为，剩余实行行为共同分担的必要与否，并非一个孤立的问题，因此似乎不能武断地给出肯定或否定的答案。如果彻底否定承继的共同正犯，进而先、后行为者只能就加入后的事实成立共同正犯的话，那么共同实行就是必要的，否则后行为者只能成立单独正犯。换言之，先、后行为人欲就加入后的事实成立共同正犯，共同实行剩余的行为就是必要的。例如，先行为者以抢劫故意使用暴力将被害人打成重伤，在现场目睹全程的后行为人加入进来，趁机单独取走被害人的财物。对此，如果完全否定承继的共同正犯，认定后行为者只能就取财行为与先行为人成立盗窃罪之共同正犯，那么先、后行为人共同分担实现盗窃罪构成要件就是必要的。如果认可承继的共同正犯，那么在上述场合，后行为人就没有必要与先行为者一道实行取财行为，其独立完成剩余的实行行为可以在价值上视为与先行为者共同实行，进而成立抢劫罪之共同正犯。可见，无论是否认可承继的共同正犯，至少后行为者必须参与实施剩余的实行行为。如此看来，共同实行必要与否，与论者对承继的共同正犯的态度相关联。因此，不能认为必要说抑或否定说必定是错误的，这两种学说在各自立场上都是能够自圆其说的。如后文所述，笔者在一定条件下肯定承继的共同正犯，所以在作一体评价的视角下，赞同不必要说。此外，正犯实质化已然是不可避免的趋势，如果赞同实质的正犯概念，不必要说就是符合逻辑的结论。因为实质的正犯概念强调共同者的行为在价值上的相互归属，即能否评价为相互

---

① 马克昌：《比较刑法原理：外国刑法学总论》，武汉大学出版社 2002 年版，第 693—694 页。

补充、相互促进，而非在形式上分担实施部分构成要件行为。形式的正犯概念导致未分担实行行为的重要人物，只能以帮助犯处罚，同时也可能造成虽分担实行行为但未发挥重要作用者，只能认定为正犯，进而使得罪刑法定原则、罪责刑相适应原则在共犯论中陷入进退失据的困局。因此，不必要说更加合理。

帮助犯只需要与正犯行为及结果具有促进性因果关系，因此承继的帮助者无须分担实行行为。也就是说，如果认可承继的帮助犯，后行为人仅需要对先行者犯罪的完成起到促进作用即可；相反，若只承认后行为者就加入之后的犯罪成立狭义共犯，那么也只需要其促进实现介入后之犯罪的构成要件，即为已足。

上述时空维度的特殊构造勾勒了承继共犯的轮廓。然而，厘定承继共犯的基本构造并不能顺其自然地明确其与其他相关范畴的分界线。职是之故，有必要进一步明确承继共犯与其他类似概念，特别是无事前通谋的共犯间的关系。

二 承继共犯与无事前通谋共犯的构造之辨

承继的共犯是在刑法知识转型背景下，舶来自德国、日本刑法理论的名词。我国传统刑法理论中，与之具有相近内涵的概念是"事中通谋的共犯"或"无事前通谋的共犯"。"无事前通谋的共同犯罪"，是指各共同犯罪人在着手之时或在实行犯罪的过程中形成共同犯罪故意的共同犯罪。[1] 相较于事前通谋的共同犯罪而言，这种类型的共同犯罪往往谋议不周，社会危害性较小。[2] 显然，无事前通谋的共犯与承继共犯的共同犯罪意思都不是形成于着手实行前的阶段，共犯意思未能贯穿犯罪的全体过程。那么，二者之间究竟具有什么样的关系？对此，大概存有种属关系说、并列说和等同说三种不同

---

[1] 赵秉志主编：《刑法总论》，中国人民大学出版社2016年版，第243页。
[2] 高铭暄、马克昌主编：《刑法学》，北京大学出版社、高等教育出版社2017年版，第169页。

的认识。

张明楷教授赞成种属关系说，认为承继的共同犯罪现象存在于事前无通谋的共同犯罪之中，承继的共同正犯与承继的帮助犯都属于其子类型。① 因为事前无通谋的共同犯罪包括着手之际、实行犯罪过程中形成共同犯罪故意两种情形，承继共犯便发生于第二种情况。刘凌梅博士认为应当区分承继的帮助犯与事中帮助犯，二者属于并列关系。她提出在抢劫罪、强奸罪这样的复行为犯中存在的，属于承继的帮助犯，像杀人罪这种单一危害行为的犯罪中帮助者中途参与的，则是事中帮助犯，而非承继的帮助犯。② 也就是说，承继的帮助犯与事中帮助犯的发生域不同，虽然同为中途参与犯罪，但称谓因发生在复行为犯或单行为犯中而异。并列说中，还有一种观点以故意的内容作为标准来界分承继共犯与事中共犯。如果有证据能够证明后行为人与先行为人具备完全一致的故意内容，就成立事中共犯；如果无法证明后行为人与先行为人具备完全一致的故意内容，原则上依照承继的共犯处理。③ 这种并列说实际上认为，事中共犯仅可能发生于数人犯同一罪的情况，即使共同者间的犯罪故意具有重合性、派生性，也只能认定为承继共犯。持等同说的学者指出，区分承继的帮助犯与事中的帮助犯的观点并不妥当，而且会引起二者涵盖内容重叠的困境以及于相关概念之间逻辑上的混乱，基于此，"不如直接承认承继帮助犯就是事中帮助犯为妥"④。在等同说看来，承继共犯与事中共犯的构造并无差异。

笔者基本支持种属关系说，反对并列说与等同说。首先，并列说存在较大的问题，有待商榷。第一种并列说的主张，或许是基于在单一行为犯中，无须讨论后行为人刑事责任范围的考虑。然而，

---

① 张明楷：《刑法学》，法律出版社 2016 年版，第 430 页。
② 刘凌梅：《帮助犯研究》，武汉大学出版社 2003 年版，第 164 页。
③ 刘宪权、张娅娅：《承继共犯的刑事责任探讨》，《政治与法律》2010 年第 2 期。
④ 任海涛：《承继帮助犯研究》，《中国刑事法杂志》2008 年第 2 期。

至少在非法拘禁罪这种继续犯（属于单一行为犯）中，也不得不判断后行为人是否应对先行为者已经实施的行为和既生的拘禁时间承担责任。而且，即使在伤害罪、盗窃罪的场合，也完全可能存在后行为人中途加入，与先行为人共同扩大既存法益侵害结果的情形。关于第二种并列说，本书认为共同者的故意内容是否一致，在共犯认定中不具有决定性意义。单纯凭借主观认识内容区分承继共犯与事中帮助犯并赋予不同法律效果，有心情刑法之虞。而且，并列说不仅之于学术增长无所助益，反而造成刑法学概念臃肿和逻辑混乱。因此，并列说的立论根据并不充分，其结论也过于武断。在追求概念体系简化，实现刑法学术研究和适用的经济性方面，等同说的取向值得肯定，但也有化约过度的缺陷。

严格来讲，无事前通谋的共同犯罪包括着手之际与实行过程中形成共同犯罪意思这两种共同犯罪现象。据此，承继的共犯显然属于无事前通谋的共同犯罪的下位概念，但也不能认为其与"事中的共犯"——实行过程中形成共同犯意具有同样的指涉。的确，二者在共同犯罪故意的形成时点上具有一致性，但之所以谓之"承继"的共犯，原因在于这一范畴以不能排除先行为者引起了一定的结果之合理怀疑为前提。也就是说，承继共犯以客观存在某些结果为必要，事中共犯则不然。因为犯罪的本质是法益侵害，讨论"承继"与否的前提是先行为人已经造成一定的结果；反之，如果在先行为尚未造成任何结果的阶段基于共谋而加入，并共同完成犯罪，则先后行为的法律性质相同、各参与者的责任范围相同，不会存在"承继"的问题。结果的形态和内容受到个罪的构成要件限制，但不必是终局性的法益侵害结果，例如抢劫罪中反抗被压制的状态或者致被害人死伤、诈骗罪中被害人陷入错误认识状态、故意伤害罪中被害人受伤等。简言之，唯有在至少不能排除既成结果系发生于后行为者加入前的阶段之合理怀疑的场合，后行为者能否"承继"介入前的行为和结果才会成为问题。由此可见，承继的共犯不同于事中的共犯，属于事中共犯的一种特殊情况，即对先前事实的承继成为问题的一类共犯现象。

第二节　三重视野下的承继共犯类型之划分

类型化是刑法学研究的重要方法，根据不同的标准对承继共犯进行类型划分，有助于我们更加全面、精准地理解并处理承继共犯的问题。有学者将承继的共同正犯划分为同一犯罪的承继共同正犯和转化犯罪的承继共同正犯、一实行行为内的承继共同正犯与数实行行为间的承继共同正犯、以作为形式介入的承继共同正犯与以不作为形式介入的承继共同正犯。[①] 还有学者将承继犯区分为承继正犯与承继共犯、以作为形式介入和不作为形式介入的承继犯、直接的承继犯与间接的承继犯、同一犯罪的承继犯和转化犯的承继犯、对先行为有认识的承继犯与对先行为无认识的承继犯、一实行行为内的承继犯和数实行行为间的承继犯六种类型。[②] 以后行为者的参与形式、特定个罪的行为结构、一罪类型为基准的分类，是多数学者所赞同并使用的三种分类法。本书也认为，从解决承继共犯问题的实益来看，这三种分类更有意义。

一　参与类型视野下的承继共犯：承继的共同正犯与承继的帮助犯

广义的共犯参与形式有共同正犯、帮助犯和教唆犯三种，但在承继共犯的场合是否对应地存在承继的共同正犯、承继的帮助犯与承继的教唆犯，学界并未达成一致意见。

[①] 钊作俊、王燕玲：《承继共同正犯研究》，载赵秉志主编《刑法论丛》（第13卷），法律出版社2008年版，第490—492页。

[②] 张淼、杨佩正：《承继犯研究》，载吴振兴主编《犯罪形态研究精要》，法律出版社2005年版，第483—486页。

暂且不论承继者的责任范围，理论上存在明确否定承继共同正犯概念的观点。本书前言部分已经述及，香川达夫教授以及金日秀、徐甫鹤二位教授反对后行为者就加担前的事实承担责任，据此认为没有必要存在承继共同正犯的概念。本书不仅在与原始共犯相对的意义上认可承继的共同正犯，在一定条件下，亦肯定规范意义上的承继共同正犯。当然，承继共同正犯的涵摄范围，根据采取形式抑或实质的正犯概念，必然有所差异。如果采取形式的正犯概念，后行为者必须分担实行行为，才能成立承继的共同正犯；如果赞同实质的正犯概念，后行为者只要支配了构成要件的实现，即使未分担实行行为，也可以认定为承继的共同正犯。尽管对承继共同正犯的具体界定尚存分歧，但是通常来讲，承继的共同正犯是指后行为人在先行为者实施完成部分犯罪行为后，基于共谋于中途加入，单独或者与先行为者共同实施完成剩余的实行行为。典型事例如，先行为者以抢劫故意伤害被害人，由于被害者的反抗导致先行为者也身负重伤，知情的后行为人在此时首次加入，利用被害人反抗被压制的状态而独立完成剩余"夺取"财物行为。再如，在先行为者实施故意伤害行为的过程中，后行为人加入共同对被害人施加暴力，最终造成被害人重伤（不能查明伤害结果发生于后行者加入前后哪一阶段）的事案。这两则事例中，后行为人分别实施了作为抢劫罪实行行为构成部分的"强取"财物行为以及作为伤害罪的实行行为。据此，能否认定后行为人就前后相续的两部分事实成立抢劫罪、故意伤害罪，就成为亟待回答的问题。

理论界普遍认可存在承继的帮助犯，亦即先行为人着手实行犯罪后，后行为人以帮助之故意实施加功行为，进而促进先行为者犯罪的完成。一般来讲，承继的帮助犯没有分担构成要件行为，仅对全部犯罪事实发挥促进作用，不具有支配性地位。例如，在先行为者于深夜入户盗窃已窃得少量财物之际，后行为人加入并提供手电筒照明，即为承继的帮助犯的适例。不过，也有学者否认承继的帮助犯。鉴于帮助犯的特性，论者认为帮助犯并非伴随实行行为的全过程，而只可能在某一时点提供帮助。如果肯定承继的帮助犯，那么就会造成除预备阶段的帮助外，几乎所有的帮助犯都是承继的帮助犯，进而使得普通的帮助犯丧失意义。① 的确，承继的帮助犯有淡化普通帮助犯的意蕴，但也不能就此否认该概念。一方面，承继的帮助犯区别于原始的帮助犯，有其存在价值；另一方面，讨论"承继"的帮助犯，以一定的结果发生于后行为者加入前的阶段或者不能查明该结果发生在哪一阶段为前提，可见，承继的帮助犯相较于普通的帮助犯有其独特之处。有一种观点认为，由于先、后行为者存在相互利用的关系，各行为都是完全符合犯罪构成的行为，所以仅存在继承的共同正犯，而不可能有继承的帮助犯。② 但这种观点与事实不符，值得商榷。先后相续、彼此归属的共同正犯现象是客观存在的。与之相对，也不能否认于先行为者犯罪中途加入，而以非实行行为的方式促进先行为者犯罪遂行的现象，此即为承继的帮助犯。罗克辛教授否定就既成事实对后续的共同实行人进行归责，即便如此，他仍然认为后加入的知情者可以成立先行为者犯罪的帮助犯。③ 罗克辛教授对承继的共同正犯持否定态度，而肯定承继的帮助犯，其原因在于帮助犯的特殊构造。帮助犯在形式上无须分担实行行为、伴随正犯行为，在实质上不要求支配构成要件的实现，因此即使中途参与促进构成要件的实现，也可以就正犯者的犯罪成立帮助犯。

中外主流观点否定承继的教唆犯。因为，"在先行者已经产生犯意并开始实行行为的场合，不可能有承继的教唆"④，也就是说，不可能存在相对于先行正犯者的教唆犯。尽管曲新久教授提出了"教唆的继承"概念，但他同时指出，只有在先行的教唆者的行为没有

---

① 黄丽勤、周铭川：《共同犯罪研究》，法律出版社 2011 年版，第 166 页。
② 陈世伟：《论共犯的二重性》，中国检察出版社 2008 年版，第 163—164 页。
③ ［德］克劳斯·罗克辛：《德国刑法学总论》（第 2 卷），王世洲等译，法律出版社 2013 年版，第 70 页。
④ 木村光江：《刑法》，東京：東京大学出版会 2010 年版，第 172 页。

使被教唆者产生犯意的场合，才有可能成立继承的教唆，① 这实际上否定了承继的教唆犯。确实，相对于正犯行为这种真正意义上的承继的教唆犯，并没有存在的空间，实行行为着手后根本不可能通过教唆使之产生犯意。不过，我国学界仍有部分学者提出了所谓承继教唆犯的概念。

较早时期，有人提出共犯中也可能出现承继共同教唆犯的情况，只不过没有研究的必要，但是对于承继正犯的教唆犯——教唆他人以承继正犯的形式来介入犯罪则具有研究的价值。② 论者认为，承继的教唆可以发生在间接承继犯与直接承继犯的场合：间接承继犯中的承继的教唆是指，教唆他人以正犯的意思介入犯罪；直接承继犯中的承继教唆包括犯意继续型教唆和犯意深化型教唆，前者指唆使中止实行的正犯继续完成犯罪，后者指教唆正犯实施更加严重的犯罪。③ 可以发现，间接承继犯场合中的承继教唆，实际上是承继正犯的教唆犯，并非针对先行正犯的教唆犯。犯意继续型教唆相当于使已经放弃犯罪者产生"新的犯意"，因为犯罪中止具有终局性，不能认为该犯罪行为正在实行。犯意深化型教唆无异于教唆正犯实施更加严重的犯罪，自然应当认定成立更严重犯罪的教唆犯。上述所谓承继教唆犯的刑事责任，依照共犯的一般原理完全可以解决，并无特殊讨论的必要性。此外，还有学者认为承继的教唆犯主要包括两种类型，即在先行为者以 A 犯意实行犯罪途中，后行为人教唆其实施与前部分犯罪行为具有紧密关联的后行为的，或者在先行为人实行犯罪过程中，教唆第三者以实行、帮助或教唆的形式介入犯罪。④ 显然，这里所谓的承继教唆

---

① 曲新久等：《刑法学》，中国政法大学出版社 2016 年版，第 171 页。
② 张淼、杨佩正：《承继犯研究》，载吴振兴主编《犯罪形态研究精要》，法律出版社 2005 年版，第 484 页。
③ 张淼、杨佩正：《承继犯研究》，载吴振兴主编《犯罪形态研究精要》，法律出版社 2005 年版，第 495 页。
④ 周建达：《承继共犯比较研究》，载赵秉志主编《刑法论丛》（第 25 卷），法律出版社 2011 年版，第 393 页。

犯与前一论者所界定的承继的教唆犯并没有实质上的区别，因此上文的批判同样适用。不止如此，教唆第三者以帮助或教唆的形式参与犯罪，不宜认定为承继的教唆犯。教唆帮助者的行为本质上属于间接帮助犯，距离正犯行为过远，其可罚性尚存疑问。教唆教唆者的情况就是所谓的间接教唆犯，《日本刑法典》第61条规定其与教唆犯一样，应按照正犯论处，但是且不说间接教唆的概念本身就存在争议，在我国刑法语境下，如何对其进行处罚，也并非没有疑问。因为，教唆他人犯罪的本意应是指，教唆他人实施分则个罪预定的实行行为。这一问题与本书主旨无关，点到为止，兹不赘述。值得注意的是，陈兴良教授认为承继犯包含有承继的教唆犯、承继的帮助犯与承继的正犯。[①]不过，陈兴良教授并未明确界定何谓承继的教唆犯。陈兴良教授以是否与先行的正犯构成共同犯罪为标准，区分承继的共同正犯和承继的正犯，并将承继的正犯与先行的正犯相对应。鉴于此，不妨揣测，陈兴良教授所言的承继的教唆犯亦非指与先行的正犯构成共同犯罪的教唆犯，毋宁是承继正犯的教唆犯，即教唆他人于先行的正犯者之犯罪过程中，以正犯的形式参与犯罪的人。由于不可能与先行的正犯者间成立共犯关系，所以上述诸种意义上的"承继的教唆犯"并不会产生是否就先行正犯的犯罪事实承担责任的问题。

综上所述，以犯罪参与形式为视角，承继的共犯仅包括承继的共同正犯与承继的帮助犯两种，不存在相对于先行的正犯者的承继的教唆犯。

二 行为结构视野下的承继共犯：单行为犯与复行为犯中的承继共犯

以特定个罪的构成要件所预定的行为数量为标准，犯罪可以分为单一行为犯与复行为犯。我国刑法理论一般认为，复行为犯系指

[①] 陈兴良：《共同正犯：承继性与重合性——高海明绑架、郭永杭非法拘禁案的法理分析》，载陈兴良主编《刑事法评论》（第21卷），北京大学出版社2007年版，第36页。

构成犯罪须具备复数的危害行为的罪种，单一行为犯的成立则仅要求具备单一的危害行为。有学者对此持异议，认为单一犯与复合犯的区分标准是实行行为而非危害行为的数量，在此基础上，主张抢劫罪等属于双重实行行为犯。[1] 即便可以将抢劫罪的实行行为区分为手段行为、目的行为，也不能想当然地认为本罪存在两个实行行为，进而广泛地认可双重、多重实行行为犯。笔者认为，除典型的结合犯以及事后抢劫等具有结合犯构造的犯罪外，其他犯罪的实行行为只能是单一的。一方面，实行行为是符合构成要件的定型性行为，包含了引起法益侵害结果的一定危险的内容，本身就具有规范性评价的意义。[2] 像抢劫罪、敲诈勒索罪与强奸罪那样，构成要件所预定的数个行为间具有牵连关系，整体上仍应评价为一个实行行为；诬告陷害罪中的捏造事实行为、向司法机关告发的行为属于并列关系，但二者不具有独立的意义，仅实施捏造事实的行为，不可能成立犯罪。因此，一罪中可能存在两个以上的事实行为，但实行行为原则上只有一个，这是实行行为价值属性的自然归结。另一方面，组成结合犯的两部分行为，不仅在自然意义上具有独立性，而且在规范层面也可以作独立评价。之所以如此，是有其实质根据的。立法者只不过是基于两种行为并发的通常性、严重的危害性，为了实现罪刑均衡、适应预防犯罪的需要，而将二者结合规定并赋予更加严厉的处罚。[3] 因此，在这种场合可以例外地认可双重实行行为犯。不过，事后抢劫等具有结合犯构造的犯罪毕竟不是结合犯，尽管存在双重实行行为，但至少有一部分在刑法中无对应的犯罪。所以，这

---

[1] 陈兴良：《共同正犯：承继性与重合性——高海明绑架、郭永杭非法拘禁案的法理分析》，载陈兴良主编《刑事法评论》（第 21 卷），北京大学出版社 2007 年版，第 36—37 页。

[2] ［日］桥爪隆：《论实行行为的意义》，王昭武译，《苏州大学学报》（法学版）2018 年第 2 期。

[3] 李冠煜：《结合犯的加重根据和本质新论》，《甘肃政法学院学报》2011 年第 5 期。

种犯罪的组成部分不能进行相对独立的评价。

在单一行为犯与复行为犯中,是否均有讨论承继共犯的必要性,与承继共犯的存在域是一体两面的问题。侯国云教授认为,继承性共犯不会发生在由单一行为构成的犯罪中,而只能存在于①由法定的手段和目的行为组成的单纯一罪,以及②结合犯的场合。原因在于,只有在该两种犯罪中,犯罪行为才可以明显地被分为两个部分,后行为人于目的行为或后一犯罪中参与进来;相反,在由单一行为构成的单纯一罪中,后行为人与先行为人实施的是同样的行为,因而不能形成继承性共犯。① 在我国,类似的观点具有一定的市场。如前文所述,刘凌梅博士认为复行为犯场合发生的中途参与犯罪现象,是承继的共犯;若中途参与犯罪发生于单行为犯中,则属于事中共犯,不存在承继与否的问题。② 实际上,上述见解建立在实行行为具有可分割性的前提之下。即只有在实行行为可分割为两部分的犯罪中,才可能存在承继共犯问题;由于单一行为犯的实行行为不具有可分割性,因此后行为与先行为的性质不可能是异质的,承继行为的性质当然不会成为问题。不难发现,这种见解实质上仅将后行行为的性质评价,视为承继共犯理论所要解决的问题。然而,承继的责任范围之确定,也是承继共犯理论不可回避的课题。因此,将承继共犯局限于上述两种场合,有待检讨。

首先,需要研究的是实行行为的可分割性问题。一般而言,不论单一行为犯还是复行为犯,其实行行为都是具有造成法益侵害危险的行为。因此,即使特定犯罪的实行行为包含数个事实行为,并且在具体个案中可以分为数个部分,也不意味着在规范上具有可分割性。在这个意义上来讲,将复行为犯界定为"实行行为中包含数

---

① 侯国云:《刑法总论探索》,中国人民公安大学出版社2004年版,第369页;侯国云:《论继承性共犯》,《政法论坛》2006年第3期。

② 刘凌梅:《帮助犯研究》,武汉大学出版社2003年版,第164页。

个异质且不独立成罪的行为的犯罪"① 的观点，是有其合理性的。当然，结合犯由双重实行行为构成，应当例外地承认其实行行为的可分割性。因为，此类犯罪的两个实行行为完全是并列的，其结合程度极为松散。既然如此，承继共犯的存在域，便与实行行为的可分割性没有直接关系。

其次，诚如任海涛博士所指出的，即使在单一行为犯中也可能存在既、未遂的问题，在数额犯中可能影响构罪与否及责任轻重之判断，最终对量刑也有一定影响。② 不仅如此，即使在伤害罪中，重伤害（或致命伤）结果究竟发生于后行为人加入前后哪一阶段不能查明的情况下，对该结果的客观归属成为问题的场合，也是可以想象的。单一行为犯中承继行为的性质或许不存在认定难题，但是后行为人是否构罪、应成立正犯还是帮助犯、应以主犯还是从犯论处，恐怕并非不言自明。事实上，单一行为犯也应当进一步区分为法益侵害具有累积升高性的犯罪、法益侵害不具有累积升高性的犯罪。③ 前者如故意伤害罪、非法拘禁罪，后者如即时致死型故意杀人罪。在法益侵害具有累积升高性、行为具有一定过程性的单一行为犯中，无疑可以存在承继的共犯。正因为此，中外实务及理论界对承继共犯的讨论普遍没有局限于复行为犯。我们至多可以认为，只不过在复行为犯的场合，承继共犯问题更具有典型性。关于这一点，在前文判例梳理部分，想必有更加直观的感受。

---

① 王明辉：《复行为犯研究》，博士学位论文，吉林大学，2006 年，第 80 页。
② 任海涛：《承继共犯研究》，法律出版社 2010 年版，第 78—79 页。
③ 这一分类借用自北京大学研究生朱艺楠的观点，参见朱艺楠《承继共同正犯中间说的肯定说之提倡——引入支配犯与义务犯的概念》，载江溯主编《刑事法评论》（第 41 卷），北京大学出版社 2018 年版，第 38 页。根据侵害法益的数量，犯罪分为侵害单一法益犯罪和侵害复数法益犯罪。前者包括故意伤害罪等具有累积升高的侵害程度的犯罪以及诈骗罪等具有特定行为样态的犯罪，后者包括复行为犯和结合犯。笔者认为诈骗罪属于复行为犯，故而难以完全认同论者的上述分类。尽管如此，论者提出的具有累积升高的侵害程度的犯罪这一分类，具有启发性。

三 罪数论视野下的承继共犯：单纯一罪与包容一罪中的承继共犯

依照罪数类型讨论承继共犯问题，也是学理上比较常见的做法。相较于以行为结构为标准的分类，从罪数论视野出发的考察方法，更能体现因不法结构的特殊性而造成的归责差异。没有疑问的是，承继共犯不可能存在于数个犯罪之间。因为数罪各自独立，实行并罚，无所谓"承继"。依照罪数理论，一般将一罪区分为单纯的一罪与包容的一罪。这两种一罪类型中，是否均可能存在承继共犯，有待具体分析。如后文所述，早期的承继共犯全面肯定说，就是以单纯一罪的实行行为不可分割作为依据。这就意味着，承继共犯只能发生于单纯一罪中。随着承继共犯实践和理论的发展，人们逐渐认识到承继共犯成为问题的场合，并不限于单纯的一罪中，在包括一罪、结合犯和结果加重犯这种似乎可以分割的犯罪类型中也存在该问题。[①] 但是，我们也不能就此断言，在所有具体的一罪类型中，承继共犯都会成为问题。实际上，这也是承继共犯存在域在罪数论中的另一种表达。因此，有必要就一罪类型中的承继共犯展开具体探讨。

（一）单纯一罪场合的承继共犯之简析

单纯一罪，是指一个行为侵害一个法益的情况，属于本来的一罪。如故意伤害一人，致该被害人负重伤、故意杀人致该被害人死亡。在这个意义上，单纯一罪与单一行为犯中的承继共犯问题可能存在重叠性。继续犯是单纯一罪中较为特殊的类型，其中的承继共犯问题值得特别关注。继续犯的特征是行为与不法状态同时继续，实行行为在一定时间内持续，典型例证为非法拘禁罪、绑架罪。由于非法拘禁罪等继续犯的构成要件预设了一定的持续性，因此必然

---

① ［日］前田雅英：《刑法总论讲义》，曾文科译，北京大学出版社 2017 年版，第 317 页。

存在承继共犯的现象。即便一般认为既遂后至犯罪实质终了前的阶段不能形成共犯关系，在继续犯的场合，也会例外地认可有成立共犯的余地。[1] 在非法拘禁罪等继续犯中，承继共犯成为问题的情形有两种：一是先行为者拘禁被害人时长未达到但接近构罪标准，后行为人中途共谋加入拘禁少量时间，先后两部分行为达到定罪起点。例如，先行为者非法拘禁被害人 23 小时后，介入的后行为人继续拘禁 2 小时。此时，先、后行为人应否成立非法拘禁罪之共犯？二是先行为者的非法拘禁行为本身已经构成犯罪，后行为人加入后的拘禁时间尚未独立地达到定罪起点，但是全体拘禁时间达到加重处罚的条件。此时，后行为人是否成立非法拘禁罪的共犯，以及能否对其适用加重法定刑？在这里，本书只是暂时提出问题，后文中将具体就后行行为的评价，展开论述。

结果加重犯、结合犯与对应的犯罪之间构成法条竞合关系，即结果加重犯是基本犯的特别法条、结合犯是被结合犯的特别法条。因此，二者仍然属于单纯一罪的范畴。结果加重犯与结合犯中的承继共犯问题，尤为典型。

结果加重犯中承继的共犯主要涉及的问题，如果加重结果系先行为人造成或不能查明结果由谁直接造成时，该加重结果的客观归属当如何处理。例如，甲以抢劫故意对乙实施暴力并造成乙身负重伤，后行为人丙基于共谋介入，并独立完成取财行为，事后与甲均等分赃。后行为人丙是否就重伤结果负责，即丙能否成立抢劫（致人重伤）罪，就是此类案件的核心问题所在。

结合犯的典型模式为 A 罪+B 罪＝C 罪。长期以来，认为我国刑法中没有结合犯之规定是主流声音。[2] 近年来，承认我国刑法中也有结合犯的观点，也逐渐获得较大影响力，典型例证为绑架杀人，绑

---

[1] 张明楷：《刑法学》，法律出版社 2016 年版，第 431 页。
[2] 高铭暄、马克昌主编：《刑法学》，北京大学出版社、高等教育出版社 2017 年版，第 190 页；赵秉志主编：《刑法总论》，中国人民大学出版社 2016 年版，第 266 页。

架伤人致人重伤、死亡以及《刑法》第 240 条拐卖妇女又奸淫被拐卖的妇女之规定。[①] 笔者也认为我国刑法中规定了结合犯。结合犯的确定,不宜拘泥于公式,而强求成立异于原罪的新的犯罪。以何种罪名指称结合之后的犯罪,不过是罪名确定的问题。历来,在结合犯中,后来参与实施 B 罪实行行为的共犯者是否可以就整个犯罪事实——C 罪成立承继的共犯,是各家观点论战的漩涡中心。日本刑法所规定的强盗强奸罪就是结合犯的代表性罪名。例如,在甲强盗行为实施完毕后,认识到此种情况的乙加入进来,与甲一同将被害妇女强奸。乙是否成立强盗强奸罪进而对强盗行为也负责,就成为问题。在我国,先行为人拐卖妇女并控制其人身自由后,知情的后行为人强奸被拐卖妇女的,是否能够因此对其适用拐卖妇女罪的加重刑罚,也成为问题。

(二) 包括一罪场合的承继共犯之略述

包括一罪主要有连续犯[②]、集合犯、数额犯、吸收犯。连续犯、集合犯、发展犯属于同质的包括一罪,其中当然可能发生后行为人中途加入实施犯罪的情况。

在连续犯的场合,行为人要么连续侵害同一个法益、要么连续侵害同一种法益,但其行为性质不会发生变异,所触犯的也是同一个罪名。因此,在连续犯的情况下,中途介入者的行为属性判断不成为问题。有疑问的是,其应否对先行为造成的法益侵害结果承担责任?例如,先行为人连续故意伤害三人,此时后行为者加入共同实施伤害行为,另外致二人受伤。回溯至前文关于承继共犯时间构造的结论,自然可以否定就前三人之伤害,追究后行为人刑事责任。因为,先行为人针对前三个被害人的伤害行为无法评价为正在实行,

---

① 张明楷:《刑法学》,法律出版社 2016 年版,第 466—467 页。
② 本书沿用主流理论,认为连续犯属于包括一罪,但这并非没有争议,如甘添贵教授便主张科刑一罪说。参见甘添贵《罪数理论之研究》,中国人民大学出版社 2008 年版,第 126 页。

不可能存在承继共犯。换言之，在认识上，连续犯该当于数个构成要件，只是在评价上，将其评价为一个违法行为，并处以一个制裁结果。因此，承继共犯在连续犯的场合不成为问题。

集合犯的犯罪构成预定了数个同类行为，需要行为人将其作为一种业务、职业而反复实施，例如赌博罪、非法行医罪。集合犯的犯罪过程具有显著的持续性，当然可能存在承继共犯问题。由于集合犯之行为属于同一类型，因此在后行为的定性方面，一般不会产生分歧。但是，如果先行行为与后行行为并非在"同一机会"中发生，则不能认定后行为人成立集合犯之承继共犯。

我国《刑法》分则规定最显著的特色是定性与定量相结合，这就意味着承继的共犯理论在数额犯中具有重要的实践价值和理论意义。例如，《刑法》第264条对盗窃财物数额较大、数额巨大、数额特别巨大配置了不同等级的法定刑。在犯罪成立与否方面，先行为人盗窃价值800元财物，后行为人介入后以共同实行的意思盗窃价值300元财物，那么后行为人能否构成盗窃罪？在适用加重法定刑时，如果先行为人独立地数次盗窃财物数额累计达到"数额巨大"，后行为人加入与先行为人盗窃所得最终数额达到"数额特别巨大"，此时能否对后行为人适用十年以上有期徒刑、无期徒刑，并处罚金或没收财产的处罚？

发展犯呈现出阶段性发展的形态，又被称为共罚的事前行为，如从伤害预备到着手伤害、最终伤害既遂。显然，发展犯是在同一构成要件评价内的时序演进过程，因此，其中的承继共犯与单一行为犯、复行为犯场合的承继共犯问题，并无二致。

共罚的事后行为，即利用状态犯之结果的行为，在单个人犯罪的场合，对该部分行为不另外处罚，如盗窃后损坏财物。在承继共犯语境下，状态犯中的承继共犯问题的核心在于判断该犯罪是否正在实行。如果先行者之犯罪不能评价为正在实行，即应直接否定存在承继共犯；反之，则需要进一步讨论后行为人的责任范围。

（三）科刑一罪场合的承继共犯之检讨

主流观点认为，科刑一罪包括想象竞合、牵连犯。承继共犯中的先行为者、后行为者之行为分别都可能发生想象竞合，后行行为也存在成立甲罪与乙罪想象竞合犯的余地。例如，在无法查明抢劫致死结果发生阶段的案件中，中途加入实施转移财物行为的人，理论上可能同时成立抢劫罪的帮助犯与盗窃罪的共同正犯。但是，想象竞合的两罪之间属于中立关系，引起想象竞合的原因并非规范上的"承继"与否，而是一行为触犯数罪的事实因素。由此可知，想象竞合犯中的承继共犯问题，完全可以放在单纯一罪、包容一罪中加以讨论。

不过，科刑一罪中的承继共犯问题集中于牵连犯的场合。有的文献将牵连犯归入复行为犯中，进而认为可以成立数实行行为之间的承继的共同正犯。[①] 例如，先行为者伪造文书后，后行为人仅参与利用伪造的文书实施诈骗，即有成立承继共同正犯的可能，其中先行为者构成牵连犯从重处罚，后行为者以诈骗罪的共同实行犯处罚。也有学者认为，牵连犯的场合有必要讨论承继共犯问题，只不过当前罪重于后罪而后行者未认识到其中的结果时，就不宜作为正犯论处。[②] 本书认为，在牵连犯中讨论承继的共犯问题既背离承继共犯之宗义，也没有实际意义。承继共犯理论以解决后行为者责任承担问题，即构成何罪、就哪些事实承担刑事责任为其趣旨，因此其以"一罪性关系"[③]为讨论前提。早期，承继共犯理论围绕犯罪共同说和行为共同说展开对立，其原因就在于这种"一罪性关系"引发的共犯本质之争。但是，这里的"一罪性关系"不应包括牵连犯这种科刑一罪。牵连犯是基于手段行为与目的行为、原因行为与结果行

---

① 钊作俊、王燕玲：《承继共同正犯研究》，载赵秉志主编《刑法论丛》（第13卷），法律出版社2008年版，第491页。

② 童德华：《正犯的基本问题》，《中国法学》2004年第4期。

③ 这里的一罪性关系限于单纯一罪与包括的一罪。

为间所具有的类型性的牵连关系，而在处断上以一罪论处。其不仅在实质上属于数罪，而且构成要件本身也内含了两个以上犯罪。最后，牵连犯也不是所谓的复行为犯。复行为犯是指单一犯罪之构成要件预定了两个以上的危害行为，而牵连犯是两罪之间的牵连，并非同一构成要件内涵的两个行为。职是之故，牵连犯中不存在讨论承继共犯的必要性和价值。

需要强调的是，即便以罪数结构为视角审视承继共犯问题，也还存在明显的不足。因为，同一罪数类型下的具体犯罪之不法结构具有个别性、与其相关联的犯罪具有差异性。笼统地以罪数类型探讨承继共犯，必然导致忽视上述两种个性问题，因此本书倾向于选择代表性罪名展开论述。

第三节　本章小结

承继共犯的构造、分类以及发生场域，并不是无关紧要的课题。相反，这是研究承继共犯责任归咎的前置性问题。

关于承继共犯成立的最后时点，犯罪既遂说与犯罪终了说均存在片面性和武断性。既遂意指行为充足了分则个罪的构成要件，表征行为危险的实现；终了是犯罪过程中的一个点，表明行为危险的消灭。不宜从一般意义上说共犯的最后成立时点，就是犯罪既遂或者犯罪终了。结合具体犯罪的特征和事实情况，只要能够将先行为者的犯罪评价为正在实行，后行为者就可以在"同一机会"中共谋加入，进而形成共犯关系。但是，不仅承继的帮助犯不要求分担构成要件行为，在实质正犯概念下，承继的共同正犯亦不必分担构成要件行为。承继共犯与无事前同谋的共犯既不是等同的概念，也不属于并列关系，无事前通谋的共犯包括着手实行之际与实行中途形成共犯关系两种情形，因此承继共犯属于后者的下位概念。但是，也不可将承继共犯与"事中共犯"等而视之，承继共犯以先行为造成一定结果（包括某种状态/效果）为必要，事中共犯则不要求。质言之，承继共犯属于事中共犯的一种特殊情形。

教唆犯是使实行担当者产生犯意的参与者，因此在先行正犯已经着手实施部分构成要件行为的场合，不可能存在所谓的"承继教唆犯"。从参与类型上来看，承继的共犯包括承继的共同正犯与承继的帮助犯。单行为犯与复行为犯中都可能存在承继共犯，但两者所研究的问题的侧重点不同，在复行为犯中往往需要探讨后行为的法律性质、责任范围，而单行为犯中一般不需要讨论后行为的性质（通常存在既未遂问题）。承继共犯理论所要解决的核心问题是后行为者的责任归属，这在法律评价上的一罪的场合会成为问题，因而在单纯一罪及部分包容一罪中具有研究的必要性；但是，在想象竞合犯、牵连犯这种科刑的一罪中，基本上没有讨论承继共犯的价值。

第 三 章

承继共同正犯的学说流变及立场抉择

承继的共同正犯属于共同正犯下的子概念，其处罚根据、成立条件等必定遵循共同正犯的一般性原理，反过来说，对共同正犯采取何种立场，也左右着是否认可承继的共同正犯及其归责的范围等。本章将在梳理共同正犯基本理论的基础上，评述围绕承继共同正犯的学说分歧及其发展，并初步提出因应承继共同正犯问题的一般性原理。

第一节 共同正犯基本理论框架之勾勒

一 共同正犯的处罚根据

共犯的处罚根据所研讨的是"共犯为什么受处罚"的问题。[1] 历来，关于共同正犯的处罚根据，因对共同正犯性质的不同认识而有不同的理解。如果认为共同正犯是共犯，其处罚根据与狭义共犯并无实质性差别；如果认为共同正犯是正犯，那么其处罚根据只能经由正犯构造论才能获得解说；晚近以来，一种有力的学说认

---

[1] 川端博：《刑法總論講義》，東京：成文堂2006年版，第505页。

为共同正犯既有正犯性，亦有共犯性，因而结合正犯性与共犯性说明共同正犯的处罚根据。以下分别述评这三种视角下的共同正犯处罚根据论。

（一）正犯性视角下的共同正犯处罚根据：机能的行为支配说

德国学者罗克辛教授以行为支配作为判断正犯性的依据。其中共同正犯是通过分工实施来实现行为构成的，其行为支配产生于他在实施中的功能（机能），共同正犯所接受的是对行为计划非常重要的任务，并且通过所实施的构成行为部分而对整个事件具有支配性。[①] 易言之，缺少其中某一行为者的行为，对其他共犯者实现整个犯罪计划就会造成挫折，甚至因此而归于失败。

根据机能的行为支配理论，共同正犯的成立必须具备三个条件：其一，必须存在一个共同的行为计划；其二，必须在实行阶段有共同实施行为；其三，在实行阶段必须做出实质性贡献。[②] 其中共同的行为计划以各共同实行者间的意志一致为条件，若各行为人间不知道对方的存在或单方面的共同作用，都不足以认定存在共同的行为计划。事实上，共同的行为计划可以理解为各行为人"相互知道"的共同行为决意，所以部分行为人超越该计划而实行的犯罪，不能归责于其他人。据此，机能的行为支配说不认可所谓的"片面的共同正犯"概念。需要强调的是，这里的实行阶段并非形式意义上的实行，而是指从预备直至犯罪的实质终了的整个行为过程。相较于形式地将所有正犯理解为实施构成要件行为，将实行行为与共同正犯之间关联起来的见解，机能的行为支配说在正犯概念实质化上的努力和成效，最为引人注目，即为了避免形式的客观说所带来的处

[①] ［德］克劳斯·罗克辛：《德国刑法学总论》（第 2 卷），王世洲等译，法律出版社 2013 年版，第 59 页。

[②] ［德］克劳斯·罗克辛：《德国刑法学总论》（第 2 卷），王世洲等译，法律出版社 2013 年版，第 59 页。

罚漏洞——对虽然支配构成要件实现但没有实施构成行为的人很难以正犯处罚,以其行为之于整个犯罪计划的机能为基准,将非实施构成行为的"重要人物"以共同正犯论处。这种支配就是对法益侵害结果的"本质性共动",即从事前来判断,各人的共动具有使犯罪失败的危险尽可能减少或者说根据犯罪计划具有增加危险的机能。① 而且,对犯罪的实现具有"本质性共动",无须行为人出现在犯罪现场,只要其参与事实所发挥的重要作用及于实行阶段即可。这其实也就是所谓的实行阶段的"实质性贡献"。

罗克辛教授所倡导的行为支配理论,在今天的德国学术界基本取得了通说地位,在日本则获得了山中敬一教授等众多学人的支持,近年来,该说在我国学界的影响力也日渐增加。王光明博士认为,功能的行为支配说能够合理地解释共同正犯"部分实行,全部责任"原则下关于处罚范围和处罚方式两方面的内容,因此更为合理。②

固然,如王光明博士所言,行为支配说在解明共同正犯处罚的实质根据方面有其优势,但不能不说也有其问题。

首先,行为支配说难以解释共谋共同正犯现象。有学者就指出,在共谋共同正犯中,共谋者与实行者站在对等的立场计划犯罪,在这种场合"支配"这一概念有欠妥当。③

其次,行为支配说彻底地将共同正犯定位为正犯,与单独正犯、间接正犯相并列,在单独正犯的延长线上理解共同正犯。然而,单独正犯与间接正犯可谓是以自己的行为完全地充足构成要件,共同正犯只不过是部分地满足构成要件。因此,该说舍弃了单独正犯与共同正犯之间存在的决定性不同,而完全以"行为支配"这一概念统摄两者,无疑忽视了共同正犯"共犯性"的侧面,在这一点上行

---

① [日]高桥则夫:《共犯体系与共犯理论》,冯军、毛乃纯译,中国人民大学出版社2010年版,第267页。
② 王光明:《共同实行犯研究》,法律出版社2012年版,第80页。
③ 林幹人:《刑法総論》,東京:東京大学出版会2008年版,第397页。

为支配说缺乏说服力。

再次，行为支配说超越有关共同正犯本质的讨论，从支配性着眼，径自讨论共同正犯的成立条件，不利于探明共同犯罪的实质意义。也就是说，行为支配说尽管可以解决实施部分行为者何以承担全部责任的理论根据，但没有解决共同正犯以什么为共同，而这是两个不同的问题。① 一旦放弃对"行为"或"犯罪"共同的考量，共同正犯成立与否就可能全凭"支配"进行混沌地判断。

最后，笔者认为，行为支配说与我国刑法中共犯分工、作用分类相结合的模式存在抵牾。众所周知，德国、日本刑法中关于共犯者的分类采取分工标准，以机能的行为支配说为代表的正犯实质化的学说，目的是填补形式的限制正犯概念所带来的处罚漏洞。其实质化的内涵加上该说彻底将共同正犯视作"正犯"，若将该说原封不动地移植入我国刑法，势必面临与主犯概念的整合性问题。

（二）共犯性视角下的共同正犯的处罚根据

首先，有观点认为，共同正犯是广义共犯的一种，因而其处罚根据就应当从共犯的处罚根据论中寻求。不过，区别于教唆犯和帮助犯，共同正犯需要有正犯性，因此扩张的正犯性与扩张的因果性对于共同正犯就是必要的。② 据此，部分学者赞同将共犯处罚根据论辐射至共同正犯的处罚依据问题上。其中就有学者主张运用行为人的行为对法益侵害结果的因果性，来解明共同正犯的处罚根据。如陈洪兵教授认为，共同正犯之所以适用"部分实行，全部责任"的原则，是因为行为人的行为要么对法益侵害结果具有物理因果性，要么对法益侵害结果具有心理因果性。③ 理论上，的确可以说共同正犯也是共犯，因此其只对与自己的行为存在因

---

① 朴宗根：《正犯论》，法律出版社2009年版，第215页。
② 陈家林：《外国刑法理论的思潮与流变》，中国人民公安大学出版社2017年版，第509页。
③ 陈洪兵：《共同正犯"部分实行全部责任"的法理及适用》，《北方法学》2015年第3期。

果性的法益侵害结果承担责任；反之，对与自己行为没有因果性的结果则不可能归责于行为人。在这个意义上，因果性是狭义共犯与共同正犯间共通的成立条件，而且在共同正犯中也不要求个别参与者与法益侵害结果之间存在条件关系，只要对结果存在促进型的因果关系就有成立共同正犯的余地。这也就是共同正犯的"共犯性"之所在。不过，这种完全从"共犯"视角理解共同正犯的观点显然是片面的。基于狭义共犯成立上对正犯的从属性，二者在成立条件上存在决定性的不同之处。帮助犯、教唆犯是间接引起法益侵害的类型，属第二次的责任类型，而共同正犯是共同引起法益侵害事实，属第一次的责任类型。[①] 共同正犯系共同支配构成要件实现的犯罪类型，其之于全体犯罪的作用并非狭义共犯可比拟的，既然如此，仅运用共犯的处罚根据不足以说明共同正犯的"正犯性"所在。譬如，共同正犯与狭义共犯皆对法益侵害结果具有因果性，何以唯独要求实施部分行为的共同正犯就全体犯罪承担责任？毋宁因果性（因果共犯论）只不过是回答归责根据、排除与法益侵害无关者可罚性的标准，或者说是处罚行为人的前提。单纯存在因果性，尚不能认为犯罪是由参与者"共同"实现的。不过，共同正犯与狭义共犯之参与形式、因果性范围（程度）等方面的差异，则是另一个层面的问题，暂且搁置。

其次，也有见解将共同正犯者视作团体，从各共同正犯者相互之间的关系的角度来论证共同正犯的处罚根据，与之相对立，另一种观点则从共同实行的意思联络或行为的共同中说明共同正犯的处罚根据。前一种主张可谓团体主义的理解，后一种观点可谓个人主义的理解。根据团体主义的见解，只要团体中的任何人实施了犯罪，全体成员即应对该犯罪结果承担责任，共同意思主体说便全方位地体现了团体主义的精神。共同意思主体说由日本的草野豹一郎博士

[①] [日] 山口厚：《刑法总论》，付立庆译，中国人民大学出版社 2018 年版，第 305 页。

提出，该说认为，共犯是一种"特殊的社会性心理现象，是共同意思主体的活动"①。换言之，数行为人间经由共同实行犯罪的意思形成了超越个人的共同意思主体，犯罪即可视为该共同意思主体的行为，但最终接受处罚的是作为团体组成人员的各个行为人。西原春夫教授是共同意思主体说的支持者。关于共同正犯的处罚根据，西原教授指出，共同正犯中，各共犯者对超个人存在所实施的全部实行行为承担各自的责任，可见个人责任原理不可能获得彻底贯彻。他还认为承认"部分实行，全部责任"的法理，至少意味着对个人责任原理的修正，甚至可以认为其本身就是以团体责任原理为根据的责任承担方式，在共同正犯中只能适用团体责任或修正的个人责任原理。② 应当认为，共同意思主体说也充分地解明了共同正犯"部分实行，全部责任"原则，但其历来被批判违反了责任主义，与现代法治精神格格不入。本书认为，共同意思主体说实际是方法论上的团体主义，认为行为人是对其他人而非自己的犯罪承担责任，确属难以被现代刑法所接受的观念。但相较于机能的行为支配说而言，该说重视各共犯者间存在的密切的人际关系——基于共同的意思而存在的一体性、共同性，这一点值得给予肯定。事实上，作为一种充分说明共同正犯处罚根据的学说，共同意思主体说不见得就不能与其他主张相关联。

如上文所述，第一种基于个人主义解读共同正犯处罚根据的学说重视各共犯者间的相互意思联络。即共同正犯是以相互间的意思联络为依据，互相利用对方的行为、相互协力共同完成一个犯罪。在此，共同正犯"部分实行，全部责任"的依据就存在于各共犯者间的"意思疏通"与"相互利用"。日本学者中野次雄就认为，各

---

① ［日］高桥则夫：《共犯体系与共犯理论》，冯军、毛乃纯译，中国人民大学出版社 2010 年版，第 248 页。
② ［日］西原春夫：《犯罪实行行为论》，戴波、江溯译，北京大学出版社 2006 年版，第 285—288 页。

共同正犯者对其他共同正犯者行为承担责任，乃是由于其在实施实行行为时，不仅是基于自己的意思，而且是与他者的意思联合起来实行的。① 但是，这种意思疏通只需抽象即可还是必须达到具体的程度，则存在分歧，并且共同故意仅需部分共同即可还是需要完全一致，也存在不同认识。这当然是关于共同正犯成立条件的课题，暂且不深究。可以看到，这种观点在重视意思疏通形成的共犯一体性上，与共同意思主体说具有一定的亲和性。第二种基于个人主义解释共同正犯处罚根据的学说，强调行为共同或者因果性的共同。在该说看来，各共同正犯者间并不需要第一种见解意义上的意思联络，所谓共同犯罪不过是数个行为人实行各自的犯罪而已。共同正犯者之所以对全部犯罪行为承担责任，是因为各自通过共同的行为而形成相互补充、心理相互促进的机能。"部分实行，全部责任"的根据完全存在于因果性这种客观层面，所谓的意思联络也仅仅在（心理）因果关系上发挥作用，而不具有黏合不同行为人使之具有一体性的意义。

　　本书不赞同第二种见解，但第一种见解仍有进一步说明的余地。首先，第二种个人主义的观点仅仅从因果性的视角理解共犯现象，特别是忽视主观意思联络所具有的机能，不能真实地反映"共同"犯罪这种客观存在。如果共犯仅仅是因果关系的共同，那么各行为人的共动就是偶然的，不具有成为共同正犯的实体内容。其次，共同犯罪是基于"共同实行的意思"而"共同实行"犯罪，只有行为被认为是在"共同实行的意思"支配下实施的，才能认为该行为是可以归责于各参与者的"共同行为"。② 如果只是在因果性层面把握意思联络，那么至多说明了处罚与否的问题，而没有划定归责范围的边界。最后，尽管因果关系上的"相互补充、相互促进"也可能为"部分实行，全部责任"奠定基础，但显然可能不当地扩张共同

---

① 中野次雄：《刑法総論概要》，東京：成文堂1992年版，第124—125页。
② 王昭武：《论共谋的射程》，《中外法学》2013年第1期。

正犯的成立范围。与之相对，第一种见解既完整地反映了共同正犯这种"存在"，也在规范层面相对谦抑地划定共同正犯的成立范围。而且，第一种见解正确地揭示了意思联络或共同加功的意思在制造共犯之间的相互团结，进而提升行为危险性和结果发生概率上的决定性影响，并且实质上体现了更高的不法性。不过，其问题在于忽视了共同正犯所具有的正犯性，这当然是两种见解共通的问题点。

（三）兼具正犯性与共犯性视角下的共同正犯处罚根据

共同正犯既具有正犯性也具有共犯性，因此其处罚根据不能片面地求之于正犯性或者共犯性，而应当兼顾二者。主张这种学说的学者主要是日本的高桥则夫教授。高桥则夫教授指出："赋予共同正犯以正犯或者共犯这种二者择一的性质，是不妥当的。这是因为，在将他人的行为也作为自己的行为而支配整体的活动这一点上，共同正犯具有正犯性，同时，在只实施部分行为这一点上，共同正犯又具有共犯性。"[①] 据此，共同正犯的处罚根据应该求之于各共同正犯者间"相互性行为归属"。也就是说，仅自己的行为与犯罪结果存在因果关系尚不充足，还需要能够像自己实施了行为那样归属他人的行为，而这种归属的根据就在于，其依照共同犯罪决意所实施的行为对全体犯罪活动具有重要性。这种"重要性"与前述机能的行为支配说中的"支配"具有相近的内涵，其判断当然需要综合共同者间的意思疏通内容、地位及法益侵害与危险性等，但集中表现为对共同犯罪的阻止力。与行为支配说在单独正犯的延长线上理解共同正犯不同，该说中的"重要性"是以兼顾共同正犯的共犯性为前提的。有必要说明的是，这里的"相互性行为归属"旨在征表共同正犯之"正犯性"，而依照其所具有的"共犯性"，仍然需要对最终的犯罪结果具有因果性。不过，共同正犯的因果关系，一方面在具体内容上并非严格地及于全体构成要件事实，更不可能夸张地指向

[①] ［日］高桥则夫：《共犯体系与共犯理论》，冯军、毛乃纯译，中国人民大学出版社2010年版，第253页。

所有事实细节；另一方面，在认定标准上也不要求与法益侵害结果之间存在严格的条件关系（结果避免可能性）。易言之，共同正犯之"共犯性"体现在其参与（因果贡献）的不完整性，其"正犯性"并非像单独正犯那样具有完整的行为形态，而是潜在于各参与者的"相互性行为归属"中。

这一见解较为准确且全面地揭示了共同正犯在存在意义上所具有的正犯性和共犯性，同时"相互性行为归属"也能够充分地解释共同正犯"部分实行，全部责任"的法理根据。尤为值得强调的是，该说超越因果性来把握意思联络，同时发挥其在形成整体性或共同性、判断正犯性方面的机能。从兼顾正犯性与共犯性的意义上讲，该说整合了共同意思主体说、机能的行为支配理论与前述共犯处罚根据论，具有强劲的理论解释能力。尽管如此，该说过分侧重于共同者间的主观意思疏通，有淡化客观行为间关联性之虞，这就导致其在结论上与共同意思主体说暧昧不清。高桥教授曾坦言，"在通过共谋进行相互的行为归属的场合，我认为可以说是共谋形成了共同意思主体"，他不赞同采取严格的犯罪共同说的意义上的共同意思主体说，但是认为应当肯定"集合体的行为的存在这一意义上的共同意思主体说"[①]。然而，以共同意思主体来把握共同正犯，仍然是求诸存在论层面的行为人的心理活动来进行归责，表面上披着归责评价的外衣，内里却是脱离规范的归因活动。因此，在肯定该说思考范式的前提下，也应当认识到其存在修正或者重述的必要性。

共同正犯是依据既定的规范标准进行的一种价值评价，实际上是在数行为人间进行责任的归属。本书初步认为，承认共同意思主体这一超个人的主体在规范上实属不必要，进行"相互性行为归属"除需要存在"共谋"外，还要求各参与者的行为在客观上"相互利用、相互补充"。共同正犯是全部参与者的行为作为一个整体充足构

---

① ［日］高桥则夫：《规范论和刑法解释论》，戴波、李世阳译，中国人民大学出版社 2011 年版，第 182—183 页。

成要件，正是"共谋"及参与者行为间的客观联系使得原本单一、偶然的行为成为"共同行为"这样一个整体。人只有作为一种行为的自由动机的承担者时，该行为才能被认为是他的德行，进而受到法则的约束，[①] 即是说，只有体现主体自由的行为才可以归责于行为人。"共谋"和"相互利用、相互补充"具有表达行为人任意地共同实现某一构成要件的意义，因为其背后所体现的是各参与者自由意志的任意结合，由这种结合塑造或者形成的是"共同行为"而非"共同意思主体"。由该"共同行为"实现的构成要件，就可以被评价为是所有共谋参与者的共同作品，每个人都应为行为整体及其引起的结果负责。简而言之，对共同正犯采用"部分实行，全部责任"的归责根据是各行为人的"共同行为"实现了构成要件。这种关于共同正犯处罚根据的理解，将会辐射到共同正犯的本质、正犯与共犯的区分及共同正犯的成立条件领域，具体将在后文述及。

二 共同正犯的本质

（一）关于共同正犯的本质的学说争议面相

围绕共同正犯的本质，历来存在犯罪共同说与行为共同说的对立，争议的漩涡是不同构成要件之间能否成立共同正犯。尽管关于犯罪共同说与行为共同说是否属于广义共犯所共通的问题，仍然存在争议，但笔者认为其仅在共同正犯中才有研讨的必要和意义。因为，如上文所述，共同正犯的处罚根据不同于教唆犯、帮助犯，其与狭义共犯间也遵循不同的责任归属原理。诚如张明楷教授所言，在认定狭义共犯时本来就不存在所谓的"有什么'共同'的问题"，只有"在共同正犯领域讨论什么'共同'，才是合适的"[②]。

[①] ［德］康德：《法的形而上学原理》，沈叔平译，商务印书馆2009年版，第32页。这里的"法则"指涉的是道德法则，不过如果责难的判断规定了这种行为的法律后果，就可以说是一种法规范的判断。

[②] 张明楷：《共犯的本质——"共同"的含义》，《政治与法律》2017年第4期。

犯罪共同说以数人间就特定"犯罪"为共同的指向，根据"共同"程度要求高低，可以区分为完全犯罪共同说、部分犯罪共同说。完全犯罪共同说严格要求共同犯罪是犯罪的共同，因此对各人试图实现不同的构成要件，一律否定成立共同正犯。由于完全犯罪共同说甚至在具有派生、加重减轻关系的犯罪间也排除成立共犯的可能性，今天在德国、日本学界已经没有人支持。不过，我国传统刑法理论仍然认为共同犯罪仅能够在两个以上达到刑事责任年龄、具有刑事责任能力的人或单位间成立，并且数行为人的故意内容不同时，不构成共同犯罪。[①] 但是，这会不当地缩小共同犯罪的成立范围，不利于周延地实现法益保护目的。例如，甲、乙分别出于杀人与伤害的故意谋议射击丙，丙身中一枪而死亡，但无法查明系甲、乙何人所射中。根据完全犯罪共同说，甲、乙主观故意内容不同，不构成共同犯罪，由于无法确认致死原因，只能认定甲成立故意杀人未遂、乙成立故意伤害罪，最终导致无人对死亡结果负责。

鉴于完全犯罪共同说存在不可克服的问题，理论界逐步发展出了部分犯罪共同说。部分犯罪共同说认为，如果数个犯罪的性质相同且构成要件之间存在重合的部分，那么就在相互重合的限度内成立共同正犯。部分犯罪共同说可以进一步区分为非缓和的部分犯罪共同说和缓和的部分犯罪共同说。前者认为不同犯罪的构成要件之间存在重合部分的话，可以成立重罪的共犯，只不过对于实施轻罪的行为人，科以轻罪之刑。据此，当甲以杀人故意、乙以伤害故意共同对丙施加暴力，并最终由甲的行为造成被害人死亡时，甲、乙二人就故意杀人罪成立共同犯罪，但对乙处故意伤害（致死）罪的刑罚。该说主要存在两个方面的问题：一是将既无实施重罪行为又无重罪故意的行为人认定成立重罪，结果责任色彩浓厚，有违罪刑法定原则；二是将定罪与科刑完全分离，成立重罪却适用轻罪之刑。

[①] 高铭暄、马克昌主编：《刑法学》，北京大学出版社、高等教育出版社 2017 年版，第 164—167 页。

缓和的部分犯罪共同说则主张，各行为人在轻罪的限度内成立共同正犯，对持重罪故意者，另外成立重罪之单独犯。也就是说，共犯的成立，不必拘泥于"同一犯罪"，在某种程度上认可了"数人数罪"。根据该说，在上段的案例中，甲、乙二人成立故意伤害致死罪的共同犯罪，甲另外成立故意杀人罪。部分犯罪共同说在日本也有不少学者支持，大谷实教授认为，"从重视构成要件论的立场出发"，部分犯罪共同说才是妥当的。① 大塚仁教授也持相同的看法。② 值得注意的是，在我国，近年来传统的共同犯罪理论呈现缓和化趋势，如认可在构成要件重合范围内成立共同犯罪，③ 有逐步向部分犯罪共同说靠拢的端倪。

与犯罪共同说不同，行为共同说不讨论数行为人就"何罪"成立共犯，该说认为，只要数行为人实施了共同的行为，即可成立共同犯罪。传统的行为共同说中所指涉的"行为"是自然行为，主要为牧野英一、宫本英修等主观主义学者所倡导，现在已经完全失去了影响力。现代意义上的行为共同说认为，共同犯罪的本质是各共犯者共同实施各自的犯罪。可见，所谓共同的"行为"是符合构成要件的行为，且可以是不同犯罪的实行行为。由于该说在共同犯罪的认定上不考虑责任要素，自然就会主张"共同犯罪是不法形态"④，甚至可以认为共同犯罪不过是犯罪实现的一种方法类型⑤。由于强调共同正犯是行为或因果的共同，所以就会将意思联络与心理因果关系对应、将共同实行与物理因果关系对应（在认识共同实

---

① ［日］大谷实：《刑法讲义总论》，黎宏译，中国人民大学出版社2008年版，第366页。不过，大谷实教授认为共犯关于什么"共同"的问题，同样地适用于共同正犯、狭义共犯。

② 大塚仁：《刑法概说 総論》，東京：有斐閣1992年版，第244页。

③ 赵秉志主编：《刑法总论》，中国人民大学出版社2016年版，第241页。尽管论者认可不同构成要件重合时可成立共犯，但尚不足以证明其采取了部分犯罪共同说。因为，论者仍然认为共同犯罪只能在具备相应刑事责任能力的主体间成立。

④ 张明楷：《刑法学》，法律出版社2016年版，第381页。

⑤ 佐伯千仞：《刑法讲义 総論》，東京：有斐閣1984年版，第248页。

行的事实的意义上,同时也具有心理因果关系)。① 这样的话,在判断各行为者是否"共同"引起法益侵害结果时,就完全是根据客观的因果法则进行判断。② 之所以将共同加功的意思作为心理的因果性来把握,完全是为了在存在论层面将因果关系论彻底地贯彻于共犯领域。总而言之,在行为共同说看来,构成要件该当事实的因果性奠定了共同正犯"部分实行,全部责任"的正当性根据,而与心理因果关系相对应的"意思联络"不限于犯罪故意的联络,只要就共同实施符合构成要件的行为具有一般意义的意思联络就足够了。事实上,如果将行为共同说"数人数罪"的观念贯彻到底的话,成立共同犯罪只需要各行为者具有共同实行的意思——知道自己在和他者共同行动,并不要求数行为人相互间存在意思联络。这也就是行为共同说承认片面共犯与过失共犯的理由之所在。

(二)部分犯罪共同说的提倡

伴随着部分犯罪共同说的有力化与自然行为共同说转向构成要件行为共同说,犯罪共同说与行为共同说之间的争议逐渐缓和,特别是在结论上已经大致趋同。即使如此,本书仍然倾向于支持部分犯罪共同说。

首先,行为共同说存在明显的不合理之处。

其一,彻底地以因果性来理解共同正犯,尤其是以因果性把握"共谋"(意思联络)的意义,忽视了共同犯罪在规范意义上的一体性以及犯罪参与者之间的人际关系。归因是事实的判断,归责是规范性的判断,不能将二者混为一谈。③ 实际上,意思疏通不仅具有因果性意义,其同时也有形成共同行为的基础之价值,即通过意思联络在主观层面表达与他人一起实现某个构成要件行为的意义。有学

---

① [日] 佐伯仁志:《刑法总论的思之道 乐之道》,于佳佳译,中国政法大学出版社2017年版,第311页。
② 张明楷:《共同过失与共同犯罪》,《吉林大学社会科学学报》2003年第2期。
③ 何庆仁:《共同犯罪归责基础的规范理解》,《中外法学》2020年第2期。

者精辟地指出，共同的犯罪决意将参与者的不同部分的犯罪连接起来，并使得其中任何一人都对他者的实施的部分犯罪承担责任。① 也正是在这个意义上，只有行为是基于当初的共谋而实施，才能够认定该行为属于"共同实行的意思"支配下的"共同行为"，进而将该行为造成的结果归责于行为人。② 简言之，只有处于"共谋射程"之内的结果才能够归责于行为人。这里需要说明的是，有力的见解认为，"共谋的射程"理论是以行为共同说为基础的，但本书认为二者之间并不必然存在这种硬性的绑定关系。共谋首要回答的问题是就什么进行共谋，理论上既可以认为共谋是就"行为"进行共谋，进而支持行为共同说，也有余地认为，共谋是就"犯罪"进行共谋而主张犯罪共同说，自然也可能承认就特定构成要件该当事实进行共谋而赞同部分犯罪共同说。

其二，行为共同说倾向于承认过失的共同犯罪，③ 与我国刑法明确否定过失共同犯罪的规定格格不入。例如，甲、乙相约共同打猎，发现灌木丛中有动静，二人以为有野猪，遂同时开枪射击，但打死的是砍柴的老者。经鉴定，只有一发子弹击中老者心脏致死，但无法确认该子弹系甲、乙何人所射。对于这种典型的过失共同犯罪案例，在无法确定各参与者的行为均与结果具有物理因果关系的前提下，行为共同说求诸一般意义的意思联络所形成的心理因果关系。即：只要能够肯定二人以上就共同实施构成要件行为具有一般意义的意思联络，他们各自的行为就形成一个整体，进而可以根据"部分实行，全部责任"的原理实现相互归责。然而，一方面根据我国《刑法》第 25 条第 2 款之规定，在解释论上几乎没有肯定共同过失

---

① ［德］冈特·施特拉滕韦特、洛塔尔·库伦：《刑法总论 犯罪论》，杨萌译，法律出版社 2006 年版，第 311 页。

② 王昭武：《论共谋的射程》，《中外法学》2013 年第 1 期。

③ 立足于行为共同说赞同过失共同犯罪的文献如：张明楷：《刑法学》，法律出版社 2016 年版，第 399—400 页；［日］前田雅英：《刑法总论讲义》，曾文科译，北京大学出版社 2017 年版，第 326—329 页。

犯罪的余地;[1] 另一方面，过失犯对构成要件的实现本就处于非有意识状态，很难说过失共同犯罪中各参与者存在共同实施构成要件行为的"意思联络"，说到底行为共同说所谓的"一般意义的意思联络"是与构成要件分离的，并不具有规范上的意义。现实生活中，尽管过失共同犯罪是客观存在的现象，但在规范上认可过失的共同犯罪，其旨趣不过是为了径自进行行为归属，消解本就不存在意思关联的个别行为与结果间因果关系证明问题的便宜之计，其出发点仍然是刑事政策的需要。这显然不符合正义原则，因为过失犯中的重要部分产生于无意识状态，也没有形成故意共同犯罪那样的一体性，在过失者间进行相互行为归属，甚至采取"部分实行，全部责任"，是不利于行为人的有罪推定的。况且，所谓过失共同犯罪只是存在单纯的因果性的共同而没有共谋，对于该"过失共同行为"及其造成的结果，根本就不可能承认是处于"共谋的射程"之内的共同行为和结果。

其三，行为共同说承认片面的共同正犯，[2] 虚置了"意思联络"要件。片面共同正犯中仅有一方知情，是介于共同正犯与同时犯的中间状态，各行为人间不存在意思疏通，自然难以形成所谓的"共同"，最多是因果性的偶然结合。诚如小野清一郎教授所言，认可片面的共同正犯"是对'共同正犯'概念的破坏"[3]。

其次，部分犯罪共同说不仅能够在结论上妥当地处理不同构成要件间的共犯问题，而且其理据也更令人信服。

第一，部分犯罪共同说摆脱了完全犯罪共同说之罪名从属性要

---

[1] 郑泽善：《论承继共犯》，《法治研究》2014 年第 5 期，第 16 页。

[2] 持行为共同说的学者也不全都承认片面的共同正犯，前田雅英教授就明确否定无意思联络的片面共同正犯属于《日本刑法典》第 60 条的共同正犯，但他认可片面的教唆与片面的帮助。参见［日］前田雅英《刑法总论讲义》，曾文科译，北京大学出版社 2017 年版，第 305、331、338 页。

[3] ［日］小野清一郎：《犯罪构成要件理论》，王泰译，中国人民公安大学出版社 1991 年版，第 95 页。

求，不至于过分限缩共同正犯的成立范围。需要澄清的是，部分犯罪共同说所要求的"构成要件之重合部分"并非犯罪共同说残留的罪名从属性（即罪名从属于实行担当者），而是旨在强调共同正犯的成立，应限于参与者就特定的构成要件该当事实存在意思联络。[①] 各行为人在"构成要件的重合部分"构成共同正犯，只是意味着可以通过"部分实行，全部责任"的功能来肯定结果归属。

第二，如前文所述，部分犯罪共同说能够较好地处理共同正犯的抽象事实错误问题，在结论上与行为共同说基本一致。同时，该说重视意思联络作为相互行为归属之基础的机能，也不至于如行为共同说那样单纯以因果关系为标准过度扩展结果归属范围。事实上，即使在单独正犯的场合，也并非只要有因果性就肯定客观归责。那么在不过是共同实现构成要件的共同正犯之场合，何以降低归责的标准呢？或许可以认为，行为共同说本就是将共同正犯置于单独正犯（包括间接正犯）的延长线上加以理解的，才导致舍弃意思联络在塑造"共同性"方面的价值，而完全以因果性统制共同正犯归责的路径。

第三，依照部分犯罪共同说，在数罪重合的限度内把握《刑法》第25条"共同故意犯罪"之规定，显得更加自然；而不必像行为共同说的支持者那样在"共同"与"故意"之间添加"去"，这种做法实际上是以解释之名行修正立法之实。

第四，部分犯罪共同说强调成立共同正犯须同时具备意思联络与共同实行，在一定限度内认可共同犯罪的整体性。在这个意义上说，其与共同意思主体说、机能的行为支配说和准用共犯处罚根据说具有整合性，即充分地体现了共同正犯所具有的正犯性和共犯性。要注意的是，共同意思主体认可的是超越个人的行为人整体，而部分犯罪共同说所承认的是行为整体，在这个意义上说，

[①] ［日］桥爪隆：《共谋的意义》，王昭武译，《苏州大学学报》（法学版）2016年第3期。

部分犯罪共同说超越了共同意思主体说的局限性而与责任主义相契合。

第五，行为共同说的支持者以部分犯罪共同说认可结果加重犯的共同正犯为由，诟病部分犯罪共同说是为了得出妥当结论而对犯罪共同说的修正，在逻辑上无法自洽。[①] 结果加重犯并不要求行为人对加重结果具有故意，但也不能说认可结果加重犯的共同正犯，就必然要承认过失的共同正犯。结果加重犯与过失犯的构造不同，加重结果是由故意的基本犯的构成行为引起的，因此，只要二人以上就基本犯成立共同正犯，就可以认为加重结果是"共同行为"所引起的，基于此加重结果当然应归属于各参与者。

最后，部分犯罪共同说能够对过失共同犯罪现象作出符合正义原则和法规范的处理结论。在否定过失共同犯罪的前提下，根据部分犯罪共同说，如果能够确定造成法益侵害结果的行为人，由该行为人承担过失犯的罪责；如果不能确定行为人的，则应遵循疑罪从无原则，对全体行为人作无罪处理，但需要承担民法上的连带赔偿责任。只有这样处理，才能够与民法中的共同危险行为制度相协调，维系法秩序的统一。[②]

三 正犯与帮助犯的界分

在单一正犯体系下，凡是与法益侵害具有因果关系者皆为正犯，故不存在区分正犯与共犯的课题。但区分制不仅为刑法学界主流声音认同，更为多数国家和地区之立法采纳。在区分制下，围绕如何区分正犯与狭义共犯，从来都学说林立、莫衷一是，也是共犯理论中的难点之一。

[①] 姚培培：《共犯本质论重述 行为共同说的本土化证成》，《中外法学》2022年第6期。

[②] 段琦、黎宏：《过失共同正犯不必提倡》，《人民检察》2014年第7期。

(一) 主观说

主观说以因果关系中的条件说为基础,认为一切行为之于结果发生的价值都是等同的,因而不可能依据因果关系区别正犯与共犯,而主张求之于行为人的意思、目的等主观。主观说内部,有一种观点以行为人是基于正犯意思还是共犯意思而实施行为来区分正犯与狭义的共犯,可谓意思说;另一种观点以行为人的目的来区分正犯与狭义共犯,即为自己利益实行犯罪者系正犯,为他人利益实行犯罪者为共犯,可谓利益说。意思说首先确定正犯意思或共犯意思,再据此区分正犯与共犯,显然有结论先行、循环论证的嫌疑,而且不具有可操作性,是"方法上根本错误的一个选择"[1];利益说一方面完全排除了为他人利益而支配构成要件实现者成为正犯的可能,另一方面混淆了定罪与量刑问题,"将正犯与共犯的区分完全委托给法官,也会影响法的安定性"[2]。事实上,行为人的内心态度也不可能独立地决定行为是否该当构成要件的实行行为。此外,若单纯考虑主观因素,可能产生只依据参与人应受的处罚来确定正犯与共犯的危险。[3] 总而言之,在正犯与共犯的区分上,主观说的理据不够充分,也可能造成不当的评价结论。

(二) 形式的客观说

随着构成要件理论的兴起与普及,形式的客观说逐渐变得有力,并一度成为区分正犯与共犯的通说。形式的客观说认为,直接实施符合构成要件的实行行为者是正犯,以此之外的形式参与犯罪者为共犯。形式的客观说以限制的正犯概念为基础,[4] 从而可以较好地维护构成要件的罪刑法定机能。但是,一方面,形式的客观说难以确定何种行为是符合基本构成要件的正犯行为,何种

---

[1] 黄荣坚:《基础刑法学》,中国人民大学出版社 2009 年版,第 514 页。

[2] 黎宏:《日本刑法精义》,法律出版社 2008 年版,第 254 页。

[3] [德] 冈特·施特拉滕韦特、洛塔尔·库伦:《刑法总论 犯罪论》,杨萌译,法律出版社 2006 年版,第 288—289 页。

[4] 小岛秀夫:《正犯者概念と帮助构成要件》,《法学研究论集》29 号 (2008 年)。

行为系符合修正构成要件的狭义共犯行为，[1] 譬如在隔地犯的场合，邮寄毒药的行为与冲服的行为哪一个属于"杀人"行为，形式的客观说难以给出明确的判断标准；与此同时，该说也排除了共谋共同正犯之正犯性，进而造成帮助犯与共谋共同正犯的区分困难；[2] 再者，该说很难妥当地解决间接正犯的评价与处罚问题。鉴于此，部分形式客观说的支持者转向实质的客观说或行为支配说，但也有学者在坚持形式客观说的同时，提出了破解上述难题的方案。在德国，有学者提出"通过对符合构成要件的举止进行实质定义，进而也借助形式客观正犯论得出合理结论"，简而言之，就是"将以受害人或第三人为中介的、导致利益损害的举止方式理解为符合构成要件的实行行为"[3]。不过，这种修正毕竟是将居于幕后而没有现实地实施构成要件行为的人评价为正犯，实质化的意蕴已经非常浓厚。在我国，对形式客观说主要存在四个方向上的调整或新的理解。①有学者认为，在我国，形式的客观说是更好的选择，但需要进行纠偏，即在形式客观说的前提下，仍然将共同正犯界定为实施符合构成要件的实行行为的人，只不过要对构成要件进行实质性的理解。[4] 但是，对构成要件作实质性认识的内涵，论者语焉不详。此外，与对构成要件进行实质性理解相伴发生的是犯罪论的实质化，[5] 如此一来，能否继续谓之"形式的客观说"便成为问题。②也有学者立足于我国刑法的规定，从正犯、共犯的定罪机能与主犯、从犯的量刑机能的分离来坚持形式的客观说。[6] ③还有

---

[1] 张明楷：《刑法学》，法律出版社 2016 年版，第 392 页。

[2] 周光权：《行为无价值论与犯罪事实支配说》，《法学》2015 年第 4 期。

[3] ［德］弗洛因德：《刑法总论》，转引自蔡桂生《构成要件论》，中国人民大学出版社 2015 年版，第 381 页。

[4] 吴飞飞：《纯正身份犯的共同正犯论》，载赵秉志主编《刑法论丛》（第 24 卷），法律出版社 2010 年版，第 126—128 页。

[5] 刘艳红：《实质的犯罪论体系之提倡》，《政法论坛》2010 年第 4 期。

[6] 陈家林：《共同正犯研究》，武汉大学出版社 2004 年版，第 25 页。

学者在提倡"双层区分制"的前提下，认为"正犯与共犯的区分宜坚持以构成要件行为为轴心的实行行为说"，据此将正犯界定为实施了具有实现特定个罪的基本构成要件行为的现实危险的犯罪类型。① 不过，规范的实行行为说与实质的客观说之间的界限十分暧昧，甚至可以认为终将走向实质化。④有学者在赞同"双层区分制"的基础上，与学说②类似，主张坚持形式的客观说，但认为对间接正犯应比照从犯从轻或减轻处罚。② 可见，第①、③种学说已经不能称为"形式"的区分标准，它们与实质的客观说之间只隔着一层薄薄的窗户纸。值得肯定的是，上述四种观点充分意识到了我国刑法规定的特殊性，体现了我国刑法学研究的"自主性"，启发性很强。但是后三种见解与我国共犯体系之认识密切相关，基于体系的考虑，笔者将在本书第五章第一节就此展开论述。有鉴于上述问题点，本书不赞成形式的客观说。

（三）实质的客观说

如已述及，由于形式的客观说存在不能合理评价幕后正犯行为、实现罪刑均衡的弊病，关于正犯与共犯区分的理论逐渐走向实质化。实质的客观说内部对"实质"的认识，大体存在必要性说、同时性说、优越性说、危险程度说及重要作用说，少部分学者也将行为支配理论归入实质的客观说。与主观说以因果关系的条件说为基础相对，"必要说"以原因说为基础，认为某行为对结果的发生构成不可或缺的原因时，其实施者就是正犯，在具体认定时采取"若无该行为，就无该结果"的公式。但是，由于原因与条件本就难以区分③，何谓"必要"自然不可能有明确的判断标准。因此，随着原因说的褪去，必要说也几乎不再有人支持。"同

---

① 钱叶六：《共犯论的基础及其展开》，中国政法大学出版社2014年版，第35页；钱叶六：《双层区分制下正犯与共犯的区分》，《法学研究》2012年第1期。

② 张伟：《我国犯罪参与体系下正犯概念不宜实质化——基于中、日、德刑法的比较研究》，《中国刑事法杂志》2013年第10期。

③ 佐久間修：《刑法総論》，東京：成文堂2009年版，第345页。

时性说"以参与实施犯罪的时间为标准,认为在犯罪行为实行之际共同发挥作用者就是正犯,在此之外的即为共犯。该说的价值在于吸收了形式的客观说与必要性说,较之于形式的客观说,重视"共同实行"与协作式的共动,因而正犯的范围要相对宽泛,同时也能从必要性角度排除"为犯罪做准备"行为的正犯性。[①] 但是,该说流于"同时性"之形式化弊端,可能将并进型帮助犯也认定为正犯,且难以区分非同时性的间接正犯与共犯。"优势说"认为共同正犯与帮助犯的区分标准是流动的,应当"从具体情况出发",正犯对犯罪事实具有优势关系,而共犯所加功的是局限且附属的部分。不过,如何判断"优势"与"对等"或"附属部分"并不明确,非但不能解决问题,反而引出了新的问题。[②] "危险性程度说"主张在维系形式的客观说的基础上,从实质的角度考虑行为对法益侵害的危险性程度,正犯者的危险程度高于共犯者。该说带有较为明显的折中意味,不过对危险性程度的判断,欠缺可操作的标准。因而,在个案中可能流于恣意,模糊正犯与共犯的界限。上述学说对共同正犯与共犯界限之实质根据做了积极的探索,尤其是"危险性程度说"在导入法益侵害概念并兼顾构成要件的保障机能的方向上,值得给予肯定。

现在,实质的客观说中具有更强影响力的是重要作用说与行为支配理论。[③] 重要作用说的基本观点是,从实质上考察,对结果的发生起重要作用的行为就是正犯;反之则为共犯。该说首先批判形式客观说在强调构成要件具有的定型性的同时,又扩张构成要件,是

[①] 刘斯凡:《共犯界限论》,中国人民公安大学出版社2011年版,第70—71页。
[②] 柯耀程:《变动中的刑法思想》,中国政法大学出版社2003年版,第161页。
[③] 理论上关于行为支配理论是否属于实质的客观说存在分歧,严格来讲,行为支配理论在很大程度上考虑了故意,所以不属于绝对的客观说。鉴于现在的行为支配理论更加重视客观要素而且在正犯判断原理上与实质客观说多有类似,本书勉强将其与实质的客观说一并论述。

自相矛盾的，且使得构成要件的定型性丧失了意义。① 在日本，该说得到了平野龙一教授的赞成。他认为，正犯系其行为对犯罪的完成"在实质上起到必要的或者重要的作用"②。在我国，张明楷教授、刘艳红教授等人支持该说。如刘艳红教授认为，在实质刑法观下，应以各参与者对犯罪的完成所起的作用来界别正犯与共犯。③ 对此，赞同形式客观说的学者批判道："重要与否没有明确的标准，可能会陷入恣意的判断。"④ 相较而言，重要作用说确实没有提出简单明快的界分标准，不过这是刑法学由存在论走向规范论的必然，不能简单地以不明确为由批判重要作用说。因为，形式客观说所谓的构成要件行为本身也不见得轮廓清晰。

行为支配说有一个发展演变的过程，首先以行为支配概念界定正犯的学者是德国人布伦斯，此后，韦伯等学者从主观方面阐明犯罪支配概念并依此区分正犯与共犯。但真正使犯罪支配这个概念引起注意，还要追溯至 1939 年韦尔策尔在其所撰写的《刑法体系之研究》一文中，将犯罪支配与行为理论联结起来，提出所谓的"目的正犯"的概念。在韦尔策尔之后，毛拉赫与加拉斯依从韦尔策尔的目的行为支配理论，对该概念作了进一步的发展。总体来看，行为支配说经历了从重视主观要素到重视客观要素的进化历程。⑤ 当下，罗克辛教授所提倡的重视客观要素的多元的行为支配理论在德国居于通说地位。罗克辛教授认为正犯是"行为事实的核心人物"或"犯罪过程的关键人物"，犯罪支配概念就是用来描述正犯的条件。不过，他认为，犯罪支配是一个开放性的概念，只能描述、无法定

---

① 张明楷：《外国刑法纲要》，清华大学出版社 2007 年版，第 302 页。
② 平野龍一：《刑法概说》，東京：東京大学出版会 1977 年版，第 120 页。
③ 刘艳红：《实质刑法的体系化思考》，《法学评论》2014 年第 4 期。
④ 浅田和茂：《刑法総論》，東京：成文堂 2007 年版，第 405 页。
⑤ 小島秀夫：《共同正犯と幇助犯の区別基準——故意の再評価》，《法学研究論集》33 号（2010 年）。

义，其内涵的确定只能借助各种实现构成要件的样态。[1] 在此基础上，罗克辛教授分别以行为支配、意思支配和机能的行为支配说明单独正犯、间接正犯与共同正犯的正犯性。但是，同时认为，亲手犯与义务犯可以适用更加明确的标准进行判断，因而对二者应排除行为支配的适用。简而言之，单独正犯是通过亲自实施符合构成要件的行为来实现控制，即行为支配；间接正犯是通过将他人工具化，而间接地控制犯罪过程以实现构成行为，即意思支配，这种支配存在三种典型的形式：①凭借强制的意思支配，②凭借认识错误的意思支配，③凭借有组织的国家机关的意思支配；共同正犯则是通过分工实施来实现行为构成的，共同正犯者的行为支配产生于其实施中的功能。[2] 前文已经详细介绍了共同正犯机能行为支配的观点，在此不再赘述。在机能的行为支配说看来，是否对犯罪过程具有支配性是区分共同正犯与狭义共犯的基准，而所谓支配性指的是各行为人对构成要件事实发挥了"本质性共动"的作用。"行为支配"是一个描述的、开放的概念，在这个意义上讲，其不过是认定正犯的指导原理而非正犯的成立要件。根据行为支配理论，将犯罪过程作为一个整体进行支配、统制的人，就属于广义的正犯，[3] 即共同正犯只是正犯的一种，不具有共犯性。

值得注意的是，部分学者认为，行为支配说与重要作用说的基本观点具有一致性，进而在区分正犯与共犯时，将两种学说等而视之。例如，张明楷教授认为，重要作用说与犯罪事实支配说没有明显的区别。[4] 无独有偶，松原芳博教授也认为，行为支配可以理解为"通过对犯罪的实现发挥重要的因果作用，或者通过心理上相互约

---

[1] 许玉秀：《当代刑法思潮》，中国民主法制出版社2005年版，第580页。

[2] ［德］克劳斯·罗克辛：《德国刑法学总论》（第2卷），王世洲等译，法律出版社2013年版，第18—59页。

[3] ［日］松原芳博：《刑法总论重要问题》，王昭武译，中国政法大学出版社2014年版，第284页。

[4] 张明楷：《刑法学》，法律出版社2016年版，第392页。

束，而支配着整个犯罪过程"①。质言之，共同正犯乃对犯罪实现过程具有重要作用或支配作用的人。的确，若将视野局限于共同正犯与共犯区别的课题上，行为支配说与重要作用说的基本意旨是一致的，二者都具有相当的说服力。但从共犯论整体之高度鸟瞰，行为支配说是在单独正犯的延长线上理解共同正犯，基本上否认了共同正犯的"共犯性"；与之不同，重要作用说具有包容共同正犯之共犯性的余地，即认为共同正犯兼具共犯性与正犯性，重要作用的功能是为正犯性奠定基础。"重要作用"完全可以理解为是在肯定共同犯罪作为一个行为整体充足构成要件的基础上，根据贡献份额对各参与者进行的内部划分。由此可以断言，这两种学说之间不过是具有表象上的共同性。当然，行为支配说在正犯性的判断上对重要作用说具有借鉴价值，在这个意义上，"行为支配"是正犯性背后的"指导观念"。

德国、日本刑法中的正犯概念同时承担了定罪与量刑的使命，在坚持限制的正犯概念的前提下，正犯与共犯的区分走向实质化几乎是一种宿命。唯有如此，才能在尽可能维系限制正犯概念罪刑法定机能的同时，对在犯罪过程中居于核心地位的参与者实现妥当的处罚。在我国，通说认为，刑法采用了分工、作用相结合的共犯者分类方式，②在正犯之外尚存在主犯概念，二者分别承担定罪与量刑的功能。那么，我国的正犯概念是否有必要走向实质化、正犯与共犯的区分是否应采取实质的客观说？本书初步认为，正犯概念还应具有评价机能和正犯违法性提示机能，所以实质化的方向值得肯定，但关于实质化的程度之确定，则不得不兼顾我国共犯体系。基于结构的考虑，在此不得不忍痛割爱暂时放弃阐述，笔者将在本书第五章就此展开具体论述。

---

① ［日］松原芳博：《刑法总论重要问题》，王昭武译，中国政法大学出版社 2014 年版，第 284 页。

② 陈兴良：《共同犯罪论》，中国人民大学出版社 2017 年版，第 167 页；高铭暄、马克昌主编：《刑法学》，北京大学出版社、高等教育出版社 2017 年版，第 172—173 页。

四 共同正犯的成立条件

(一) 共同正犯成立条件的学说争议之检视

共同正犯的成立要件因对共同正犯的处罚根据、共同正犯的本质及正犯与共犯区分的不同认识而有所差异。例如，根据行为共同说，共同正犯是数人共同实行各自的犯罪，因此意思联络不需要达到共同犯罪的程度，停留在共同行为决意即为已足；相反，在犯罪共同说下则要求共同正犯者就共同犯罪进行明示或默示的联络，甚至要求各参与者具备相同的犯罪故意。再如，重视意思联络的学说一般会否定片面共同正犯，而偏重因果性的学说，则倾向于肯定片面的共同正犯。综观德国、日本关于共同正犯成立要件的说法，主要存在以下几种：

根据第一种见解，成立共同正犯需①两个以上的行为人，经意思联络而形成整体②共同实行了③同一个特定的犯罪。这种观点以完全犯罪共同说为根据，将共同正犯限制在故意犯罪之中，并且只能就同一犯罪而成立。日本的泷川幸辰教授[①]等学者认同该说。

第二种观点认为，实行共同正犯的成立条件包括：①两个以上的人具有共同实行的意思，并②共同实施实行行为。其中，共同实行意思是指"各个行为人分担实行行为，相互利用、补充他人的行为，以实现构成要件的意思"，这种意思需双方都具有（否定片面的共同正犯），但不限于故意犯中。共同实施实行行为则是指各行为人"互相利用、补充他人的实行行为，以实施犯罪"，这里的实行行为可以是不同的构成要件，但需要具有重合性。[②] 这种观点主要得到了部分犯罪共同说学者的赞同，并且在日本的实务中具有极为广泛的市场。

第三种观点认为，共同正犯的成立需同时具备①共同加功（实

[①] ［日］泷川幸辰：《犯罪论序说》，王泰译，法律出版社2005年版，第148页。

[②] ［日］大谷实：《刑法讲义总论》，黎宏译，中国人民大学出版社2008年版，第373—375页。

行)的意思,与②共同加功的事实。但是,多数学者认为,"共同加功的意思"不必限于数人间相互沟通(对此,该说内部尚有争议,前田雅英教授等认为意思联络是必要的),片面的了解亦可成立共同正犯,同时,过失犯中也可能成立共同正犯。关于"共同加功的事实",部分学者认为各行为人须至少分担实行行为的一部分;①部分学者则主张实行行为的分担没有必要,只要能够评价为"共同惹起"即可②。行为共同说在违法论层面把握共犯问题,以因果性之共同作为结果归属之依据,因而此种关于共同正犯成立条件的学说为行为共同说的拥趸所支持。

根据第四种见解,共同正犯的成立条件为:①共同的行为计划,即数行为人间存在意志的一致,并在此基础上形成分工以分配各人在整个事件中的功能,因此"单方面的共同"不足以形成共同计划;②共同的实施行为,即在实施阶段分工的共同作用;且③行为在实施阶段对犯罪的实现做出实质性的贡献。③ 这里所谓的"实质性的贡献"与第三种观点中的"共同惹起"具有相近的内涵,大体可以"重要的事实作用"为基准进行判断。这种见解以行为支配说为基础,在德国学界居于通说地位。

通过比较上述四种见解,可以发现,尽管普遍认为成立共同正犯一般需具备:①共同实行的意思与②共同实行的事实,但理论界对该二要件的内涵却存在不同的认识。关于共同实行的意思,相关争议主要集中在是否需要相互的意思联络,以及其形式应为客观谋议还是主观谋议,另外,意思联络能否存在于过失犯中也受到关注,与之相关的问题是,能否认可片面的共同正犯与过失的共同正犯。围绕着共同实行的争议,主要集中于是否必须要求行为人分担一部

---

① 平野龍一:《刑法概説》,東京:東京大学出版会1977年版,第119页。
② [日]山口厚:《刑法总论》,付立庆译,中国人民大学出版社2018年版,第338—339页。
③ [德]克劳斯·罗克辛:《德国刑法学总论》(第2卷),王世洲等译,法律出版社2013年版,第59—68页。

分的实行行为，与之关联的问题是能否认可共谋的共同正犯。

追根溯源地考察，上述问题与对共同正犯的处罚根据、共同正犯的本质以及正犯与共犯区分的理解是相互关联、相互贯通的。通常来讲，"由于共同意思主体说、犯罪共同说在相互了解（故意的共同）的意义上理解'共同实行'的意思，因而反对片面的共同正犯；相反，行为共同说认为，即使是片面的共同实行意思，也可以肯定共同正犯的成立"①。不过，也不能绝对地做这种图示化的对应。譬如前田雅英教授与木村光江教授均赞同行为共同说，但却否定片面的共同正犯；② 犯罪共同说通常否定过失的共同正犯，但也有学者基于"违反共同的注意义务"而肯定过失的共同正犯。大塚仁教授指出"在由各人违反其共同的注意义务的共同行为发生了犯罪性结果时，就可以认为由该过失犯的共同实行惹起了该过失犯的构成要件性结果，就存在作为过失犯的共同正犯的构成要件性过失"，这里的"共同的注意义务"指的是"只由各个共同行为人单独遵守是不够的，还必须要求其他共同行为人也遵守"③。在我国，也有少数犯罪共同说论者尝试在解释论上肯定过失的共同正犯。诚如前文所表明的，笔者站在部分犯罪共同说的立场，否定片面的共同正犯与过失的共同正犯。一方面，在这两类所谓的共同正犯的场合，由于没有交互的意思疏通，很难说存在什么"共同"；另一方面，我国刑法没有为承认片面的共同正犯与过失的共同正犯留有余地。若按照行为共同说单纯地在（心理与物理）因果性的意义上理解"共同实行的意思"与"共同实行"，肯定因果关系即认可责任，那么共同正犯的归责甚至可以放弃"部分实行"的要求。事实上，需要追问的是，仅以因果层面的行为共同是否足以将各共同者的行为评价

---

① 浅田和茂：《刑法総論》，東京：成文堂2007年版，第414页。
② [日] 前田雅英：《刑法总论讲义》，曾文科译，北京大学出版社2017年版，第305页；木村光江：《刑法》，東京：东京大学出版会2010年版，第170页。
③ [日] 大塚仁：《犯罪论的基本问题》，冯军译，中国政法大学出版社1993年版，第260页。

为"共同实行"？这在实质上关乎行为（因果层面）的共同性，是否足以取代意思联络的功能。为此，有必要明确意思联络的内容、形式及其机能。

在日本，通常以"二人以上共同加功犯罪事实，相互利用、相互补充"来理解"共同实行的事实"，不过何谓互相利用和补充他者的行为，有不同的理解。形式的正犯概念论（对应于形式的客观说）主张各共同者必须分担构成要件行为的一部分，实质的正犯概念论（对应于实质的客观说）认为，实行行为的分担并非共同正犯的必备要件。前一种理解否定共谋的共同正犯，后一种理解则认可共谋的共同正犯。① 据此，共同正犯处罚根据论中的共同意思主体说、实质的客观说及行为支配说都可能支持共谋的共同正犯。本书认为，正犯概念实质化的方向是值得肯定的，因而所谓"共同实行的事实"无须限定为"分担实行行为"，只要能够从规范上评价为"共同实行"即可。在德国，由于实务中关于正犯与共犯的区分采取主观说，因此对于共谋共同正犯的现象，往往经由正犯后的正犯理论来扩张间接正犯的范围，将之作为正犯进行处罚；理论上，在行为支配说或实质的客观说下，对仅制订、组织犯罪计划但未在现场共同实行者，也具有肯定其成立共同正犯的余地。② 需要强调的是，德国、日本刑法均将共同正犯规定为"共同实行犯罪（行为）者"，且正犯与从犯概念兼备定罪与量刑功能。毫无疑问，在德日立法模式下，既有余地也有必要对正犯进行实质化的考量，所以肯定非实行的正犯具有合理性。不过，共谋共同正犯概念必要与否、正犯概念实质化的程度需结合各国共犯体系作慎重考量。原因是，肯定共谋共同正犯可能弱化构成

---

① 高桥则夫：《正犯・共犯類型と共謀共同正犯の規範論的基礎づけ》，《早稻田法学》78卷3号（2003年）。

② ［德］乌尔斯・金德霍伊泽尔：《刑法总论教科书》，蔡桂生译，北京大学出版社2015年版，第401页。

要件的罪刑法定机能，模糊正犯和共犯的界限。① 可以明确的是，成立共同正犯只需要在规范上能够评价为"共同实行"即可，但也不得不承认如何作出这样的评价并非不言自明。

(二) 部分犯罪共同说辐射下的共同正犯成立条件

1. 意思联络的含义

关于意思联络的内容，基于部分犯罪共同说的立场，各行为人需要就实施特定的构成要件该当事实存在意思联络。如前文所指出的，这并不意味着共同正犯遵循罪名从属性原则。实际上，对于故意犯罪，行为人必须对符合构成要件的客观违法事实存在认识，这一点对于单独正犯与共同正犯概莫能外。因为故意是以符合构成要件的违法事项作为意思内容的，② 不管是单独犯还是共同犯罪的场合，只有处罚有责的不法行为才能达到特殊预防和一般预防的效果。二者在主观方面的区别在于，单独正犯的场合行为人需要认识到其本人该当构成要件的违法事实，共同正犯中的各参与者不仅要认识到自己的违法行为与结果，还需要认识到他者的违法行为和结果，而且还要意识到自己是与他者共同实施不法事实。即，共同正犯的各参与者"在主观上都必须意识到自己是与他人共同实现构成要件结果（当然不需要故意的内容完全一致，只要具有重合且刑法就重合部分设置了独立的构成要件即可），只有这样才能将他人之行为与结果归咎于自己，反之亦然"③。共同正犯的这种交互式的意思联络内容，具有使各参与者的片段行为形成一个行为整体的机能，构成了"相互利用、相互补充"的主观方面。

关于意思联络的形式，历来有客观的谋议说与主观的谋议说之间的对立。日本最高裁判所在练马场事件的判决中提出："成立共谋

---

① 张开骏：《共谋共同正犯理论的反思》，《中国法学》2018 年第 6 期；方军：《共谋共同正犯否定论》，《政治与法律》2015 年第 5 期。

② ［日］井田良：《刑法总论的理论构造》，秦一禾译，中国政法大学出版社 2021 年版，第 53 页。

③ 胡东飞：《过失共同正犯否定论》，《当代法学》2016 年第 1 期。

共同正犯，必须能够认定二人以上为了实施特定犯罪，进行了在共同意思主体之下结合为一体，相互利用他者的行为，将各自的意思付诸实施这种内容的谋议。"① 日本学界普遍认为，这一判示表明仅有内心意思的一致，尚不足以认定成立共谋共同正犯，还必须存在客观的谋议行为。不过，在司法实务中，认为客观谋议行为不必要而只要求各行为人就实施犯罪存在主观合意的见解，处于通说地位。② 此后，最高裁判所在保镖事件判决中认可了主观谋议说。该判决基于"被告人虽未直接命令保镖携带枪支，但其确切知道保镖为保护其安全而自发携带枪支，并对此理所当然的接受，保镖也知道被告的这种态度"的理由，认可被告人与保镖之间存在默示的意思联络，进而认定被告人成立共谋共同正犯。③ 我国的理论通说认为，意思联络是指各参与者不仅认识到自己的犯罪行为，也相互认识到是与他人共同实行犯罪；④ 在司法实践中，主流观点普遍认为参与者间的意思沟通可以采用明示或默示的方式实现⑤。本书认为，行为人通过主观的意思联络足以认识到此后所实施的行为的意义并预见到该行为的结果，进而奠定"相互归属"的基础，但是在共谋共同正犯中应要求参与者有客观外显的谋议行为。因此，主观谋议说是合理的。不过，这并非对共谋共同正犯与实行共同正犯规定了不同的成立条件，只不过在共谋共同正犯的场合，由于缺乏判断参与的重要性的资料，就有必要以谋议行为这种事实来认定是否满足共同正犯的成立要件。

---

① "最大判昭和33年（1958年）5月28日判决"，《大审院刑事判例集》12卷8号，第1718页。

② 小林充：《共同正犯と狭義の共犯の区別》，《法曹时报》8号（1999年）。

③ "最决平成15年（2003年）5月1日判决"，《最高裁刑事判例集》57卷5号，第507页。

④ 高铭暄、马克昌主编：《刑法学》，北京大学出版社、高等教育出版社2022年版，第167—168页。

⑤ 最高人民法院刑事审判一至五庭编：《刑事审判参考》（总第77集），法律出版社2011年版，第46页。

行为人在对自己的违法行为存有故意之外，基于共谋而客观上参与到对方的犯罪当中，就形成了所谓的"共同"正犯，只有该共同行为及其造成的结果才能够归属于各参与者。正如普珀教授所强调，一旦放弃共同犯罪计划，在各参与者间就找不到规范上正当且无法任意操作的共同性。① 可见，意思联络具有为"行为相互性归属"奠定基础的机能，"只有通过共谋的存在，才能将个别行为与整体的事象相结合"②。

2. 共同实行的内容

在部分犯罪共同说看来，共同实行的不必是完全一致的犯罪，但也不是各自实施毫不相关的行为，而是指共同实施具有交集的特定构成要件事实。这里强调"构成要件的重合"，并不是认为各行为者在真正意义上成立该犯罪，其旨趣不过是在该限度内，通过"部分实行，全部责任"的原理来肯定结果的归属。例如，甲、乙二人分别出于杀人与伤害故意，共谋向 X 开枪射击，最终由乙射杀或者由谁的子弹射中无法查明时，可以肯定甲、乙在伤害致死限度内成立共同正犯，并将死亡结果归属于甲、乙。因此，甲成立故意杀人罪既遂，乙成立故意伤害（致人死亡）罪。

共同正犯不同于单独正犯之处，在于其构成要件行为事实的实现，是分由数人采取分工方式共同致力完成，这种分工关系必须在"共同性"范围之内，分工形式包括：①数人分工行为都是构成要件行为；②部分人实施构成要件行为，部分人实施非构成要件行为。③ 因此，在"共同实行"要件的判断中，需要明确"共同性"与"实行性"。可以肯定的是，"实行性"不限于形式上分担构成要

---

① ［德］普珀：《反思过失共同正犯》，王鹏翔译，《东吴法律学报》2006 年第 3 期。

② ［日］高桥则夫：《刑法总论》，李世阳译，中国政法大学出版社 2020 年版，第 395 页。

③ 柯耀晨：《共同正犯形成之判断——兼评刑法修正后之适用与释字第 109 号之重新诠释》，《东海大学法学研究》2006 年第 2 期。

件行为，根据实质的正犯概念，行为人在实质上对构成要件的实现施加了重要的影响，也应当肯定"实行性"。但是，仅凭"重要的影响"尚不足够，唯有当构成要件足以评价为是由各行为者"共同"实行时——具有"共同性"，才能认定成立共同正犯。因为，按照"重要的影响"这种单一标准，往往无法排除在犯罪决意形成阶段作出重要因果贡献的教唆犯具有正犯性。而所谓的"共同性"意指行为结合为密切联系的有机整体，这当然离不开行为人间的意思联络，此外还需要各参与者之间客观上"相互利用、相互补充"对方的行为。毫无疑问，在各行为者实质地分担了实行行为或者在预备阶段相互协商而由部分参与者直接实施犯罪的场合，都可以肯定具有"相互利用、相互补充"性。问题在于，当幕后者充当指挥角色，甚至实行担当者的自由判断受到幕后者限制时，能否肯定"共同性"。本书认为，当幕后者对实行担当者的约束达到"将他人作为工具"的程度时，二者间应按照间接正犯来处理；除此之外的情形中，都可以认为幕后者积极地、深度地参与了犯罪，便可以肯定他们之间的行为具备一体性、共同性。例如，犯罪组织的首要分子制订了详细的犯罪计划，或者对实行担当者提出具体指示的，一般就可以肯定成立共谋共同正犯。

  以上对德国、日本刑法理论中共同正犯成立条件的不同观点进行了概观，并肯定了正犯实质化的发展方向。但是，共同正犯的成立要件不仅是个理论应然的问题，其与各国共同犯罪的立法规定，特别是犯罪参与体系具有紧密的关联性，因而更是一个实定法上的问题。尤其是考虑到我国刑法并未直接使用正犯概念，而代之以主犯、从犯（胁从犯）和教唆犯等为结点建构起兼顾分工与作用的共犯分类体系。在此之下，能否认可正犯及其与主犯概念的协调等问题，不得不展开专门的论述。关于这一方面的内容，本书拟在第五章进行集中讨论，并借以解开我国共犯语境中承继共同正犯的归责难题。

  至此，有关共同正犯的基本理论已经大体评述完毕。本书的主旨并非研讨共犯的一般性理论，所以，接下来将以前述内容为基础，介绍并评析德国、日本及我国承继共同正犯理论的具体状况及其演进。

第二节　承继共同正犯的传统学说及其面临的挑战

历来，围绕后行为人是否就参与前的事实承担责任，理论界存在肯定论与否定论的对立。起先，犯罪共同说全面地肯定承继的共同正犯，因为数人一罪，所以先、后行为人加功于同一犯罪，后行为者对全体犯罪事实成立共同正犯是自然的理论归结；而行为共同说则彻底地否定承继的共同正犯，因为数人数罪，后行为仅就其参与之后的行为负责。[①] 时至今日，已经不能做这种简单的图示化对应，持犯罪共同说的学者并非一律认可"承继"，持行为共同说的学者也可能肯定"承继"。承继的共同正犯俨然成为共犯理论中最为混乱的领域，从相同或类似理论立场完全可能演绎出截然不同的结论，实务与学说上的理解也相差甚谬。

一　传统肯定论之评析

全面肯定后行为人就包含先前事实在内的全体犯罪承担共同正犯责任的论调曾经非常有力，一度居于日本、我国的通说地位。依照其理据，传统的全面肯定说又有不同的分支。

第一种传统的全面肯定说以"单纯一罪的不可分割性"为根据，认为在对共同犯罪现象进行评价时，不能对构成要件上的一罪随意进行分割，即使只参与该犯罪的一部分也应就全体承担责任。小野清一郎教授是这种观点的提倡者。小野清一郎教授认为："抢劫罪并非暴行、胁迫与盗窃的简单相加，不能像 2+3=5 那样理解为暴行+

---

① 马克昌：《比较刑法原理：外国刑法学总论》，武汉大学出版社 2002 年版，第 691—692 页。

盜窃=抢劫，因此，抢劫−暴行=盗窃也是错误的理解。在谈及'以暴行、胁迫为手段强取他人的财物'时，意味着是在法律上把暴行、胁迫与取财视作不可分割的一个行为进行评价，因此这里的盗取行为才被称作'强取'。"[1] 不仅如此，"在抢劫致死、杀人的场合，虽然其中的抢劫与致死或杀人行为的结合关系较弱，但作为结合犯仍然是单纯的一罪，因此应当就整体来考虑共犯关系"[2]。据松宫孝明教授分析，日本实务中肯定承继的共同正犯的判例多以"一罪性"为依凭，只不过分割程度因犯罪而不同。[3] 在我国，不少学者也反对将同一犯罪构成的实行行为进行片面的分割。然而，吊诡的是，学者们基于此却得出不尽相同甚至相反的结论。部分学者以"一罪不可分割性"为依据支持限定地肯定承继共犯说，即认可后行为人与先行为人成立共犯，但在结果加重犯的场合否定对加重结果承担责任；[4] 与之相反，部分学者得出否定承继的结论，即认为后行为者与先行为者可以就共同实施的行为成立同一罪名的共同正犯，但并非就包含先前行为在内的全体犯罪事实成立共同正犯，且不对先行为人造成的结果负责。[5] 笔者认为，尽管类型化之后的实行行为，通常不能进行切割，但是以"单纯一罪不可分割性"或"构成要件的不可切割性"为依据绝对地肯定承继共犯，有欠妥当。其一，承继的共犯问题不仅发生在单纯一罪的场合，包括的一罪中也存在后行为人是否就先前事实承担责任的疑问。因此，根据"单纯一罪不可分割性"肯定承继共犯有以偏概全之嫌疑。其二，一概否定规范意义

---

[1] 小野清一郎：《強盗殺人における殺人後奪取のみに対する加功》，《刑事判例評釈集》（第1卷），東京：有斐閣1941年版，第417—418页。

[2] 小野清一郎：《強盗殺人における殺人後奪取のみに対する加功》，《刑事判例評釈集》（第1卷），東京：有斐閣1941年版，第417—418页。

[3] 松宫孝明：《"承继的"共犯について——最决平成24年11月6日刑集66卷11号1281页を素材に》，《立命館法学》352卷6号（2013年）。

[4] 聂立泽：《承继共犯研究》，《云南大学学报》（法学版）2004年第3期。

[5] 周铭川：《承继的共同正犯研究》，《环球法律评论》2008年第5期。

上的实行行为或构成要件的可分割性，过于绝对。的确，刑法上预定的构成要件具有一体性，在评价时不宜分割进行，但在诸如结合犯的场合，所结合的两罪并未因结合犯的结构而彻底丧失其独立性。柯耀程教授曾指出，在参与结合罪的基本罪之共犯、参与和基本罪相结合的单一罪之共犯的场合，无论以何种方式处理都难言妥当且有自相矛盾之虞，因而主张废除结合罪。[1] 彻底废除结合犯固然过于激进，但也真切地揭示了结合犯中两罪各自具有相对独立性的面相。可见，在某些类型犯罪中，所预定的构成要件具有可分割性。其三，从一罪不可分割性的立场推导出部分肯定承继与全面否定承继两种对立的结论，足以表明该理论内部分歧突出，观点混乱。

全面肯定承继的共同正犯第二种理由是，后行为人对先行事实具有共同实行的意思和共同实行的事实，充足了共同正犯的成立要件。具体而言，该说认为后行为人在认识到先行为人实现的状况之基础上，意图积极利用这种状况和先行者一起实现该犯罪，其旨趣是在意思联络的基础上，共同实行剩余的实行行为，因此先、后行为人成立该罪之共同正犯。这种学说的逻辑起点是认为共同实行的意思、共同实行的事实之于共同正犯的成立皆为必要，各共同者间的行为被评价为一体性的存在，因此才对共同的实行行为引发的全部事实承担正犯的责任。在承继的共同正犯现象中，尽管意思联络产生于先行为者实施部分实行行为后，但与事前进行犯意联络的共同正犯具有相同的价值。[2] 关于后参与者在什么样的范围内与先行为人成立共同正犯，木村龟二教授指出："如果后行为人了解先行为人的意思，并且利用先行为人已经造成的事态，那么认定两者成立共同正犯是妥当的结论。"[3] 与之类似，我国传统刑法理论不加限制地

---

[1] 柯耀程：《变动中的刑法思想》，中国政法大学出版社 2003 年版，第 65—69 页。

[2] 福田平：《刑法总论》，東京：有斐閣 2001 年版，第 264 页；[日] 福田平、大塚仁：《日本刑法总论讲义》，李乔等译，辽宁人民出版社 1986 年版，第 170 页。

[3] 木村龟二：《刑法概论 總論》，阿部纯二增补，東京：劲草书房 1974 年版，第 354—355 页。

认可事中通谋的共同犯罪,其路径也是淡化介入时点的影响,[1] 进而对共同犯罪进行一体性考察。简而言之,依照这种理解,后行为人对先前事实的认识、容认,与事前产生意思联络的普通共同正犯具有等价性。据此,在被害人因先行为人的欺骗行为而陷入错误,后行为人利用这一状态而接受被害人所交付的财物,可认定成立诈骗罪的共同正犯。这种观点的分析路径实际上暗合于犯罪共同说,一方面强调各共同者行为在价值评价上的一体性,另一方面重视意思联络的必要性。但是,这里所谓的"利用"究竟是指利用前行为造成的部分构成要件结果还是某种状态,以及是否需要现实的利用行为,并不清楚。此外,在先前事实已经结束的情况下,利用先行为人造成的结果并不等于同该结果之间具有因果关系。[2] 由此可见,该说天然地与因果共犯论存在紧张关系,难以满足广义共犯的处罚条件。如前文所述,共同正犯采取"部分实行,全部责任"的法理依据乃是各共同者间的"相互性行为归属","利用意思"显然不足以支撑将先前行为归属于后行为人。据此,笔者认为该说所提出的承继共同正犯的成立条件需作进一步限定。

另一种全面肯定说强调"共犯成立一体性与处罚个别性"。该说由日本学者冈野光雄提倡,其显著特征是明确区分了共犯的认定与处罚的思维方式。具体来讲,该说认为在作为共犯成立问题考虑时,应该全面地肯定后行为人成立承继的共同正犯,但必须将处罚、责任问题与成立范围的问题区分开作个别的探讨。共同正犯只有同时具备主客观要件才能适用"部分实行,全部责任"的法理,在承继共犯的场合,虽然可以将这种现象把握为共同正犯,但对参与之前的行为和结果的责任应当依照个人责任原则进行处理。据此,在先

---

[1] 高铭暄、马克昌主编:《刑法学》,北京大学出版社、高等教育出版社2017年版,第169页;马克昌主编:《犯罪通论》,武汉大学出版社1999年版,第527页。如前文所述,这种观点也是我国实务中的主流态度,其集中体现为对共犯因果关系进行一体性认定。

[2] 张明楷:《刑法学》,法律出版社2016年版,第434页。

行为者实施强盗致被害人死亡后，知情的后行为者加入夺取财物的场合，就应肯定其与先行为者成立强盗致死罪的共同正犯。但是，由于其仅利用了被害人反抗被压制的状态，致死结果是不必要的，因此仅追究强盗罪的责任，而不对致死结果承担罪责。① 换言之，在承继的共同正犯成立与否的问题上，冈野光雄的观点几乎持全面肯定的态度，只不过在责任归咎上又回到了个人责任原则。但是，将共同正犯成立与责任归属完全分离的做法有待商榷。后行为者就强盗致死的全体犯罪与先行为者成立共同正犯，本身就是一种有规范意义的评价，意味着其行为该当强盗致死罪之构成要件，但在责任归属时，却又将先行者实施的暴行及其造成的死亡结果排除在外。这种论证结构背后，或许是共同正犯认定问题上的团体主义与责任归属上的个人主义的轩轾。申言之，既然认定其行为符合构成要件，究竟以什么理由才能排除归责？单纯以死伤结果不必要为由，恐怕不足以令人信服。

尽管全面肯定说在中外刑法学界已鲜有支持者，但其论理仍然不失为宝贵的学术资产。"一罪不可分割性说"规范性地评价犯罪构成要件行为，在单一行为犯或手段、目的联结型的复行为犯中具有相当的合理性。但是，以犯罪共同说为理论基础的全面肯定说，在共犯认定方法上值得进一步检讨。扼要地讲，在认定共同犯罪成立与否时，犯罪共同说对共犯者行为的构成要件该当性作一体性考察，对各行为人的刑事责任大小，依照其在共同犯罪中的作用在量刑阶段进行调适。这与井田良教授所指称的"二阶段说"② 具有内在的一致性。随之而来，有待进一步研讨的课题是，这种共犯认定思路是否如井田良教授所言必定以共同意思主体说为

---

① 冈野光雄：《刑法演習Ⅰ 総論》，東京：成文堂1987年版，第198页；冈野光雄：《承继的共同正犯》，《研修》425号。

② [日]井田良：《相续的共同正犯随笔》，黄士轩译，《月旦法学杂志》2018年第7期。

理论根据，以及其合理性何在？关于这一点，笔者将在下文进行详细检讨。

二 传统否定论之介评

全面否定承继共同正犯的学说不仅否定后行为人与先行为人成立共同正犯，也否定后行为人就参与前的事实承担责任，而仅在共谋参与后的阶段认定成立共同正犯。大体上可以认为，全面否定承继共同正犯的学说在德国、日本学界有相当影响力，但否定的理由却多种多样。在德国，否定承继共同正犯最有力的理由是行为支配理论和事后故意理论；在日本，伴随着因果共犯论的通说化，以此为根据的否定说变得非常有力。笔者打算在下文中先简要述评过去曾经有力但当下已经式微的理论，然后将笔墨集中在对以行为支配理论、因果共犯论为等基础的否定说之检讨上。

起初，有学者从行为共同说的立场出发，否定后行为人对没有参与的先前行为及其结果成立共犯。如牧野英一教授认为共同实行的行为产生共同责任，尽管"共同加功的意思不必在共同行为着手前成立"，中途参与犯罪也不影响，但是其"只应对共同加功意思成立以后的行为所造成的结果承担责任"[1]。不过，牧野英一教授的观点带有浓厚的主观主义色彩，伴随着主观主义刑法理论的衰落，传统的行为共同说也淡出历史舞台。现在的行为共同说建立在客观主义的基础上，以"数人数罪"原理为基调否定承继的共同正犯。虽然犯罪共同说强调"数人一罪"，倾向于肯定承继的共同正犯，但也并非绝对如此。持犯罪共同说的团藤重光教授认为："意思联络也可以产生于实施了部分实行行为后，但在这种情况下——根据案件情况的不同——至少可以就意思联络成立后的事实承认共同正犯，这就是所谓的承继的共同正犯。"[2] 赞同犯罪共同说的大塚仁教授原则

---

[1] 平野龍一：《刑法総論Ⅱ》，東京：有斐閣1975年版，第446页。
[2] 团藤重光：《刑法纲要总论》，東京：创文社1990年版，第391页。

上否定承继的共同正犯，认为"先行者与后行者只能在他们共同实行的意思表示出共同实行的事实的范围内成立承继共同正犯"①。但是，"根据案件的情况不同"上的语焉不详，以及肯定仅参与夺取财物者成立强盗罪共同正犯，这两点至少说明二位教授的观点难以贯彻到底。同时，否定说的论理与犯罪共同说间的整合性也成为问题。平场安治教授是目的行为论者，以后行为人对先前事实不具备目的的行为支配为由来否定承继共犯。根据目的行为论，人的行为是"目的性的"而非"因果性的"，目的性源于"人能够按照他对因果关系的认识，在一定范围内预测其活动可能造成的结果，在此基础上设定不同的目标，并且有计划地引导其行为朝着实现目标的方向发展"②。正是由于目的性的存在，本来"盲目的"因果事件才被导向目标的实现。因此，目的性行为才是刑法上的行为，构成刑法责难的对象。由于很难说后行为人对先行者的行为及其结果具有目的性行为支配，自然便应当否定承继的共同正犯，所以对被害人反抗受压制后才初次参与取财的知情者，"只承担单纯的盗窃罪的罪责"。但是目的行为论自身存在种种难以自洽或圆满解说的问题，以其为理论根据，本就不妥当。

在当今的德国刑法学界，以后行为人对其介入前的既成事实缺乏行为支配作为理由，彻底否定承继共同正犯的见解处于通说地位。罗克辛教授认为，正犯是支配犯罪过程实现的核心人物，共同正犯是对犯罪事实具有功能性支配控制的人。在加重根据已经实现后，对于中途才加入共同的犯罪计划的人，不能将该加重根据归责于他。因为，对该加重根据，既没有共同的行为计划，也没有共同的实施。③ 借由

---

① ［日］大塚仁：《犯罪论的基本问题》，冯军译，中国政法大学出版社1993年版，第286页。

② ［德］汉斯·韦尔策尔：《目的行为论导论：刑法理论的新图景》，陈璇译，中国人民大学出版社2015年版，第1页。

③ ［德］克劳斯·罗克辛：《德国刑法学总论》（第2卷），王世洲等译，法律出版社2013年版，第70页。

行为支配理论的影响在全球的广泛扩张，该说在德语刑法圈外也获得了不少学者的支持。韩国学者金日秀与徐甫鹤认为，在所谓承继的共同正犯的事例中，后行为人在认识、容认先前事实的状态下加入共同犯罪，但仅此不足以视为对全体行为有共同实行的决意，其对先前事实也没有任何因果关系，而且后行为人对介入前的事实没有功能性支配。① 中国台湾地区的萧宏宜教授持相同看法，认为在事前欠缺共同犯罪计划、事中没有共同实行的情况下，没有理由让后行为者"透过承继共同正犯的概念操作，将其主观犯意溯及至参与前，从而拟制出共同犯罪决意"②。任海涛博士对承继共犯进行了专门研究，他在赞同行为支配理论的基础上，以后行者对先行为及其结果不可能赋予因果力为由，同时排除了单一行为犯与复合行为犯中成立承继共同正犯的可能性。③ 前文已经阐明，行为支配理论在解明共同正犯结构上存在缺陷。因此本书认为，以行为支配理论否定承继的共同正犯也是片面的。在此，令笔者颇为不解的是，本来行为支配概念是相对于整个犯罪过程而言的，并不关心一两个构成要件要素的控制与否。罗克辛教授也只不过是考虑到后行为人对具有相对独立意义的加重构成毫无支配力，反对将该加重事由归责于后行为人。为什么在学说传布过程中却演化为"后行为人不对先前事实具有功能性支配"，因此不能以该犯罪之共同正犯加以评价？依照这种以部分代全体的理解，成立共同正犯必然要求对全体构成要件要素均具有支配力。但共同正犯毕竟不是单独犯，要求对全体事实具有支配力委实过于苛刻。

有一种见解认为，认可承继的共同正犯意味着承认了事后故意。德国有学者指出，对于已经发生的事实不会是人们想要实施的，事

---

① ［韩］金日秀、徐甫鹤：《韩国刑法总论》，郑军男译，武汉大学出版社 2008 年版，第 576 页。
② 萧宏宜：《共同正犯的概念内涵与实务发展》，《法令月刊》2014 年第 2 期。
③ 任海涛：《承继共犯研究》，法律出版社 2010 年版，第 83、130 页。

后"认可"已经发生的结果不可能形成故意。① 在承继的共同正犯的事例中，肯定后行为人对已经发生的犯罪事实成立共同正犯，会导致对事后故意的认可。但是，共同的犯罪决意不具有回溯性，因此也构成对共同正犯责任的限制。② 这种看法在其他的否定论中也有所体现。例如，基于行为支配理论否定说认为中途参与者与先行为人就全体犯罪无共同的行为计划，犯罪共同说论者认为后行为人应仅对共同犯罪决意成立后的行为承担共同正犯的罪责，都隐含了对事后故意的否定。的确，无论是行为计划还是故意，一般都只能面向尚未发生之事实，不可能溯及既往而肯定就既成犯罪事实的故意。

不过，笔者难以认同绝对否定的看法。笔者在前文已经强调，承继共犯问题发生于先、后行为事实具备"一罪性关系"的场合，尽管先行者的行为及其结果发生于后行者加担前，但不能就此一律否定共同实现该罪构成要件的故意。一方面，前后事实在同一犯罪中具有相续性，特别是在先行者行为所引起的效果持续时，中途加入者显然具有实现全体犯罪的故意；另一方面，在承继的共同正犯事例中，先行为人与后行为人实际是在同一机会中前赴后继地参与实现犯罪构成要件，时空上不存在阻断共同犯罪决意的障碍。因此，在存在论意义上考察，先、后行为人能够就完成全体犯罪形成共同故意。在规范论意义层面，有必要考察的是故意的机能。故意与过失的重要区分点是行为人有无法敌对的意思，故意表征了行为人敌视规范的态度。③ 在承继共同正犯的事例中，即使后行为者是在先行为者部分行为实施完成后介入，但主观上的认识与容认本身就足以表明其确实明知系与先行为者共同实现先行为者的犯罪，显示了对该规范禁止的敌意。退一步讲，刑法是否绝对杜绝了事后故意也值

---

① [德]冈特·施特拉滕韦特、洛塔尔·库伦：《刑法总论 犯罪论》，杨萌译，法律出版社 2006 年版，第 135 页。

② [德]冈特·施特拉滕韦特、洛塔尔·库伦：《刑法总论 犯罪论》，杨萌译，法律出版社 2006 年版，第 313—314 页。

③ 许玉秀：《当代刑法思潮》，中国民主法制出版社 2005 年版，第 202 页。

得怀疑。例如，医生在部分地完成具有不被允许的危险的手术活动，并造成紧迫的致命危险后，才产生杀意，继而放弃手术导致患者死亡。想必，几乎不会有人反对以故意杀人罪既遂论处该医生吧？这样的话，其先前所实施的行为，难道不是被评价为故意杀人吗？而在因果关系认识错误中的"事后故意"的事例中，也鲜有承认该错误阻却故意的见解。事实上，故意所认识的对象乃行为人利用现存条件（不止包括刀棒，其他共犯者制造的条件也应囊括在内）实现构成要件事实，故意应当与行为并行，而不必指向未来。笔者揣测，实务及多数理论或许正是基于上述理由，才认为"共同的实行意思"的成立时间，对共犯关系的认定没有重大影响。当然由于故意所认识的对象为构成要件事实，因此对于介入前已经成就的相对独立的加重事由等构成要件，难以认定其与先行者有共同实行的意思。

否定承继共同正犯的诸学说中，基于因果共犯论的立场，否定后行为人就其参与前的事实承担责任的观点最为有力。从实务到理论的诸多争议来看，对先前事实欠缺因果关系构成了认可承继共同正犯的最大障碍。根据因果共犯论，行为人只对与自己的行为具有因果性的结果承担责任。因此，在承继共犯的场合，由于中途参与者与先前发生的事实没有因果关系，自然不能就此追究其责任。[1]在日本，基于因果性而否定承继共同正犯的见解得到了山口厚教授、曾根威彦教授、野村稔教授、松原芳博教授、山中敬一教授[2]等结果无价值论者的支持。山口厚教授认为，成立共犯，"必须要对全部的构成要件该当事实具有因果性"，既然如此，"就不可能有此外的归

---

[1] 林幹人：《刑法総論》，東京：東京大学出版会2008年版，第380—381页。
[2] 尽管山中敬一教授认为一元的行为无价值、一元的结果无价值以及二元论皆不能充分说明行为的不法性，进而主张导入"危险无价值"这种具有独立意义的概念，但笔者认为这与结果无价值论没有区别。所谓的危险无价值仍然是以结果发生的现实危险性为判断基准，义务违反性、故意等不影响危险的判断，可见，危险无价值本身就可以概括在结果无价值中。参见山中敬一《刑法総論》，東京：成文堂2008年版，第416页。

结"①。在野村稔教授看来，只有在各共同者意思沟通存在后，才可能成立共同正犯，因此所谓继承的共同正犯的场合下，后行者的责任范围只应限于意思沟通之后与先行者共同实行的行为造成的结果之内。② 山中敬一教授则指出，不仅先前产生的构成要件结果不可能利用，后行为人对其介入前的某种状态也没有因果性，所以不能对此承担责任。③ 在我国，该说为陈洪兵教授、姚培培博士等学者所赞同。陈洪兵教授认为，只要后行为与先行为及其结果没有因果关系，即不能认可承继的共同正犯与承继的帮助犯。④ 姚培培博士也指出，在承继共犯的场合，后行为者没有对其参与前的事实提供因果性，因此该部分事实不能看作先、后行为人间的共同事实，不得作为评价共犯行为的基础。⑤ 根据这种见解，对于利用先行者造成被害人反抗受压制的状态夺取财物的行为，不能认定成立抢劫罪的共同正犯，只能视情况成立盗窃罪或侵占罪的共同正犯。

因果共犯论与刑法的责任主义原则相契合，突破因果性准则而要求行为人对他人之犯罪承担责任，有违个人责任原则。的确，如果不打折扣地贯彻因果共犯论，彻底地否定包括承继共同正犯在内的承继共犯是相当有说服力的观点。但问题是，首先，该说对犯罪进行分割理解，忽视了构成要件在规范上的一体性及先、后行为的内在联系。尽管绝对的"一罪不可分割性"的观点过于武断，但不应就此而任意地肯定个罪构成要件的可分割性。例如，诈骗罪中的欺骗行为与取财行为、抢劫罪中的暴力或胁迫行为与取财行为间具

---

① ［日］山口厚：《刑法总论》，付立庆译，中国人民大学出版社 2018 年版，第 368 页。

② ［日］野村稔：《刑法总论》，全理其、何力译，法律出版社 2001 年版，第 399 页。

③ 山中敬一：《刑法総論》，東京：成文堂 2008 年版，第 858 页。

④ 陈洪兵：《承继共犯否定论：从因果共犯论视角的论证》，载陈兴良主编《刑事法评论》（第 25 卷），北京大学出版社 2009 年版，第 423 页。

⑤ 姚培培：《承继共犯论的展开》，载陈兴良主编《刑事法评论》（第 40 卷），北京大学出版社 2017 年版，第 134 页。

有紧密的关联性，分别不具有独立的意义，因此绝不允许对其进行切割判断。其次，在诈骗罪与敲诈勒索罪的场合，对单纯参与取财行为，进而对最终的法益侵害结果具有因果关系的后行为人，该说会造成其难以成立犯罪，形成处罚漏洞，甚至在不能认定后行者的参与属于新的欺诈行为时，导致先行者只能成立未遂之罪。这一点无论在中、外都会成为问题。再次，鉴于我国刑法中犯罪追诉起点较高，彻底否定承继共犯会不当地缩小处罚范围，[①] 因而该说不符合我国实际。例如，一方面我国没有像日本刑法那样，规定准抢劫罪、准强奸罪及同时伤害的特例，意味着中途参与者的行为难以获致罪刑均衡的处罚；另一方面，在事后抢劫中，由于我国没有规定暴行罪，所以可能将域外的轻罪以抢劫罪之重罪论处。复次，这种彻底否定"承继"的观点，实际上不关心正犯与共犯在处罚根据上的差异性（以统一的因果性说明处罚根据——笔者注），仅在量刑判断中区分参与类型，自然就不能在行为的阶段向国民展示行为不法程度的差异，有违罪刑法定原则。这实际上正是由于采取一元的结果无价值论造成的弊端。[②] 最后，彻底否定承继共犯有违公众法感情。即使站在因果共犯论的立场彻底否定承继共犯的松原芳博教授也坦言："全面否定说不符合一般人的常识，而且会造成罪责过轻不利于预防犯罪的问题。"[③] 共同正犯是共同引起不法事实，未见得必须像单独犯那样对所有构成要件要素具有因果关系，如后文所述，缓和因果性的学说也是可能的。

值得强调的是，曾根威彦教授虽然也站在因果共犯论的立场坚持否定说，但侧重于从共同正犯的成立条件角度来否定对后行者进行责任归咎。他认为，否定说的根据是：第一，在承继共同正犯现

---

① 张明楷：《刑法学》，法律出版社2016年版，第431页。
② 照沼亮介：《体系的共犯论と刑事不法论》，東京：弘文堂2005年版，第245页。
③ 引文来源于2019年3月19日松原芳博教授在云南大学法学院所作的"承继的共犯"的讲座。

象中，后行为人对先行行为没有作为成立共同正犯所必要的共同加功的意思；第二，后行为人参与后基于共同意思实施的行为不可能对先行行为及其结果产生因果性；第三，后行为人不能对其没有加功的先行行为承担责任，而只应就参与后的实行行为承担作为共同正犯的责任。例如，在先行为人强盗致人死伤后，后行为人介入实施取财行为的场合，尽管后行为人利用了先行为造成的被害人反抗受压制的状态，但也不能要求其对与自己行为无因果关系的事实承担责任。因此，后行为人仅成立盗窃罪的共同正犯。① 不过，曾根威彦教授认为在诈欺罪的场合，利用先行为人引起的被害人陷入错误状态而取财的行为，可以认定成立诈骗罪的帮助犯。这一点至少说明曾根威彦教授的观点难以贯彻到底。否定中途加入者对先前行为具有共同实行的意思，实质上仍然是在以因果性思维理解"共同实行的意思"，如此一来，"共同实行的意思，不一定要有事前的谋议"就沦为一句空谈。当然，本书在前文对共同实行意思阙如之观点所作的批判，同样适用于此。"共同实行的事实"也未必要求从始至终参与，否则除原始型共犯外，不可能再有其他类型的共犯。真正成为问题的是，后行为人是否的确对先前事实没有因果关系？因果关系只能向后延伸，表面上看，的确不可能回溯性地对先行行为及其结果产生影响。不过，一方面，要求因果性及于所有构成要件事实，过于严苛，有待商榷；另一方面，在任何场合均排除因果性的论断，有待考量。从两个方向展开思考，形成了中间说的两种不同见解，暂不展开。以因果性阙如为根据，彻底分离前后两个阶段的行为，忽视二者在事实和规范意义上的关联性的看法，难言合理。因为，"虽说刑法上是以个人责任原则为前提的，但无视共犯中的人际关系，只考虑因果性，无疑是错误的客观主义的思考之一"②。

---

① 曾根威彦：《刑法の重要問題 総論》，東京：成文堂 2005 年版，第 353 页。
② 佐久間修：《共犯の因果性について——承継的共犯と共犯関係の解消》，《法学新報》11＝12 号（2015 年）。

三 传统中间说诸面相之考评

"中间说"是对诸种限定肯定承继共同正犯学说的概括，其内部的观点纷繁复杂、不一而足，甚至存在基于相同的共犯论立场而得出不一致结论的现象。

（一）"积极利用"说

在日本，以大阪高裁昭和 62 年 7 月 10 日判决为契机，着眼于后行为者将先行为及其结果作为遂行自己犯罪的手段而"积极利用"的中间说，变得相当有影响力。根据"积极利用说"，在后行为人出于将先行为人的行为及其结果作为实现自己的犯罪手段而积极利用的意思，于中途加入犯罪，在现实地利用先行为人的行为及其结果的场合，就可以认为具有相互利用、相互补充的关系。① 大塚仁教授的观点与该说大体上一致。他认为，之所以认定仅参与强取财物者成立强盗罪共同正犯，是因为其不仅认识到了先行为人所进行的事实，而且还利用了其所产生的压抑被害人反抗这种事态，共同夺取了财物。伤害结果在法律上属于过剩的事实，所以不能就强盗致伤追究后行为者的责任。② 晚近以来，我国也有部分学者明确指出承认后行者对先行者的行为及其结果负责，不仅要求其认识、容认先行为者的行为及其结果，还必须在将之作为自己犯罪的手段加以利用的意思之下参与到共犯行为中。③ 需要说明的是，尽管有学者转换观察视角，认为当先行者的行为对后行者犯罪的实现具有重要影响时，即可认为二者系相互利用、补充共同实现犯罪进而成立共同犯罪，但在具体认定中却重视后行者主观上的希望、放任意思及利用先行

---

① ［日］大谷实：《刑法讲义总论》，黎宏译，中国人民大学出版社 2008 年版，第 381 页。

② ［日］大塚仁：《犯罪论的基本问题》，冯军译，中国政法大学出版社 1993 年版，第 268—269 页。

③ 钊作俊、王燕玲：《承继共同正犯研究》，载赵秉志主编《刑法论丛》（第 13 卷），北京大学出版社 2008 年版，第 503 页。

为效果所体现出的行为价值,① 这与前述学者的见解基本一致。据此,在充足上述要求的情况下,即可认为先、后行为人具有共同实行的意思与共同实施犯罪的事实,应就全体犯罪成立共同正犯。例如,先行者以抢劫目的对被害人实施暴力并压制其反抗,路经此地的后行者加入,并与先行者共同实施了强取财物的行为。由于可以认为后行者积极地利用了先行者造成的被害人反抗受压制的状态,因此应认定为抢劫罪的共同正犯。类似地,在诈骗罪的场合,也很容易肯定仅参与受领财物的后行者成立诈骗罪的共同正犯。但是,在结果加重犯中,例如先行者抢劫致人重伤(或重伤结果发生时间、地点不能查明),后行者中途加入强取财物。一种观点认为,由于该加重结果与后行者的行为之间没有因果关系,因此不能追究后行者结果加重犯的责任;② 另一种见解则认为,后行为者不过是利用了先行为者造成的被害人不能反抗的状态,而非死伤结果,因此仅成立抢劫罪基本犯③。

不过,"积极利用说"的说服力遭到了许多质疑。国内有学者认为,依照该说处理承继共同正犯的问题,并不是以承继共同正犯的成立为前提,而是直接探讨后行者是否应当对先前事实承担责任,实际已经超越了理论预设固有的"主体间"思维而走向"单方化"的解决路径。④ 从承继共同正犯的认定方式来看,该说似乎彰显了"单方化"思维。然而,重视后行者对先行者造成的事态之利用,仍然旨在说明先、后行为者间相互利用、相互补充的关系。所以,针

---

① 童德华:《正犯的基本问题》,《中国法学》2004 年第 4 期。
② [日] 大谷实:《刑法讲义总论》,黎宏译,中国人民大学出版社 2008 年版,第 383—384 页。
③ 藤木英雄:《刑法讲义總論》,東京:弘文堂 1975 年版,第 291 页。
④ 王志远:《共犯制度的根基与拓展:从"主体间"到"单方化"》,法律出版社 2011 年版,第 323—324 页;王志远:《德日共犯制度实践思维当中的"主体间"与"单方化"——我国共犯制度思维合理性的域外视角审视》,《法律科学》(西北政法大学学报) 2013 年第 6 期。

对该说的这种质疑不能成立。有批评者指出，分解先行为者造成的状态和加重结果——致死伤结果与反抗受压制状态，是否妥当本身就成为问题；[1] 也有反对意见认为，在这种情形下，就必须认为后行为人积极利用的不是单纯的反抗受压制状态而是死伤结果[2]。不过，笔者认为，区分行为引发的加重结果与其所造成的状态，不仅是必要的，而且也是可能的。其一，加重结果超越了基本犯之构成要件，是基本犯的变异形态，使得行为类型发生了变化。[3] 其二，结果不可能持续，但结果所引致的状态可以延续，因此后行为人也就无从利用犯罪结果。其三，成立犯罪所要求的某种状态要么是由构成要件行为直接导致，要么是由构成要件结果次生性引发，在自然意义上可做区分。对该说而言，所面临的最为重要的挑战，仍然是因果关系阙如引发的疑虑。有学者批判道，"积极利用一定状态，与对于该结果（状态）具有因果性，这完全是两种不同的情况"，在探讨正犯性之前，应首先探究的是"是否存在将后行为人作为广义共犯予以处罚之可能"[4]。对共同正犯系正犯还是共犯本来就存在不同的认识，因而批判该说越过广义共犯性而直接讨论正犯性实属立场问题，但以因果性作为处罚正当性依据应当是法治国原则的题中之义。确实，单纯地利用先行为者造成的某种状态，不等于自己的行为与该状态之间具有因果关系。因此，要就先行为状态进行归责，该说必须寻求与因果共犯论和个人原则的整合性。

（二）"效果持续"说

日本学界有不少人提出，如果后行者介入之际先行为的效果仍

---

[1] ［日］十河太郎：《相续的共犯之考察》，王昭武译，《月旦法学杂志》2016年第3期。

[2] 大谷實、前田雅英：《エキサイティング刑法総論》，東京：有斐閣1999年版，第279—290页。

[3] 张明楷：《加重构成与量刑规则的区分》，《清华法学》2011年第1期。

[4] ［日］桥爪隆：《论承继的共犯》，王昭武译，《法律科学》（西北政法大学学报）2018年第2期。

在持续，就可以认为后行者与先行者共同实施了实行行为，自然应对全体行为承担责任。平野龙一教授从因果共犯论出发，最早提倡该说。他认为后行为者原则上只对参与后的正犯行为和结果承担责任，对参与前的行为不能说具有因果性。据此，后行为者对先行为者造成的被害人死伤等结果不可能承继，但对先行者之行为导致的行为效果，如抢劫罪中被害人反抗被压制、敲诈勒索罪中被害人陷入恐惧或者诈骗罪中被害人陷入错误等行为效果可以承继。正是在这个意义上，后行为人应对全体行为承担责任。① 西田典之教授基本上赞同该说，认为后行为者所参与的盗取财物行为或受领财物行为，从先行为者的立场来看，正是抢劫、诈骗或敲诈勒索行为的一部分。在这些场合，后行者完全可能透过利用其参与前先行为者的行为效果，而与犯罪结果具有因果关系，进而成立共同正犯。② 鉴于"利用先行为者的行为的效果、影响力"的标准含混，容易引起误解，西田典之教授引入了"能否左右违法结果"来实质性地判断后行为者能否成立先行者犯罪的共犯。③ 导入"能否左右违法结果"这一调整可谓精妙绝伦，其标示了后行为者何以成为"共同正犯"的原因，在区分后行者为共同正犯还是帮助犯时，具有重要参考价值。尾椊司博士认为效果持续说与缓和的因果关系理论具有整合性，在对后行者行为评价这一点上引入先前事实，不仅能得出符合实际的结论，而且可以避免处罚空隙。④ 由于该说力求保持与因果共犯论的整合性，自然就会否定对与自己行为无因果关系的结果进行归责，

---

① 平野龍一：《刑法総論Ⅱ》，東京：有斐閣 1975 年版，第 382—383 页。

② [日] 西田典之：《日本共犯论的基本问题——以相续的共犯与共犯关系的脱离为中心》，王昭武译，《月旦法学杂志》2013 年第 8 期。

③ [日] 西田典之：《日本刑法总论》，王昭武、刘明祥译，法律出版社 2013 年版，第 330—331 页。

④ 尾椊司：《わが国における承継的共犯論について》，《法学研究論集》48 号（2018 年）；尾椊司：《だまされたふり作戦と詐欺罪の承継的共同正犯の成否について—高裁第三小法廷決定平成 29 年 12 月 11 日を素材として》，《法学研究論集》48 号（2018 年）。

而仅就参与实现的结果承担责任。根据该说,后行为者中途参与抢劫犯罪的强取财物行为时,如果先行者行为引起的被害人反抗受压制状态的行为效果尚未解除,那么后行为者也成立抢劫罪的共同正犯。但是,如果先行为者的已经造成被害人死亡结果,由于后行为者的行为与该加重结果没有因果关系,故不成立抢劫杀人罪的共同正犯。得出上述结论的原因是,从先行为人的角度看,后行为者的取财行为无疑是抢劫行为,但其对杀人结果没有因果性。也就是说,虽然该说突出了"效果持续",但在具体论证后行为者成立先行者犯罪之共同正犯时,实际上是从先行者的立场出发进行的评价,这是一种视角的转换。

值得注意的是,"效果持续说"传入我国后,也得到了众多学者的支持并有所发展。较早论述这一问题的陈家林教授指出,在承继共犯案件中,认定后行者对先行为及结果承担责任需具备四个条件:①认识到先行者的行为和结果,②先行者行为的效果仍在延续,③后行者对先前事实有积极利用意思,④将其作为自己的手段加以利用。但是,在具体类型案件的处理上,陈家林教授的论理似乎又回到了"积极利用说"。例如,在故意杀人罪等单一行为犯,后行为人在被害人死亡等构成要件结果发生前介入共同实施杀人行为,但致死原因为参与前先行者的行为,对此,陈家林教授认为,后行者只要有积极利用的意思,就应对先前行为承担责任而成立故意杀人罪既遂;在抢劫罪等复行为犯中,仅参与强取财物者,只要对先前的行为有认识和积极利用的意思,即应成立抢劫罪的共同正犯;而在抢劫致伤等结果加重犯中,由于加重结果属于过剩结果,因此后行者仅就抢劫罪基本犯成立共同正犯。[1] 不得不说,在个案判断中偏重"积极利用"而未能彻底坚持"效果持续说",是其理论上的遗憾。持类似观点的学者还有马克昌教授、黎宏教授、郑泽善教授及王光明博士与陈晨博士。检视相关论述,可以发现,多数学者认为

---

[1] 陈家林:《共同正犯研究》,武汉大学出版社 2004 年版,第 243—244 页。

该说与因果共犯论具有整合性。黎宏教授认为，先行为者的行为效果在后行为者加入后仍然延续，后行为者将之作为自己的犯罪手段积极利用，进而"成为实现自己犯罪手段或自己犯罪行为一部分"时，后行为人应对利用该效果造成的结果承担责任。① 郑泽善教授也认为："针对介入后仍然持续的先行者行为的效果给予因果性影响，可以在价值、规范意义上视作参与了先前行为。"② 还有学者认为按照该说所得出的结论，不违背个人责任原则。③ 也有学者指出该说具有两方面的优势：一方面，由于不需要后行为者与最终法益侵害结果形成直接因果关系，只需要基于利用先行行为的持续效果，促进了法益侵害结果的发生，便认可就全体犯罪承担罪责，可避免处罚上的漏洞；另一方面，也坚持了因果共犯论，在承继共犯问题的处理中贯彻了共犯处罚根据的基本理论。④ 显然，上述论者认为"效果持续说"与因果共犯论不存在矛盾的根据有二：其一，后行为人仅就利用前行为效果而造成的结果承担责任，而不能就先行为者独立引起的结果追究后行者罪责；其二，"效果持续说"对先行为者的行为进行了规范层面的抽象化处理，将其"视为"后行为者行为的一部分，以实现就整体犯罪成立共同正犯的正当化。确实，该说在后行为者与共同行为存在因果关系的范围内肯定共犯之成立，其方向性是值得肯定的。⑤ 但是，主张即便行为与最终的法益侵害结果不存在直接因果关系的情况，也可以认定成立共同正犯，显然背离了法益保护主义及个人责任原则。从相关论述来看，我国的"效果持续说"实际上结合了日本学界的"效果持续说"与"积极利用说"，对承继的共同正犯作了更加严格的限制。

---

① 黎宏：《刑法学总论》，法律出版社 2016 年版，第 278 页。
② 郑泽善：《论承继共犯》，《法治研究》2014 年第 5 期。
③ 王光明：《共同实行犯研究》，法律出版社 2012 年版，第 145 页。
④ 陈晨：《承继共同正犯的责任范围》，《国家检察官学院学报》2015 年第 4 期。
⑤ ［日］十河太郎：《相续的共犯之考察》，王昭武译，《月旦法学杂志》2016 年第 3 期。

不过,"效果持续说"仍然存在疑问或需进一步阐明的地方。由于该说仅要求与最终的法益侵害结果具有因果性,因此日本学界的不少支持者认为该说与缓和的因果共犯说具有整合性;而在我国学界,相关论者却认为"效果持续说"契合于本来的因果共犯论。为什么会发生这种认识上的差异?究竟哪一种理解才是妥当的?笔者在上文已经阐明,因果关系是广义共犯的处罚根据,在这个意义上,因果共犯论也适用于共同正犯。因此,严格来讲,认定共同正犯要求各共同者与全体构成要件要素具有因果关系,这实际是强调共同正犯作为"一次责任"类型的逻辑归结。但是,共同正犯毕竟属于正犯的扩张形态,将单独犯的要件套用于共同正犯似乎过于苛刻。或许正是基于这样的考虑,日本有学者主张缓和共同正犯之因果性要求;而我国学者则经由对因果性要件进行价值或规范上的抽象化,认为当先行者的行为无异于后行者自己实施或成为其行为之一部分时,即可肯定承继。正是因为这种思维路径上的差异,造成了中国、日本学界的上述不同认识。本书初步认为,日本学界的看法更具可操作性,且限定后行为人对参与后的结果承担责任也具有妥当性,只是其以"缓和的因果共犯论"为基底的正当性,需要回溯至共同正犯与单独犯的构造差异中才能证成。关于这一点,将在下文缓和的因果共犯论中进行论述。此外,"效果持续说"存在以广义共犯性替代正犯性的问题,即因何可以将先前事实引入后行者行为的评价中?因为,即使认为"效果持续说"与作为通说的因果共犯论相协调,也不过是奠定了作为广义共犯处罚的根据,而难以作为充足"行为相互性归属"的理由。此外,为什么只有在先行为效果持续的场合才承认承继的共同正犯,该说也没有给出充分的理由。

(三)"对实行行为的重要部分具有因果性"说

该说由日本著名刑法学家井田良教授所提倡,其以否定论为基础,原则上反对将参与前的行为及结果归咎于后行为者。但是,如果后行为者的行为对实行行为的重要部分具有因果性,且这种因果性对犯罪的完成起了决定性作用时,就可以认定后行为人对全体行为承担责任。举例来讲，在先行为者以强盗目的对被害人实施暴力，但因受到被害人的反抗而负重伤无法继续完成取财行为，此时，后行为者与先行为者达成合意参与进来，实施了强取财物的行为。在本设例中，若没有后行为者的参与，强盗罪不可能完成，因此可以认为后行为者对强盗罪构成要件的实现具有本质性贡献，应当对强盗罪承担责任。[1] 当前，我国也有学者声称基本赞同井田良教授的观点，但在具体说理时突出强调"效果持续"与"积极利用"，[2] 实际上已经与该说南辕北辙。

井田良教授的观点清楚地表明，成立共同正犯的核心要件是共同者对实行行为的重要部分具有因果关系，且这种因果性对于构成要件的实现可以被评价为"本质性贡献"。可以认为，这种见解实际上是重视共同正犯的正犯性，在这一点上恰恰与"效果持续说"是相反的，即存在忽略共同正犯之共犯性的缺陷。此外，由于将共同正犯视作正犯的亚种或单独正犯的应用型，该说自然也就不能正视各共同者间的人际关系，特别是淹没了其中的主客观联结性要素。不过，无论如何，在缓和共同正犯之因果性要件方面，该说与"效果持续说"具有共通性，而且，该说对共同正犯之正犯性的把握更加精准。以上两点对解答承继共同正犯的处理困惑乃至厘清正犯与主犯关系都富有启发性。

在这里，有必要顺便介绍井田良教授关于承继共同正犯的最新研究成果。首先，井田良教授认为对共同正犯的认识存在"一阶段说"与"二阶段说"两种不同的模式。所谓"一阶段说"的共同正犯模式，是将共同正犯视为单独正犯的应用型而加以把握。在这种模式下，要求各参与者的行为与最终结果之间具有因果关系，并在单独正犯的"正犯性"意义上理解共同正犯之"正犯性"。所谓

---

[1] 井田良：《刑法総論の理論構造》，東京：成文堂2006年版，366页。
[2] 钊作俊、王燕玲：《承继共同正犯：意义、类别与学说对立》，《法律科学》（西北政法大学学报）2008年第2期。

"二阶段说"的共同正犯模式，以集合体为出发点，在肯定集合体行为该当分则特定犯罪之构成要件的前提下，将集合体的刑事责任分配各参与者。① 在德国，"一阶段说"的共同正犯模式有久远的历史渊源和深厚的现实基础，分别考察个体行为的（修正的）构成要件符合性，可谓是"方法论上的个人主义"；"二阶段说"的共同正犯模式在构成要件符合性的判断上重视集合体，认为集合体与最终结果的因果关系是必要的，而个体与最终结果的因果关系则是不必要的，可谓是"方法论上的集团主义"。② "一阶段说"将个人责任原则彻底地渗透在共犯现象中，在将正犯性理解为因果性以及其他附加要素的基础上，基于因果关系阙如而倾向于否定承继的共同正犯。"二阶段说"在肯定后行为对实现集合体行为具有重要因果性的场合，倾向于肯定承继的共同正犯。值得强调的是，上述分析尤其是"二阶段说"所展现出的对承继共同正犯的开放姿态，并不表明井田良教授改变了以往的观点。相反，如前段所表明的那样，他仍然在极其有限的范围内肯定承继的共同正犯。其实，不论是"对实行行为的重要部分具有因果性说"还是"二阶段说"，实际都是经由缓和个别行为者与构成要件之间的因果性要求，才部分地认可承继的共同正犯。这也从侧面表明以因果共犯论为根据的彻底否定说是论理与结论一致理论，因而具有相当程度的合理性。最后，"二阶段说"残留的问题是，在认定后行为者成立承继共同正犯的前提下，以哪种理论工具在量刑时排除对其未参与部分的责任归咎？

（四）"区分单一犯与复合犯"说

与前述诸种中间说不同，区分单一犯与复合犯的学说原生于我国刑法理论土壤。根据这种见解，是否认可承继的共同正犯以及其

---

① ［日］井田良：《相续的共同正犯随笔》，黄士轩译，《月旦法学杂志》2018年第7期。

② 井田良：《いわゆる参与形式三分法（共同正犯・教唆犯・帮助犯）をぬぐって》，《研修》784号（2013年）。

成立范围，不能一概而论，应当依照单一犯与复合犯分别进行讨论。陈兴良教授将犯罪区分为单一实行行为犯与双重实行行为犯，前者包括即成犯（如故意杀人罪）与继续犯（非法拘禁罪），后者如抢劫罪。在单一犯的场合，中途参与的后行为人应认定与先行为人成立共同正犯。在复合犯的场合，则应有限度地肯定后行者对先前事实的"追认"，简而言之，这种"追认"仅限于构罪的最低限度的要素，对于超出这一范围而形成加重犯的犯罪事实，则不承担刑事责任。而在牵连犯、结合犯等犯罪形态中，若后行者在所牵连之罪或所结合之罪实施终了后加入，则只对其参与的犯罪承担共同正犯的责任。① 据此，在单一实行行为犯的场合，应全面认可承继的共同正犯，而在双重实行行为犯中，则仅在基本的犯罪构成内肯定承继的共同正犯。陈兴良教授的观点基本属于肯定说，只在超越最低的犯罪构成要件外，否定承继的共同正犯。但是，如前文所述，除结合犯与具有结合犯性质的犯罪外，一般性地肯定双重实行行为犯本身就值得商榷。况且，抽象地对单一犯与复合犯中的承继共同正犯现象作不同处理的理据也不充分。

有学者不仅赞同陈兴良教授关于单一犯与复合犯区分标准，同时认为：在前者的场合下，由于只存在一个罪过、一个行为、侵犯一种社会关系，后行为人在认识先行为人犯罪情况的基础上加入犯罪，即表明其已成为单一犯之共犯，因此就应当对先行为人的行为及其结果承担责任；在复合犯中，若后行为人与先行为人之故意内容一致，属于事中共犯，当然对先行为人的行为及其结果承担责任，若故意内容不一致，则属于承继共犯，仅对参与之后的事实承担责任。② 前文已经阐明，以故意内容一致与否区分事中共犯与承继共犯

---

① 陈兴良：《共同正犯：承继性与重合性——高海明绑架、郭永杭非法拘禁案的法理分析》，载陈兴良主编《刑事法评论》（第 21 卷），北京大学出版社 2007 年版，第 36—37 页。

② 刘宪权、张娅娅：《承继共犯的刑事责任探讨》，《政治与法律》2010 年第 2 期。

欠缺合理性，不再赘言。在单一犯中，论者实际上是以认识、容认先前事实为理由，全面肯定承继的共同正犯，但仅此并不足以奠定正犯性，而且也难免落入心情刑法的窠臼。在以违法和责任为支柱的犯罪论体系中，共犯者的责任范围由构成要件事实的客观归属与主观归属共同划定。因此，在复合犯中，仅以故意内容这种罪责要素决定后行为人的责任范围，实际是奉行主观恶性和个人危险性决定犯罪与否及刑事责任大小，与刑法客观主义立场不符。[①]

不同于上述观点，有学者认为单一犯与复合犯的区分并非指实行行为的单复，而是指构成具体犯罪的危害行为之单复，任何犯罪的实行行为只能是单数。在单一犯中，只要后行为人与先行为人具有共同实行犯罪的故意，并且在先前的犯罪行为实施完毕前介入，即可肯定后行为人成立承继共犯，只是在量刑时应给予适当考虑。复合犯中的承继共犯问题则相对复杂，以抢劫致死为例，在抢劫罪的实行行为尚未结束的阶段，由于后行为人不仅与先行为人有意思联络，而且最为重要的是，其主观上容认先行行为，客观上积极进行利用，理当构成抢劫罪的共同犯罪，但依照社会相当性原理，其容认的限度仅是抢劫罪基本犯。[②] 毫无疑问，论者的上述见解是以实行行为的整体性为立论基础的，在单一犯的场合，采取了全面肯定承继的共同正犯的立场；而在复合犯中，论者的观点实际上与"积极利用"的中间说没有本质性区别，并且排除了加重构成的承继可能性。虽然认识到实行行为在价值层面的整体性具有积极意义，但将其绝对化委实不可取。单一犯中，以"认识、容认"为根据全面肯定承继共同正犯不具有说服力，同样带有浓厚的心情刑法之色彩。不言而喻，前文关于"积极利用说"的批评，同样适用于该说对复合犯中承继共犯问题的处理，而且以社会相当性这种实质违法性的一般原理来限缩作为主观罪责要素的容认范围，应当说是理论的

[①] 周光权：《刑法客观主义与方法论》，法律出版社2013年版，第8—9页。
[②] 聂立泽：《承继共犯研究》，《云南大学学报》（法学版）2004年第3期。

误用。

尽管本书不赞同上述三种具体观点，但其选择以单一犯与复合犯这种犯罪结构为视角，仍然为类型化地解决承继共犯问题提供了积极的思考方向。如何与客观主义刑法方法论相协调并谋求与因果共犯论的整合，是该说将来需要回应的课题。

（五）区分行为性质与责任范围的学说

该说由张明楷教授所提倡，他认为承继共犯问题涉及承继的行为性质及责任范围等问题，不能简单地以肯定说、否定说或折中说加以概括，应对上述问题进行分别讨论。该说原则上认为后行为者参与的行为性质与先行行为相一致，例如在他人实施欺骗、恐吓或者暴力行为后，中途参与受领财物或者夺取财物的，应成立诈骗罪、敲诈勒索罪及抢劫罪，但应视情况认定为承继的共同正犯或帮助犯。但是，也存在应该否定共犯的情形。例如，在结合犯中，由于所结合的两罪原本就是独立的，因此仅参与后一犯罪者，不构成结合犯，仅成立后一犯罪。关于后行为者的责任范围，该说主张后行为者不应对与自己的行为没有因果性的结果承担责任，不止如此，后行为者也不对介入前由先行为者独立造成的加重情节承担责任。[①] 以上论述的旨趣，可以理解为中途参与实施部分行为者能够成立该罪之共犯，但对介入前的既存结果不承担责任。

区分参与行为性质与责任范围的思考方式，清晰地揭示了承继共犯理论的两个重要课题：一是后行为者能否成立前行为者犯罪之共犯；二是后行为者承担刑事责任的范围。该说对第一个问题原则上持肯定态度，却对第二个问题采取否定说。尽管该说的结论具有合理性，但是参与他人犯罪便与他人之行为性质相同的根据是什么，并不清楚，而且这一论断与张明楷教授所赞同的行为共同说"数人数罪"之法理可能存在抵牾。参与夺取财物即构成抢劫罪、参与诈取财物即构成诈骗罪，依此类推，参与抢劫致伤，亦应成立结果加

---

① 张明楷：《刑法学》，法律出版社 2016 年版，第 431—434 页。

重犯对致伤结果负责，因为强取财物也是抢劫致伤的一部分。① 但是，张明楷教授却对此持否定态度。据此，该说似乎也没有一贯地坚持因果共犯论。尽管如此，本书仍将采纳这种区分行为性质和责任范围的思路来解决承继共犯问题。

第三节　承继共同正犯理论的新发展

随着理论批判的深入，加之司法实践中涌现的新情况对传统理论形成挑战，晚近以来，域内外关于承继的共同正犯的学说不断推陈出新。在日本，以最高裁平成 24 年判决为契机，日本刑法学界提出了数种新的理论，受日本学术思潮及国内司法实务发展的影响，我国也出现了一些新的主张。为此有必要从事实与规范、实务与理论的多维视角出发，对相关新理论进行剖析、检讨。

一　域外的理论发展与评判

（一）不作为犯说

不作为犯说对承继的共同正犯持全面否定的立场，关于后行为者的责任归属问题，该说试图运用不作为犯的法理，寻求与因果共犯论具有整合性、符合个人责任原则并兼顾结论合理性的解决方案。山口厚教授是这一富有创建性的学说的首倡者。山口厚教授认为诸种中间说的理论根据并不充分，因此应当采取后行为者只对共谋加担后的行为共同引起的事实承担责任的立场。在此前提下，山口厚教授尝试肯定后行为人就共谋加担后的行为成立不作为犯，进而与先行为人成立共同正犯。但成为问题的是，肯定后行为人居于保障人地位的依据是什么？山口厚教授指出先行为人在整个犯罪过程中

---

① ［日］十河太郎：《相续的共犯之考察》，王昭武译，《月旦法学杂志》2016 年第 3 期。

持续地具有作为义务，只是应当优先成立作为犯，进一步地，"后行为人通过共谋参与先行为人的行为，就与先行为人共有这种保障人的地位即作为义务"。① 在这种理论结构下，后行为人仅对参与之后的事实承担责任，因此与因果共犯论具有整合性。② 但是，肯定后参与者居于保障人地位，与先行为者共有作为义务，必须以后行为人引起某种危险状态为前提。例如，在抢劫罪的场合造成被害人反抗受压抑或在诈骗罪的场合使被害人陷入错误，才能够肯定行为人具有解除该状态的义务。换言之，在这种见解看来，后行为者利用先行为者效果的参与行为，与亲自实施暴力或胁迫、欺骗行为后再取财的行为一样，因而属于不作为的强盗罪或诈骗罪。③ 林干人教授认为，成立诈骗罪的作为犯以加深对方错误为必要，若不能承认这种事实，则能否认定行为人具有告知义务，就成为特别重要的问题。据此，在可以认定受领财物的后行者具有排他性支配时，便具有告知义务，进而产生成立不作为诈骗罪的余地。④

但是，在承继的共同正犯中引入不作为犯理论，尚存在值得商榷的余地。既然论者以后行为人之行为对先前事实没有因果性为由，否定承继的共同正犯，那么，在此何以将其作为先前事态的引起者，进而肯定其负担作为义务？毕竟，后行为人是在先行者之犯罪行为部分完成后介入，这种事实不会因学说调整而发生改变。径自将后行为人评价为反抗受压抑状态、错误状态的引起者，要么忽视了承继共同正犯现象的特殊性，要么是逻辑上的跳跃。根据因果共犯论，既然不能肯定后行为人制造了被害人陷入反抗受压制或陷入错误的

---

① ［日］山口厚：《承继的共犯理论之新发展》，王昭武译，《法学》2017 年第 3 期。

② ［日］山口厚：《承继的共犯理论之新发展》，王昭武译，《法学》2017 年第 3 期。

③ ［日］山口厚：《刑法总论》，付立庆译，中国人民大学出版社 2018 年版，第 371 页。

④ 林幹人：《承继的共犯について》，《立教法学》97 号（2018 年）。

状态，就不能肯定其负有解除这种状态的义务。在这一点上，很难认为山口厚教授的观点彻底地贯彻了因果共犯论。

这里亟须回应的是，后行为者是否因排他性支配而成立诈骗罪之不作为犯？根据西田典之教授的看法，事实上的排他性支配以"基于自己意思"（相当于保护接受）或"非基于意思"（相当于领域性支配）实施的行为事实上排除他者的救助可能为前提。反观诈骗罪中的承继共同正犯，很难说仅实施受领财物者基于上述两种根据而对法益侵害具有排他性支配。[1] 况且，排他性支配能否产生作为义务也值得怀疑。按理说，义务只能由规范性关系决定，而不能直接自事实性要素中推导出来。[2] 此外，现实生活中，对于现金寄送型的诈骗案件，由于受领财物的后行为人不直接面对被害人，自然难以认定其成立不作为的诈骗罪。[3] 这样一来，想必就会形成处罚漏洞吧。退一步讲，基于诈骗罪与强盗罪结构上的差异，即使认为将诈骗罪中的后行为人认定为不作为的共同正犯（如找钱诈骗——笔者注）具有充分的可能性，也无法将这种理解扩展至强盗罪。[4] 不止于此，在诸如故意杀人罪等构成要件没有预设某种状态的犯罪中，该说可能会陷入彻底失灵状态。总之，由于后行为者并非某种危险状态的引起者，以不作为犯原理解决承继共同正犯问题的思路，尚难言具有充分的合理性。

（二）因果缓和说

该说由日本学者桥爪隆教授与十河太郎教授所倡导，其基本主张是，共同正犯的成立，没有必要严格要求共同者之行为与所有构

---

[1] 西田典之：《刑法總論》，東京：弘文堂 2010 年版，123—126 頁。
[2] 徐万龙：《不作为犯中支配理论的法教义学批判》，《现代法学》2019 年第 3 期。
[3] 尾棹司：《だまされたふり作戦と詐欺罪の承継的共同正犯の成否について—高裁第三小法庭決定平成 29 年 12 月 11 日を素材として》，《法學研究論集》48 号（2018 年）。
[4] ［日］井田良：《相续的共同正犯随笔》，黄士轩译，《月旦法学杂志》2018 年第 7 期。

成要件要素间具有因果性，进而提倡适当地缓和因果性要件。不过，二位教授的观点也存在一定的差异。

十河太郎教授原则上认同因果共犯论，因而主张共同者仅在与自己的行为存在因果关系的范围内承担责任。但是，在共犯现象中，并不要求共同者与所有的构成要件要素之间都存在因果关系。由于犯罪的核心要素是对保护法益的侵害或危险，因此，只要能够认定后行者的行为与该犯罪的第一性（主要）的保护法益间存在因果关系即可。换言之，在后行为人透过参与该当构成要件的先行者的行为，而侵犯了该罪的保护法益时，就可以评价为其与先行者共同实现了该罪之构成要件，成立承继的共犯。例如，强盗罪的保护第一性保护法益是财产的占有，据此仅实施强取财物行为的后行者，也可认定成立强盗罪的共犯。需要强调的是，承继的帮助犯与承继的共同正犯所要求的是同样内容的因果关系，在此前提下根据共同者发挥作用的程度，决定其成立共同正犯还是帮助犯。[①]

桥爪隆教授则认为，构成要件该当事实包括构成要件该当行为与构成要件该当结果，结果的引起是不法内容的本质要素，实行行为不过是出于罪刑法定之要求而限定处罚范围。在此前提下，共犯只要对作为不法内容之结果引起具有因果性即为已足。换言之，即使后行为者与实行行为间没有因果关系，但如果对法益侵害结果具有因果性，那么就充足了处罚根据。这种缓和的因果性同时适用于共同正犯和狭义共犯。在这种观点看来，成立承继的共犯，后行者没有必要积极地利用先前事实，但需要对先前事实存在认识。关于这里的"结果"之范围，桥爪隆教授认为共同者之行为须与所有法益侵害结果间均具有因果关系。例如强盗罪中，仅参与夺取财物者，就欠缺以强盗罪之共同正犯予以处罚的根据；但在诈骗罪中，欺骗被害人不具有独立性，

---

① ［日］十河太郎：《相续的共犯之考察》，王昭武译，《月旦法学杂志》2016年第3期。

因此仅受领财物者也成立诈骗罪的共同正犯。①

可以发现，二位教授所提倡的缓和的因果性说，在因果性之缓和程度上存在较为明显的差异。即，十河太郎教授仅要求共同者与犯罪的主要法益侵害结果存在因果性，而桥爪隆教授则认为共同者与所有法益侵害结果具有因果关系是必要的。缓和的因果性说自提出以来，就遭到因果共犯论支持者的批判与质疑。对于十河太郎教授的见解，松原芳博教授批判道："共犯的构成要件虽然是在分则规定的基本构成要件基础上的修正，但这只意味着因果性内容的缓和，绝没有缩减因果性对象的意思。"② 他还举例说道："强盗罪的法定刑之所以比盗窃罪重就在于其不止侵犯财产法益，如果忽视暴行、胁迫而仅要求与财产法益侵害存在因果性，就应该成立盗窃罪的共犯。"③ 山口厚教授则认为，缓和因果性说没有给出令人信服的理由，例如仅参与强盗罪之夺取财物行为者，只能左右盗窃的结果，没有理由让其承担强盗的罪责。在这个意义上，缓和因果性说"不过是稍强于那些甚至不以对'犯罪结果'存在因果性为必要，就肯定承继共犯之成立的观点而已"④。姚培培博士提出，缓和因果性要件的观点，不过是为了承认承继而对因果共犯论进行的"政策性修改"而已。⑤

如果将缓和因果性说贯彻到底——特别是十河太郎教授的见解——确实有可能忽视不同犯罪在不法构造上的差异，但也不得不说，以上指摘不过是从其自身立场出发所作出的偏见。上述批判意见均是以彻底的结果无价值论为背景，进而要求不打折扣地贯彻因果共

---

① ［日］桥爪隆：《论承继的共犯》，王昭武译，《法律科学》（西北政法大学学报）2018年第2期。

② 松原芳博：《詐欺罪と承継的共犯：送付型特殊詐欺事案における受け子の罪責をめぐて》，《法曹時報》70卷9号（2018年）。

③ 引文来源于2019年3月19日松原芳博教授在云南大学法学院所作的"承继的共犯"的讲座。

④ ［日］山口厚：《承继的共犯理论之新发展》，王昭武译，《法学》2017年第3期。

⑤ 姚培培：《承继共犯论的展开》，载陈兴良主编《刑事法评论》（第40卷），北京大学出版社2017年版，第127—128页。

犯论。事实上，共同正犯属于共同引起不法事实的犯罪参与类型，自然不必像单独正犯一样对所有构成要件要素具有因果性。这也是共同正犯之"共犯性"的体现。不过，这并不意味着有必要将缓和因果性说适用于帮助犯，因为帮助犯的因果性以促进正犯行为及结果为已足。但是，即使法益侵害在违法性评价中处于中心位置，也不能因此忽视行为无价值，在这个意义上，行为无价值具有限定处罚范围的机能。① 根据这种侧重结果无价值的二元论，对于承继的共同正犯，不仅应重视后行为者独立支配的法益侵害事实，也必须充分考虑其透过参与先行者之行为所实现的犯罪类型。而且，共同正犯毕竟是修正的构成要件，其特殊结构在于实现了相互代表，因此重要的是如何在规范上认定"相互性行为归属"。此外，倘若只不过参与共谋的行为人也能认定成立共同正犯（共谋共同正犯），那么，对于中途参与分担实行行为且对犯罪的完成起到重要作用者，就没有理由不将其评价为共同正犯。

缓和因果性说在进行责任归咎时，仍然遵循因果性原则，因此其方向值得肯定。但是，由于该说是通过一般性地缓和因果性要件来肯定承继共犯，因此不可避免地会忽视个罪之不法结构或者难以充分体现先、后行为的整体性。该当缓和的因果性要件，只不过是解决了处罚可能性的问题，在此基础上，如何区分共同正犯与狭义共犯，想必不得不回到各国犯罪参与体系中去。

（三）不法内容因果说

不法内容因果说，由松原芳博教授所提倡。该说旨在回应承继共犯肯定说对以因果共犯论为根据之彻底否定说的批判。松原芳博教授认为，正犯构成要件与共犯构成要件的保护法益和惹起对象是相同的，因此很难说缓和因果性的观点是妥当的。据此，凡肯定因果溯及的理论，都违反了因果共犯论和行为主义。② 但是，有学者针

---

① 张明楷：《行为无价值论与结果无价值论》，北京大学出版社2012年版，第15页。
② 松原芳博：《詐欺罪と承継的共犯：送付型特殊詐欺事案における受け子の罪責をめぐて》，《法曹时報》70卷9号（2018年）。

对这种严格的因果性要求，提出了质疑。例如，对于"发生火灾之际"或"公务员"等构成要件要素，即使单独犯也不需要具有因果性。对此，松原芳博教授指出，行为状况和身份等要素只是意味着对引起法益侵害或危险所必要的环境，可谓"不法前提"；而作为被法律给予否定评价的实行行为、中间结果和最终结果，属于"不法内容"。按照因果共犯论，共犯者不需要对"不法前提"具有因果性，但应当与"不法内容"间存在因果关系。强盗罪、敲诈勒索罪中的暴力、胁迫和诈欺罪中的欺骗，都是"不法内容"，成立共犯必须对这些"不法内容"具有因果关系。在承继共犯的场合，后行为人对介入前的"不法内容"缺乏因果性，自然应全面否定承继。[1] 而且，这种因果性要求对共同正犯、教唆犯、从犯都不应有区别。[2] 区分"不法前提"与"不法内容"的意义在于明确了因果性的范畴，但是对不法前提无须具有因果关系难道不是理所当然的吗？因此，不仅承继共犯肯定说的批评意见没有意义，该说所作的回应也相当于什么都没有说。所以，笔者在前文对以因果共犯论为根据的全面否定说的检讨，也同样适用于该说。在此，没有必要重复论述。

（四）基于行动规范论的否定说

该说由小岛秀夫提倡，认为从行动规范论出发，应彻底否定承继的共同正犯。小岛秀夫教授指出正犯和共犯的行动规范不同，二者各自有其固有的行动规范存在。共同正犯与帮助犯的界分标准是基于自律决断的实行行为的内在的意思，即构成要件的故意，以及分则所规定的正犯构成要件的内容的行为。[3] 根据行动规范理论，认

---

[1] 姚培培：《承继共犯论的展开》，载陈兴良主编《刑事法评论》（第40卷），北京大学出版社2017年版，第128—129页。

[2] 引文来源于2019年3月19日松原芳博教授在云南大学法学院所作的"承继的共犯"的讲座。

[3] 小岛秀夫：《共同正犯と帮助犯の区别基準——故意の再评价》，《法学研究論集》33号（2010年）。

定后行为者成立共同正犯，必须全面地存在对正犯行为的构成要件故意。然而，在承继共同正犯的场合，中途介入的后行者对先前事实的认识、容认属于事后故意，并非真正的构成要件故意。因此，在任何情况下都应该否定承继的共同正犯。[1] 简而言之，行为者对全体构成要件行为具有故意，是共同正犯的成立要件与区分正犯和帮助犯的核心要件，如不具备这种真正的构成要件故意，则不能认定成立共同正犯。承继的共同正犯作为共同正犯实质化的形式之一，理所当然应具备这一要件。

虽然该说与以事后故意为根据的承继共犯否定说所依据的理论不完全相同，但在强调事后故意这一点上，可谓殊途同归。因此，对以事后故意为依据的否定说所作的检讨，同样适用于该说。此外，笔者认为该说所依据的行动规范理论并不妥当。诚然，刑法具有行为规范的侧面，但评价规范的意义也不可或缺。这样的话，单纯从行动规范出发界分共同正犯与帮助犯，想必失之偏颇。在认定共犯参与形式时，重视共同者的自律性决定也不是什么新鲜的论点，相反，恰恰体现了最为古典的思考方式。[2] 最后，该说力图兼顾构成要件故意和分则所规定的构成要件行为——认为符合共同正犯之主、客观要件者是共同正犯，看似周全，实际上相当于什么也没说，也有循环论证之虞。

二 我国的理论发展与检讨

（一）行为价值共同说

马荣春教授认为承继共犯的"行为共同"是指行为"内在"或"价值"的共同，而非行为的"外形"之共同，故可将这种见解称

---

[1] 小岛秀夫：《いわゆる承继的共犯の規範論的考察》，《大東法学》63 号（2014年）。

[2] 最初，区分"发起者"与"辅助者"这两种参与形式时，理论上就特别重视自由的决定，越是自由地作出意思决定，责任就越重。井田良：《いわゆる参与形式三分法（共同正犯・教唆犯・帮助犯）をぬぐって》，《研修》784 号（2013 年）。

为"行为价值共同说"。该说认为肯定承继共同正犯与因果性要求并不矛盾，也与"部分实行，全部责任"原则具有契合性，在此基础上，该说对承继共犯持全面肯定的态度。

首先，该说论证了肯定说与共犯因果性要件的符合性。马荣春教授将承继共犯现象分为"单线延长式行进"与"双线缠绕式行进"两种类型，前者指后行为介入后单独完成剩余犯罪行为，后者指后行为人介入后与先行为人共同完成剩余犯罪行为。在先行为尚未产生相应的结果或状态时，"单线延长式行进"与"双线缠绕式行进"的参与方式对先行为具有"巩固"或"强化"的作用。因此，后行为与先行为"暗结"着因果性。在先行为已经造成不可能进一步严重化的结果或状态的场合，"单线延长式行进"型的参与行为可视为"兑现"了先行为的目的，从而曲折地体现了因果性；"双线缠绕式行进"型的参与行为则通过"促进"或"强化"先行为的继续实施，而与先行为形成因果性。在先行为已经造成仍有可能恶化的结果的场合，如后行为人的参与方式为"单线延长式行进"，可视为在"加剧"先行为既成的结果或状态之中试图"兑现"先行为所预设的法益侵害；如后行为人的介入类型为"双线缠绕式行进"，则是在"加剧"该结果或状态并"促进"或"强化"先行为的继续实施中体现因果性，而且这种"因果性"就融合于先、后行为整体与最终的法益侵害之间的因果流之中。① 所谓因果合流的根据是先、后行为人的"罪过共同"，即因"心理因果性"的支配，先、后行为才成为一个"共犯体"。② 在肯定后行为与先前事实间具有因果关系的基础上，该说将这种基于"合意"的利用，在价值上等置于"惹起"，从而将后行者利用先前事实的行为，评价到先行者

---

① 马荣春：《承继共犯的成立：肯定说的新生》，《东方法学》2015 年第 5 期。
② 马荣春、王腾：《罪过共同说之提倡及其运用》，《中国人民公安大学学报》（社会科学版）2017 年第 3 期。

的犯罪中去。① 其次，该说认为共同正犯的成立条件并不排斥承继的共同正犯，并且"部分实行，全部责任"也不否定个人责任原则。在承继共同正犯的场合，后行者基于合意利用先行者所造成的状态，"巩固"或者"强化"先行者造成的结果，并促成最终的结果，就属于其"有责的范围内"和"共同造成的违法事实"。其中，后行者负责的对象是"整个共同犯罪事实"而非被分割的前、后两段事实，这种罪责的根据仍然在于其对先行为的"巩固""强化"作用以及对介入后先行为者行为的"壮大"作用。论者甚至强调，落实"部分实行，全部责任"的法理，有时甚至根本无须认定因果性，也不可能明晰因果性。②

论者的上述观点，实际上是以价值性思考的方式解决事实层面的因果性问题，但论证并不成功。第一，即使认为共犯本质是"罪过共同"，即心理因果关系的相互影响，也仍然未逸脱因果性要件。无论如何抽象，即便认为后行者对先行为有巩固或强化作用，也不能否认其对参与前的既成结果没有因果关系。第二，上述繁复的论证之所以能够得出全面肯定承继的共同正犯的结论，其隐性理据有二：其一，论者实际上主张只要后行者对犯罪事实之整体具有因果性即可，而肯定这种因果性是经由以"罪过共同"为纽带而形成的"共犯体"与全体犯罪事实间具有因果性的路径实现的；其二，以后行为者事后追认参与前的行为为依据，认定其形成对先前行为的主观认同，进而二者在整体罪过上形成"共同"。③ 但是，第一条理由不过是从"共犯体"出发考察因果关系，在价值上与缓和因果性说可谓异曲同工，但采取了集体主义的方法论，而且在结论上要求后行者对先前事实承担责任。第二条理由实际是根据事后追认来认定

---

① 马荣春：《承继共犯的成立：肯定说的新生》，《东方法学》2015 年第 5 期。
② 马荣春：《承继共犯的成立：肯定说的新生》，《东方法学》2015 年第 5 期。
③ 马荣春、王腾：《罪过共同说之提倡及其运用》，《中国人民公安大学学报》（社会科学版）2017 年第 3 期。

共同正犯，这难道不会陷入心情刑法的泥淖吗？最后，认为"部分实行，全部责任"法理的适用，不需要判断因果性，过于激进。不仅与作为通说的因果共犯论不符，更违反了作为现代法治精神支柱的个人责任原则，而且这种观点有规避承继共犯中因果关系认定困难的嫌疑。

（二）支配犯与义务犯概念的引入

我国有研究者站在"效果持续说"的立场上，主张引入支配犯与义务犯的概念以重构承继共同正犯的处罚根据。论者指出，以因果共犯论为根据形成的承继共同正犯学说对立明显、逻辑混乱，脱离了我国理论上将共同正犯理解为正犯的现状，并且在我国共犯语境下会造成罪刑不相适应。基于上述理由，在我国应舍弃以因果共犯论作为共同正犯的处罚根据。为此，有必要引入支配犯与义务犯理论，构造起递进式的承继共同正犯处罚结构。详言之，在先后相续的犯罪现象中，应首先判断后行为者是否成立作为犯的支配犯，其次，判断能否成立不作为犯的支配犯，在前两个步骤均得出否定结论时，以违背积极义务为根据，将后行者认定为承继的共同正犯。这里所谓的作为犯的支配犯是支配了犯罪行为的因果流程的人，而不作为犯的支配犯则指行为人的不作为对结果具有事实性支配；后行者负担的解救被害法益的积极义务，来源于其通过共谋进入了"与陷入危难的被害人建立起救助关系"的制度中，这种作为义务不局限于稳定的父母子女关系、特别信赖关系，也包括临时建立的特殊关系。①

该说引入支配犯与义务犯概念，采取阶层式的规则结构判断中途参与者能否成立先行者犯罪的共同正犯，极富理论创新勇气。但是，其立论点及内部逻辑自洽性仍有商榷余地。第一，该说完全在正犯意义上把握共同正犯，忽视了共同正犯"在只实施部分行为这

---

① 朱艺楠：《承继共同正犯中间说的肯定说之提倡——引入支配犯与义务犯的概念》，载江溯主编《刑事法评论》（第41卷），北京大学出版社2018年版，第34—37页。

一点上"所体现的共犯性之侧面。[①] 事实上,作为其论据,该说认为我国刑法理论将共同正犯与直接正犯、间接正犯放在同一维度的观察结论也是失真的。众所周知,传统四要件理论下,被认可的概念是起主要作用的实行犯及起次要作用的实行犯,二者分别归属于主犯和从犯中,[②] 甚至有学者提出共犯性是共同正犯的主要方面,[③] 因而我国刑法并没有将共同实行犯排除于共犯之外。即使在刑法知识话语转型后,认为共同正犯属于广义共犯、难以否定其共犯性的观点仍然不失为有力的学说。[④] 第二,前文已经述及,支配犯概念难以说明作为义务来源,不仅如此,义务犯本身以规范上存在义务为前提。在这个意义上,该说与山口厚教授的观点类似,因而很难说仅因"共谋参与"就对与之无因果性的被害法益产生作为义务。第三,义务犯理论无法充分地解释共同正犯。正是考虑到行为支配理论无法回答损害前行为构成性义务者的正犯性问题,因此罗克辛教授才主张将以功能支配理论为基底的共同正犯与以损害构成性义务为根据的义务犯对应起来。[⑤] 而雅克布斯教授的义务犯概念以规范论为根据,彻底抛却了法益侵害性,重视积极义务的违反,带有主观主义化的倾向。[⑥] 论者以义务犯理论说明共同正犯的正犯性,要么与罗克辛教授的初衷相悖,要么是以事后的主观认同作为就先前事实追责的依据。其实,即使在支配犯理论与义务犯理论滥觞之地的德国刑法学界,人们也一般性地反对承继的共同正犯。由此可见,

---

[①] [日] 高桥则夫:《共犯体系与共犯理论》,冯军、毛乃纯译,中国人民大学出版社 2010 年版,第 253 页。

[②] 马克昌主编:《犯罪通论》,武汉大学出版社 1999 年版,第 565、571 页。

[③] 林亚刚:《共同正犯相关问题研究》,《法律科学》(西北政法学院学报) 2000 年第 2 期。

[④] 钱叶六:《共犯论的基础及其展开》,中国政法大学出版社 2014 年版,第 42—43 页。

[⑤] [德] 克劳斯·罗克辛:《德国刑法学总论》(第 2 卷),王世洲等译,法律出版社 2013 年版,第 80—81 页。

[⑥] 周啸天:《义务犯理论的反思与批判》,《法学家》2016 年第 1 期。

该说在论理上仍有很大的不足之处。

(三) 行为持续说

行为持续说主张，如果能够在价值层面认定先行者的行为在后行者共谋参与之际仍处于继续状态，即可认为后行为者现实地参与了先行者的犯罪，进而成立先行为者犯罪的共同正犯。程红教授是国内较早关注日本最高裁平成 24 年判决的学者，她认为单一行为犯与复合犯中认定承继的共同正犯宜采用不同的理论。在故意杀人罪等单一行为犯中，井田良教授所提倡的重要部分参与说具有合理性；在抢劫罪等复合犯中，只要前行为在规范意义上可评价为继续，后行为者即可成立承继共犯。承继共犯所承继的对象是行为而非结果。这样的话，对于先行为者造成的结果或状态，后行为者便不能承担责任，但后行为者在该犯罪正在继续时介入的，应成立该罪的承继共犯。除了在违法层面具备上述要求外，在责任层面，仅需具备一般单独犯的主观要件并与共犯者有意思联络即可，而没有必要强调利用意思。[①]

该说反对状态的可持续性及可承继性，认为当前行为在规范意义上可评价为继续时，后行为人共谋参与的，便可成立承继的共同正犯。不过，规范上认定先行者的犯罪正在继续的标准不见得清楚，这是该说的根本疑问所在。在复合犯中，该说的旨趣似乎也可以理解为，当后行为者透过共谋参与先行为者正在继续的犯罪，而侵犯该构成要件所保护的法益时，可认定其与先行为者成立共同正犯。在这个意义上，该说与缓和因果性说具有亲和性，因此也具有一定的合理性。当然，本书认为除继续犯外，行为不可能持续，因此从结论上难以完全赞同该说。

[①] 程红、吴荣富：《论承继共犯的范围——对日本最高裁判所平成 24 年 11 月 6 日判决的思考》，载程波主编《湘江法律评论》（第 14 卷），湘潭大学出版社 2016 年版，第 194—196 页。

第四节　限定肯定立场之新探：构成要件评价承继说

上文对承继共同正犯的诸种学说及发展情况的梳理表明，尽管诸学说均不乏合理之处，但要么结论存在难以克服的问题，要么存在说理有待加强的地方。虽然共同正犯与帮助犯的归责原理有一定的差异，但只能就与自己的行为有因果性的不法结果承担罪责，这一点是二者共通的。据此，要认可承继的共同正犯，必须在遵循个人责任原则的方向上，进行新的理论尝试。

一　构成要件评价承继说的理论可能性

除特殊情况外，在共同犯罪的场合，个别参与者的行为通常不能单独充足构成要件，无法单独作为相应不法规范的归责对象，犯罪各阶段的行为片段只有在形成"共同行为"时才受到完整的规范评价。在部分犯罪共同说之下，各参与者的行为须具有"共同性"，才可能在行为人之间实现行为的相互归属。高桥则夫教授以个别行为者间主观上的"意思疏通"为根据肯定"相互性行为归属"，① 但高桥则夫教授的观点过分重视主观意思联络而淡化客观行为间的关联性，显然失之偏颇，而且不能不说该理论的主观色彩更重。如前文所指出的，"意思联络"不仅具有行为共同说所标定的因果性层面的意义，更主要的是发挥使各参与者在人际关系上成为"一体"的作用。根据前文关于共同正犯成立条件的论述，在意思联络之外，各参与者客观上也需要有相互利用、补充彼此的行为。总而言之，基于以上主、客观层面的联系，本来个别的行为在规范层面融为一

---

① [日] 高桥则夫：《共犯体系与共犯理论》，冯军、毛乃纯译，中国人民大学出版社2010年版，第258—259页。

个行为整体——"共同"行为，进而才能够适用"部分实行，全部责任"原则，并将"共同"行为引起的结果归属于各参与者。显然，并非任何情形的数人犯罪都能够被认定存在"共同"行为，最显著的例子就是同时犯与过失的共同正犯。

为了成立共同正犯，必须首先肯定因果性要件，在此基础上，先、后行为者的行为还应当能够规范地评价为"共同实行"，进而奠定"行为相互性归属"的基础。本书认为，将"因果缓和说"与"效果持续说"进行整合以后，可以较为妥当地解决承继共同正犯所面临的难题。就"因果缓和说"而言，尽管其符合共同正犯之共同引起的属性，能够较好地回答个别行为者与构成事实之间因果性的问题，但是其不能说明数行为者间何以成为"共同正犯"并进行"相互性行为归属"。就"效果持续说"来讲，先行为效果持续意味着先行为"正在实行"，为后行为者介入并在客观上利用该效果（相当于利用、补充先行为）完成犯罪提供了契机。但是，毕竟利用"效果"不等于引起"效果"，因此该说并没有充分地解决共同正犯的因果性问题。可见，"因果缓和说"与"效果持续说"各有短板，但这两种学说共同的合理之处在于，试图将后行为者的责任限制在与其行为具有因果性的结果的范围内，进而也与个人责任原则的精神相契合。在以因果性限制责任归属的方向上，可以认为这两种学说是相互整合的。① 本书之所以将"因果缓和说"与"效果持续说"进行理论上的整合，不仅是因为二者具有方向上的一致性，更重要的根据在于这两种学说功能上的互补。简而言之，"因果缓和说"对各参与者的行为与结果之间的因果关系问题具有解释力，而"效果持续说"在客观层面确保了先后行为能够被评价为"共同实行"。如前文所述，共同正犯的因果关系建立在"共同"行为与法益侵害

---

① 尾棹司：《だまされたふり作戦と詐欺罪の承継的共同正犯の成否について—高裁第三小法庭决定平成 29 年 12 月 11 日を素材として》，《法学研究論集》48 号（2018 年）。

结果之间，只有认为个别参与行为的因果性是不完整的，才符合共同正犯的"共犯性"侧面。从这个意义上讲，共同正犯的"共犯性"是整合"因果缓和说"与"效果持续说"的理论基础。

在整合后的原理指引下，成立共同正犯不要求各参与者的行为与所有构成要件要素都建立因果关系，亦不要求各参与者在事实层面系并行地共同实施犯罪。与其说共同正犯是各参与者共同实施犯罪，毋宁认为共同正犯不过是各参与者的行为"在规范上被评价为共同实施犯罪"。也就是说，共同正犯是一种规范评价，而非单纯的事实存在。

二 构成要件评价承继说的初步展开

在承继共同正犯的场合，先行为之"效果持续"在客观层面发挥"黏合"先、后行为的机能，是后行为者透过先行为效果而与最终的法益侵害结果形成因果性的前提。更明确地说，先行行为的效果正在持续，意味着该行为在规范上可以评价为"正在实行"，其不法已经充分表露，后行为者仍然任意地基于共谋参与实行，进而使自己的行为意义与先行行为相适应，这就使得后行为能够被实质性地评价为先行为者的犯罪的一部分。这样来看，先、后两段行为不过是在同一构成要件的结构内存在的行为方式差异。后行者透过参与先行为者的犯罪，将自己的行为与先行者的行为联结起来，"共同"引起了该构成要件所保护的法益侵害结果。换言之，参与者只要与法益侵害结果具有因果关系，并且在犯罪的实现中发挥重要作用，便成立共同正犯，这是"因果缓和说"的自然推论；与先行为者的意思联络及利用先行为效果完成剩余行为，是认定先后行为具有"共同性"所应具备的主、客观要件。这当中意思联络的作用尤其值得强调，即先、后行为者于犯罪中途所进行的主观上的意思疏通，将后行为者共谋参与前的行为事实也纳入了"共谋射程"，使得将后行为与先行为进行整体评价成为可能。由此出发，中途参与者的行为性质原则上与先行为者一致，但仅对与其行为有因果性的法益侵害结果承担罪责。可以认为，后行为者明知先行为者正在遂行其犯罪（当然其行为效果亦处于持续状态）仍基于共谋参与共同实施犯罪，这一情况具有使后行为者继受先行者的犯罪构成要件评价的作用。① 打个比方，甲画家先行创作部分作品后，乙画家中途加入，在与甲画家就作品构思等进行沟通的基础上，共同完成了剩余创作。对此，我们会认为该画作系二人共同作品，而不会有人主张将其分割为两幅作品。在承继共同正犯的场合，最终实现的犯罪构成要件也属于先、后行为人的共同作品，后行为人当然应承继该构成要件之评价。不过，如上文所说，结果加重犯等加重构成、结合犯中的前罪，相较于基本犯或结合犯整体的构成要件，具有相对独立性，这一类构成要件具有可分割性。同样借助画家作画的例子予以说明，加重构成与结合犯之前罪就好比甲画家预先在作品上独立题写并署名的诗词，虽然属于"诗画"作品的一部分，但不是画作本身，自然应当并且可以相对独立地归属于先行为者。因此，在这些场合不会产生构成要件的评价继受或先后两部分行为的"黏合"。显而易见，本书的观点和"区分行为性质与责任范围说""效果持续说"在结论上相暗合。

有必要作出回应的是，以上分析和结论不仅不构成批评者所言的评价视角的不当转换，恰恰是从后行为者的角度出发得出的结论。因为，参与抢劫罪强取财物行为的后行为者，必然也明知其所参与的是作为抢劫罪客观要件的"强取"行为，其所违反的是"不得抢劫他人财物"的行为规范。易言之，在该场合中后行为者的故意指向的是抢劫罪的全部的构成要件。据此，我们也可以得出结论，即只有在原则上肯定先后行为性质的一致性，才能充分发挥刑法的行为规范功能。

需要强调的是，虽然加重构成要件之评价不具有可承继性，但

---

① 高橋直哉：《承継的共犯論の帰趨》，载川端博、浅田和茂、山口厚、井田良编《理論刑法の探求 9》，東京：成文堂 2016 年版，第 183 页。

是在一定条件下，后行为人可以承继先行者实现的量刑规则。关于加重构成与量刑规则的界分标准，理论上存在一定的争议。张明楷教授提出，分则中因为行为、对象等构成要件要素的特殊性使得行为类型发生变化，进而导致违法性增加，刑法因此提升了法定刑时，属于加重构成；反之，情节严重、数额巨大、多次等并不表明行为类型的特征，即使刑法因此加重了法定刑，也只属于量刑规则。[①] 王彦强博士基本持类似观点，但认为多次、数额巨大等既不能被量刑规则所涵盖，也不能被加重构成所包容，因而提倡"罪量加重构成要素"。具体来讲，应以特定要素是否具备违法推定机能、个别化机能和故意规制机能，作为区分量刑规则和加重构成的标准。据此，首要分子等属于量刑规则，行为方式、加重结果属于加重构成。虽然，多次、数额巨大等要素与法益侵害相关联，但是它们仅表征不法程度的变化而不会导致行为类型的变异，因此是"罪量加重构成要素"。[②]也就是说，我国刑法中的多次、数额巨大等要素不具有典型性，是其无法归属于加重构成、量刑规则的原因。不过，笔者认为这种观点与张明楷教授的主张没有实质性差异，他们都认为定量要素不属于加重构成。柏浪涛教授以更加实质的内容区分量刑规则与加重构成。他认为，法定刑升格条件只有为构成要件行为的违法性提供了实质根据，才能成为加重构成，反之，只能作为量刑规则。行为方式、抽象的"情节特别严重"以及财产犯罪中的单次数额等属于加重构成，首要分子、多次以及财产犯罪中的累计数额是单纯的量刑规则。[③] 很明显，柏浪涛教授的观点迥异于张明楷教授、王彦强博士的主张。但是，笔者认为"情节特别严重"、单次财产犯罪数额不足以成为加重构成。尽管构成要件与不法相关联，但其仅是对

---

① 张明楷：《加重构成与量刑规则的区分》，《清华法学》2011 年第 1 期。
② 王彦强：《区分加重构成与量刑规则——罪量加重构成概念之提倡》，《现代法学》2013 年第 3 期。
③ 柏浪涛：《加重构成与量刑规则的实质区分——兼与张明楷教授商榷》，《法律科学》（西北政法大学学报）2016 年第 6 期。

不法类型的表征，而非对所有影响不法因素的观念化。盗窃罪、诈骗罪均侵犯财产法益，二者之所以是不同的犯罪，其根据就在于它们分属不同的不法类型。"情节特别严重"相较于"情节严重"，是更高程度的违法评价，仍然属于对不法行为类型的整体的评价要素。即使认为"情节"影响了实质的不法，也只不过是量的增加而非质的变异，因此成立"情节特别严重"并不意味着实质不法的本质性（类型性）变化。此外，笔者认为单次财产犯罪数额与累计犯罪数额的区分价值不大。因为，在同一机会盗窃犯罪中，只要因意志以外的原因没有盗窃得逞，不论财产价值数额大小，均成立盗窃罪未遂。无论何种场合的财产犯罪数额，都只不过是影响行为不法程度的因素，不可能使盗窃不法转变为抢劫或者其他类型的不法。将不法程度的变化等同于不法类型（犯罪构成）的变化，无疑解消了犯罪构成所具有的罪刑法定机能。不过，由于"情节特别严重"中的"情节"、犯罪数额等会影响不法程度，当然应当贯彻责任主义原则，要求行为人对其有认识可能性。所以，本书赞同以是否改变行为类型（实质就是不法类型）为标准，区分加重构成与量刑规则。

本书在原则上肯定量刑规则具有可承继性，而否定对加重构成的承继。其原因是，量刑规则仍然是在同一行为类型或同一构成要件内的程度性差异，而加重构成则超越了基本构成的评价，属于相对独立的另一犯罪构成。只要量刑规则是在"同一机会"中实现的，就应当适用该量刑规则对先、后两部分行为进行整体评价。对于"多次盗窃"这一类量刑情节，一般不能认为是在"同一机会"中完成的，所以后行为者只不过中途参与了先行为人两年内的第三次盗窃的，应该否定对该后行为人适用"多次盗窃"定罪处罚，但不妨碍认定先后行为人在该次盗窃犯罪中成立共犯。因此，①在先后行为人共同成就该量刑规则的场合，后行为人应在相应幅度内处罚。例如，先后行为人基于共谋滥伐数量巨大的林木，对先后行为人都应在"三年以上七年以下有期徒刑，并处罚金"的法定刑幅度内决定处罚。②即使该量刑规则在后行为者共谋参与前已经由先行为者单独实现，对后行为人也应在升格后的法定刑幅度内量刑。例如，先行为者盗伐林木已经达到数量巨大，后行为者基于共谋参加后，只不过少量砍伐林木且总和尚未达到"数量特别巨大"，对后行为者也应在盗伐林木数量巨大对应的法定刑幅度内处罚。只不过，鉴于先后行为人在犯罪中的地位和作用不同，在刑罚裁量时应作相应轻缓化调整。当然，第②种场合的后行为人在共同犯罪中的作用可能较小，因此不必然成立承继的共同正犯。至于在加重构成的场合，由于后行者对先行为者单独实现的加重构成没有提供任何因果性贡献，且超越了基本构成要件的涵摄范畴，自然不受其评价。

在承认"因果缓和说"与"效果持续说"具有整合性的基础上，对"意思联络"与"效果持续"进行功能化的解读，只不过为限定地肯定承继共同正犯提供了一般性原理或曰理论可能，并非意味着实施剩余行为的后行为者必定成立承继的共同正犯。后行为者能否认定为共同正犯，仍然需结合个罪的不法结构进行判断。此外，我国刑法只明文规定了主犯、从犯、胁从犯与教唆犯，如何协调共同正犯与主犯、从犯间的关系。在此基础上，如何确定承继者的责任，必须回到我国刑法中，进行体系性的思考。

第五节 本章小结

共同正犯兼具"正犯性"与"共犯性"，"正犯性"体现在依照"共谋"所实施的行为对全体犯罪具有重要性，"共犯性"表现为参与的不完整性。这就意味着，只有当不法结果系"共同"行为所引起时，才能在各参与者之间进行"行为相互性归属"。正是意思联络与参与者行为间的客观联系使得原本单一、偶然的行为成为"共同行为"这样一个整体。完整地充足构成要件的只有"共同行为"这一个行为，各行为片段无法独立充足相应构成要件所彰显的不法内涵。在此之下，部分犯罪共同说对共同正犯的本质具有充分的解释力，基于共谋/意思联络而实施的行为具有"共同性"，由其引发的法益侵害结果才能够归属于各参与者。部分犯罪共同说所要求的"构成要件的重合部分"，并非罪名从属性的残留，而是强调共同正犯的成立，应限于参与者就特定的构成要件该当事实存在意思联络；在部分犯罪共同说下，意思联络不仅具有因果性的意义，更重要的是具有将各参与者的不同行为联结起来形成"一体"的作用。关于共同正犯与帮助犯的区分，实质客观说中的重要作用说兼顾了共同正犯的"正犯性"与"共犯性"，更具有方向上的合理性。但是正犯与共犯的区分，不纯粹是理论课题，还必须顾及各国刑法关于共同犯罪的立法规定。

在部分犯罪共同说下，成立共同犯罪要求各参与者间具备意思联络与共同实行的事实。所谓意思联络是指，各参与者在主观上必须意识到自己是与他人共同实现构成要件结果，意思联络的形式包括客观谋议与主观谋议。共犯人间的这种意思联络，构成了"相互利用、相互补充"的主观方面。各行为人共同实行的不必是完全一致的犯罪，只要是具有交集的特定构成要件事实即可；共同实行需充足"实行性"与"共同性"。根据实质的正犯概念，只要行为人在实质上对构成要件的实现施加了重要的影响，就可以肯定"实行性"；"共同性"意指行为结合为密切联系的有机整体，其判断当然离不开各行为人之间的意思联络，此外还需要客观上存在"相互利用、相互补充"对方的行为。

基于共同正犯所具备的"共犯性"，"因果缓和说"与"效果持续说"存在整合的理论可能性。一方面，共同正犯的因果关系是指"共同行为"与法益侵害结果之间引起与被引起的关系，各参与者的行为不必与所有构成要件要素具有因果性；另一方面，先行为的"效果持续"意味着先行者的犯罪可以评价为"正在实行"，为后行者共谋介入与先行者共同实行犯罪提供了契机。在承继的共同正犯的场合，后行为者透过先行为效果而与最终的法益侵害结果形成因果性，"黏合"了先、后两段行为使其在客观上形成"共同性"；

先、后行为者于犯罪中途所进行的意思疏通，将后行为者参与前的行为事实也纳入了"共谋射程"，联结了先、后两段行为使其在主观上具备"整体性"。正因如此，后行为者的行为性质原则上与先行为者一致，但仅对与其行为有因果性的法益侵害结果承担罪责。不过，由于加重结果、结合犯之前罪等具有相对独立性，且后行为者对这类犯罪构成的实现没有提供因果贡献，所以后行为者只成立基本犯、结合犯之后罪的共同正犯。量刑规则所表征的是同一构成要件内部的法益侵害程度差异，并未超越特定犯罪构成，因此只要该量刑规则是在"同一机会"中实现的，就应当适用其对先、后两部分行为进行整体评价。但是，多次犯不可能在"同一机会"中完成，后行为者只不过参与其中某次犯罪的，无法认可承继并对后行为者按照"多次犯"论处。

以上是关于承继的共同正犯归责的一般性原理，其适用仍然面临与主犯、从犯的协调以及如何在个罪中具体认定等问题。对此，必须立足我国犯罪参与体系及分则相关个罪的立法规定，方能予以阐明。

第四章

承继帮助犯之理论争议

不可否认,承继共犯问题集中发生在承继的共同正犯中,相较而言,关于承继的帮助犯的争议较为缓和。这主要是由于帮助犯系二次责任类型,通说认为其与构成要件该当事实之因果性要求较共同正犯低,而且帮助犯的成立本就不必要全程伴随正犯。当然,对帮助犯基本理论的不同见解会直接影响对承继帮助犯的态度,因此有关承继帮助犯之理论探讨,亦须以对帮助犯一般原理的讨论为起点。

第一节 帮助犯基础理论轮廓之掠影

帮助犯的基本理论主要涉及三个方面的问题:其一,为什么要处罚这种与法益侵害没有直接关系的参与者,即其处罚根据是什么;其二,帮助犯之成立是否从属于正犯,对此存在独立性说与从属性说之分歧;其三,帮助犯的成立条件,其中与承继的帮助犯直接关联的是帮助犯的因果关系问题。本节将逐一、扼要地论述以上三个问题,为下文讨论承继的帮助犯作好铺垫。

一 帮助犯的处罚根据：混合惹起说的证成

要处罚帮助犯，首先需要回答处罚正当性之问题，即为什么要处罚这种没有直接引起法益侵害的共犯参与类型。学说上，关于狭义共犯处罚根据历来存在责任共犯论、违法共犯论与因果共犯论三种观点的对立。

责任共犯论认为，之所以处罚狭义共犯者，是因为其让正犯者制造了符合构成要件的违法有责的行为，即让正犯者陷入罪责。换言之，共犯是因为制造了正犯而受处罚。根据责任共犯论，成立狭义共犯以正犯者行为具备构成要件符合性、违法性和有责性作为前提。责任共犯论是为了解释对教唆犯处以正犯之刑的立法规定，即之所以如此，原因在于教唆犯不仅对法益具有间接侵害性，而且制造了正犯。但是，一方面，该说与极端从属性说相兼容，导致不当缩小共犯处罚范围；另一方面，该说与我国刑法"应当按照他在共同犯罪中所起的作用处罚"的规定不相协调。而且，即便责任共犯论能够说明教唆犯之处罚根据，也很难说对帮助犯的处罚根据也作了令人信服的回答。因为，帮助者只是促进了正犯之犯罪，而非制造了正犯。由于上述原因，责任共犯论在以德国、日本为代表的大陆法系国家和地区已经几乎没有人支持。

违法共犯论认为，处罚狭义共犯的根据是其使正犯实施了符合构成要件的违法行为，正犯者不必具备有责性。质言之，共犯是由于其唤起了正犯实施违法行为的决意，或者帮助正犯实施违法行为而受处罚。该说的优势在于，其与作为通说的限制从属性说相一致，重视共犯与正犯违法行为间的因果关系。根据该说，未遂的教唆也应当受到处罚。这一点充分表明违法共犯论与一元的行为无价值论是相对应的，[1] 但同时也导致淡化了法益侵害在违法性判断中的价值，甚至把结果无价值视为客观处罚条件。由于违法共犯论强调心

---

[1] 中山研一：《口述刑法総論》，東京：成文堂2007年版，第285页。

情无价值，有批评者认为该说不过是责任共犯论的违法版，与责任共犯论面临同样的质疑。① 该说的问题根源是完全肯定违法的连带性，认为只要正犯行为违法，共犯行为也必定违法。在受嘱托杀人的场合，该说会造成嘱托者成立杀人教唆之未遂犯的荒谬结论。于是，有论者尝试导入违法相对性的概念，否定嘱托者成立教唆犯的可能。但是，这就使得违法共犯论与因果共犯论没有实质区别。

现在，因果共犯论居于通说地位。因果共犯论认为，处罚共犯的依据是其通过正犯行为间接地引起法益侵害或构成要件该当事实。但是，围绕着共犯之成立是否需要正犯的构成要件该当事实，因果共犯论内部分化为纯粹惹起说、修正惹起说与混合惹起说。

纯粹惹起说主张共犯之成立不需要正犯引起构成要件该当事实，即共犯的可罚性并非推导自正犯的不法中，这与共犯独立性说是相同的立场。② 由于支持共犯独立性说，加上采取形式的限制的正犯概念，纯粹惹起说天然地反对间接正犯概念，主张将间接正犯问题解构分流至狭义共犯、单独正犯、共同正犯中进行解决。但是，共犯独立性说既与共犯的法益侵害方式不符，也与我国刑法所采取的从属性说立场相悖，因而以此为根据的间接正犯否定说应"不攻自破"。③ 事实上，对于存在规范障碍的情况，舍弃间接正犯概念后，难以获致罪刑相适应的妥善处理。纯粹惹起说的立场虽然符合个人责任原则，但难以贯彻到底，其最大的问题在于认可"无正犯之共犯"。即使不存在正犯，也可能成立教唆犯与帮助犯，使得本来应当限缩的共犯处罚范围无限扩张。而且，根据该说，共犯的独立性很强，这就意味着在承继共犯的场合，对构成要件符合性的评价必然

---

① 杨金彪：《共犯的处罚根据》，中国人民公安大学出版社 2008 年版，第 50—51 页。

② [韩] 金日秀、徐甫鹤：《韩国刑法总论》，郑军男译，武汉大学出版社 2008 年版，第 608 页。

③ 武晓雯：《间接正犯概念的必要性——对基于区分制正犯体系的否定说之回应》，《清华法学》2019 年第 3 期。

采取剥离先前情况的方式进行，因而倾向于否定承继共犯。

修正惹起说认为共犯并没有独立的不法，而是从正犯的不法中导出的，即共犯的不法从属于正犯的不法。由此可见，该说否定违法的相对性，而认可违法的连带性，因此自然就会否定"无正犯之共犯"与"无共犯之正犯"。根据该说，成立共犯需其引起"正犯的违法性结果",[1] 因而其理论根据倾向于结果无价值论。该说的优势在于，其与限制从属性说具有兼容性，并且符合"以正犯为核心的共犯认定思路"[2]。德国的耶塞克教授、日本的曾根威彦教授，我国的黎宏教授、钱叶六教授及杨金彪博士等均赞同该说。例如，钱叶六教授指出，该说与行为共同说相契合，符合违法连带性原理，可以合理解释非身份者作为身份者之共犯，并且能够妥当地回答类似于受托杀人中嘱托者不受罚的问题。[3] 由于处罚共犯以正犯之不法存在为前提，在承继共犯的场合，对中途参与者行为的构成要件之评价时，容易导入先行为者之不法，所以该说倾向于肯定承继共犯。即便如此，本书也难以赞同修正惹起说。根据该说，共犯之不法完全依附于正犯之不法，忽视了不法评价在正犯与共犯之间的相对性，其结果就是难以解释必要的共犯与未遂的教唆的不可罚性。[4] 例如，在嘱托杀人案中，只有认为对嘱托者而言自己的生命不受刑法保护，所以才能阻却违法，否定成立杀人教唆罪。在这个意义上，可以认为修正惹起说恰恰违背了其意欲贯彻的法益保护原则。[5]

混合惹起说认为，共犯的不法应当从共犯自身的不法与正犯的

---

[1] ［日］高桥则夫：《规范论与刑法解释论》，戴波、李世阳译，中国人民大学出版社2011年版，第148页。

[2] 张明楷：《共同犯罪的认定方法》，《法学研究》2014年第3期。

[3] 钱叶六：《共犯论的基础及其展开》，中国政法大学出版社2014年版，第109—110页。

[4] ［日］高桥则夫：《共犯体系与共犯理论》，冯军、毛乃纯译，中国人民大学出版社2010年版，第125页。

[5] 刘凌梅：《帮助犯研究》，武汉大学出版社2003年版，第40页。

不法两个方面来把握，也就是说共犯有其独立的违法性，但其法益侵害必须通过正犯行为才能实现。由此可知，混合惹起说一方面肯定违法的相对性，另一方面也与限制从属性相适应。该说在德国、日本属于绝对多数说，德国的罗克辛教授、日本的井田良、松宫孝明及高桥则夫教授等支持该说。在我国，张明楷教授、陈家林教授、刘凌梅教授、陈洪兵教授及张伟博士等也赞同该说。井田良教授认为，混合惹起说是从引起共犯不法与存在正犯不法对处罚共犯进行了双重限定，该说能够合理地解释身份犯的共犯、未遂的教唆以及必要的共犯等问题，[1] 而且在被害者教唆伤害的场合，也可以通过否定教唆者自己的法益侵害性而说明不可罚性[2]。又如，张明楷教授指出："共犯的处罚根据在于，共犯通过正犯者间接地侵害了法益，即处罚共犯者，是因为其诱使，促进了正犯直接造成法益侵害"，"共犯的违法性由来于共犯行为自身的违法性和正犯行为的违法性"。[3] 由于认可违法的相对性，该说能够与个人责任原则相契合，同时也与限制从属性的立场相协调，通过否定"无正犯的共犯"，可以妥当划定帮助犯的成立范围。以混合惹起说为处罚根据，强调正犯不法，可以在二元不法论中凸显结果无价值；[4] 同时也能够兼顾有效入罪与出罪，划定宽严适度的共犯处罚范围。至于该说与我国《刑法》第 29 条第 2 款规定的兼容性问题，应当说不存在不可调和的矛盾。因为该款规定并非只能作处罚教唆未遂这一种解释，所谓"没有犯被教唆的罪"可以理解为没有犯被教唆之罪的既遂形态。可见，混合惹起说与我国刑法规定具有契合性。事实上，正是因为处罚共犯要求该构成要件可以被评价为对正犯和共犯都是禁止的，才为在后行行为的评价中引入先行事实提供了余地。例如，后

---

[1] 井田良：《讲义刑法学 总论》，東京：有斐閣 2018 年版，第 534—540 页。
[2] 井田良、丸山雅夫：《ケーススタデイ刑法》，東京：日本評論社 2004 年版，第 297 页。
[3] 张明楷：《刑法学》，法律出版社 2016 年版，第 407 页。
[4] 张伟：《帮助犯概念与范畴的现代展开》，《现代法学》2012 年第 4 期。

行为者在先行为者抢劫中途介入,参与实施夺取财物行为,不仅先行为者惹起的正犯的不法是抢劫罪之不法,而且这从参与取财的共犯者的立场来看也是被禁止的,即后行为者可以被评价为是共同实施了作为抢劫罪一部分的"强取"行为。[1] 综上所述,关于共犯之处罚根据,笔者认为混合惹起说的解释是妥当的。

二　帮助犯限制从属性之确证

(一) 狭义共犯的性质及其学理批判

狭义共犯之性质所讨论的问题是,成立共犯是仅要求实施教唆行为或帮助行为即可,还是同时要求正犯着手实行犯罪?对此,从来就有独立性说与从属性说的争议,也有学者提出所谓共犯的二重性说。学理上关于狭义共犯性质的争议,根源于狭义共犯与正犯在充足构成要件、侵害法益方式上的差异。晚近以来,有学者反对共犯论中的直接—间接模式,并附带地否定狭义共犯的独立性还是从属性之课题,[2] 进而主张适用统一的共同犯罪归责理论——各行为人共同塑造了构成要件之实现[3]。不可否认,无论狭义共犯还是共同正犯的归责根据都在于其行为指向并且为构成要件之实现作出了贡献。但是,这种见解完全忽视了狭义共犯与正犯(包括共同正犯)的构造差异。无论从形式还是实质上看,狭义共犯都是间接地实现构成要件、侵害法益;而正犯至少在实质层面直接地实现构成要件,具体来说,单独正犯在形式和实质上都具有直接性,间接正犯和共同正犯(除直接实施构成要件行为者外)在形式上看是间接的,但从实质上看,则对构成要件的实现发挥了支配作用或者重要作用。研究共犯问题,规范论与存在论的视角不可偏废,从属性抑或独立性

---

[1] 尾棹司:《わが国における承継的共犯論について》,《法学研究論集》48号(2018年)。

[2] 何庆仁:《共犯论中的直接—间接模式之批判——兼及共犯论的方法论基础》,《法律科学》(西北政法大学学报)2014年第5期。

[3] 何庆仁:《共同犯罪归责基础的规范理解》,《中外法学》2020年第2期。

的讨论就是在肯定共犯与正犯在存在论层面差异的基础上，尝试在规范论层面建立共犯与正犯的关联，进而合理限定归责的范围。因此，狭义共犯的从属性或者独立性是一个有价值的真问题。

共犯独立性说，共犯因其固有的行为而成立并且具有可罚性，也就是说教唆行为、帮助行为本身就属于实行行为，因而可以脱离正犯独立地进行处罚。上述主张的根源是共犯独立性说立足的主观主义刑法理论，以此为逻辑起点，就会认为教唆行为、帮助行为同样表征了行为人之反社会性格，只要对犯罪结果具有原因力，即具有可罚性。① 与之相对，共犯从属性说认为教唆行为与帮助行为不具备现实的法益侵害之危险性，不属于该当构成要件的实行行为，因此仅实施教唆、帮助行为尚不足以成立犯罪。换言之，狭义共犯之成立从属于正犯，至于从属的内容与程度则存在不同理解。在我国刑法学界，关于狭义共犯性质的争议集中于教唆犯，对此有学者提出教唆犯具有二重性的学说。较早时期，伍柳村教授抽象地提出就教唆者与被教唆者间的关系而言，教唆犯具有从属性，但教唆行为本身就体现了教唆犯之人身危险性和社会危害性，因此也具有独立性，因此教唆犯具有从属性和相对独立性相统一的二重性。② 此后这一观点得到了不少有影响力的学者的继承和发展。如马克昌教授提倡具体地考察教唆犯之属性，认为我国刑法所规定的教唆犯具有二重性，且独立性是主要的。具体来讲，《刑法》第 29 条第 1 款之规定在定罪方面体现了教唆犯之从属性，在处罚方面则体现了教唆犯之独立性，《刑法》第 29 条第 2 款之规定则完全体现了教唆犯之独立性。③ 赵秉志教授与魏东教授基本沿袭了伍柳村教授的观点，他们认为"在任何时候、任何场合分析教唆犯，都必须辩证统一地兼顾

---

① 余振华：《刑法总论》，三民书局 2011 年版，第 366 页。
② 伍柳村：《试论教唆犯的二重性》，《法学研究》1982 年第 1 期。
③ 马克昌主编：《犯罪通论》，武汉大学出版社 1999 年版，第 555—557 页；马克昌：《共同犯罪理论中若干争议问题》，《华中科技大学学报》（社会科学版）2004 年第 1 期。

教唆犯的两重性"①。晚近以来,有学者将针对教唆犯的二重性说扩展至所有狭义共犯。例如,陈兴良教授认为教唆犯既有独立性又有从属性,二者是统一的、不能截然对立的,因此教唆行为本就是独立的犯罪行为,处罚教唆者无须被教唆者着手实行犯罪;帮助犯与教唆犯具有类似性,只要帮助者着手实施帮助行为,无论实行犯着手实行行为与否,均可成立帮助犯的未遂犯。② 再如,有论者基于共同犯罪行为间"互为条件、相互独立"的构成特征认为,在各共犯者利用他人之行为并将其作为自己行为的组成部分的意义上,共犯者应对自己所控制的行为承担责任,此即"共犯的独立性";在确定共犯者刑事责任时,必须考虑作为其行为条件和组成部分的他者之行为,此即"共犯的从属性"。并且,二重性内部以独立性为主,从属性为辅。据此,基于"独立性",在教唆未遂的场合,也应当成立未遂之罪,但鉴于教唆与被教唆行为间相互利用、补充之关系,在处罚时应考虑作用大小,以体现"从属性"。③

共犯独立性说不具有合理性。第一,共犯并不亲自实施侵害法益之构成要件行为,根据混合惹起说,处罚狭义共犯以其透过正犯行为侵犯法益为必要,在正犯未着手实行的场合,难以认为产生了现实的法益侵害危险性。④ 第二,共犯独立性说将教唆行为、帮助行为本身视为实行行为,使得共犯的认定与构成要件脱钩,缓释了构成要件的定型机能,严重破坏刑法的安定性。该说实际上是以主观恶性、人身危险性的表征作为处罚依据,带有浓重的心情刑法色彩。这一点在前述伍柳村教授的论述中,可以得到充分印证。第三,本来狭义共犯属于处罚扩张事由,刑法在确定其处罚范围上应采取限

---

① 赵秉志、魏东:《论教唆犯的未遂——兼议新刑法第 29 条第 2 款》,《法学家》1999 年第 3 期。
② 陈兴良:《共同犯罪论》,中国人民大学出版社 2006 年版,第 364—370 页。
③ 陈世伟:《论共犯的二重性》,中国检察出版社 2008 年版,第 58—60 页。
④ 张开骏:《共犯限制从属性说之提倡——以共犯处罚根据和共犯本质为切入点》,《法律科学》(西北政法大学学报)2015 年第 5 期。

缩态度，然而独立性说彻底模糊了狭义共犯的处罚界限，必然导致共犯的处罚范围过度扩张。

二重性说也存在不可克服的弊端。第一，由于肯定共犯具有独立性的一面，因此前段关于独立性说的批判也可以适用于该说。第二，共犯属性论所研究的问题是，在什么情况下共犯可以成立，但伍柳村教授与马克昌教授将正犯既、未遂纳入论域，实际上与从属性说的旨趣不相符合。① 陈世伟博士所厘定的"二重性说"实际涉及的是共犯刑事责任及其程度，与这里所讨论的共犯属性所要解决的问题更是南辕北辙。不仅如此，难道"相互利用、相互补充"不是仅限于说明共同正犯"部分实行，全部责任"之法理的吗？在狭义共犯中适用这一标准，恐有理论错置的嫌疑。第三，二重性说不可能贯彻，在具体问题上实际倒向了独立性说。例如，在被教唆者没有接受教唆或仅实施预备行为的场合，二重性说也认为教唆者具有可罚性，这与独立性说的结论完全一致。正因如此，有学者主张对帮助犯应贯彻从属性原理，对重罪之教唆犯应采取独立性说，同时对轻罪之教唆犯则应坚持从属性说。② 这里主要讨论帮助犯之属性，因此论者观点的前半句值得赞同。但是，教唆犯与帮助犯均属间接侵害法益的参与类型，而且教唆重罪与教唆轻罪同为教唆，何以采取不同态度？况且教唆重罪采取独立性说，轻易地让教唆者承担重罪之刑，却对教唆轻罪采取从属性说提高构罪门槛，与"举轻以明重"的法理相悖，很难说体现了刑法作为"大宪章"的意义。

（二）限制从属性说的合理性证成

综合以上论述，笔者认为从属性说具有合理性，而且应当坚持其中的限制从属性说。实际上，共犯是否从属正犯，可以转换为共犯是否具有实行行为性的问题。独立性说认为教唆、帮助本身就是

---

① 毛海利：《"修正的共犯二重性说"之提倡》，《法学论坛》2016年第2期。
② 毛海利：《"修正的共犯二重性说"之提倡》，《法学论坛》2016年第2期。

实行行为，从属性说则持反对意见。尽管可以说共犯是为了将间接的犯罪参与形式纳入处罚范围的"政策性"规定，但与实行犯相分离的共犯显然不具有实行行为性。一方面，狭义共犯没有亲自实施构成要件行为；另一方面，教唆、帮助行为不可能独立产生现实的、紧迫的法益侵害危险。所以，只要坚持客观主义的立场、坚守罪刑法定原则，无论如何都不可能认为共犯具有实行行为性。事实上，坚持从属性说是因果共犯论的逻辑归结。因果共犯论认为，处罚共犯之根据在于其通过介入实行犯而间接地侵害了法益，并非使实行犯陷入罪责。在实行犯没有着手实施犯罪的场合，显然不能认为教唆、帮助行为产生了法益侵害之危险性。从归责的角度来看，只有通过从属性原理才能将狭义共犯与正犯关联起来，进而与构成要件的规范评价发生联系，在规范标准指引下合理确定归责的范围。例如，中立的帮助行为并非只要促进正犯的犯罪实行就认定成立帮助犯，只有当该行为超出通常业务行为范畴与正犯行为产生犯罪意义关联性时，才被认为是可罚的。至于我国《刑法》第 29 条第 2 款之规定，不见得能够成为从属性说的障碍。对该款的解释，应以第 1 款为指导进行体系性的理解。根据体系解释的方法，第 2 款仅仅是教唆犯的减轻形态，其适用以符合第 1 款教唆犯之成立条件为前提，即要求正犯着手实行犯罪。[1]

围绕从属性的程度，学界存在以正犯行为符合构成要件为内容的"最小从属性说"，以正犯行为符合构成要件且违法为内容的"限制从属性说"，以正犯行为具备构成要件符合性、违法性和有责性为内容的"极端从属性说"和以正犯行为符合构成要件、具备违法性和有责性与一定的处罚条件为内容的"夸张的从属性说"，晚近时，又有学者提出了不要求正犯行为符合构成要件但必须是违法的"一般违法从属性说"[2]。但是，"极端从属性说"与"夸张的从属性

---

[1] 钱叶六：《共犯的实行从属性说之提倡》，《法学》2012 年第 11 期。
[2] 浅田和茂：《刑法総論》，東京：成文堂 2007 年版，第 411 页。

说"违背了因果共犯论，在共犯处罚根据上倒向了责任共犯论，会导致不当地限缩共犯之成立范围。"一般违法从属性说"为了说明自杀参与、教唆自伤或自损行为中的参与者、教唆者的不可罚性，而一般性地放弃正犯行为构成要件符合性，其理论代价过高。而且，难道构成要件不应当是可罚的违法性的存在根据吗？"最小从属性说"的确有其独特的优势，特别是在正犯具有违法阻却事由的场合，能够自然地说明共犯的不可罚性。但是，从因果共犯论出发，这种情况下的共犯行为本来不就应当是正当的吗？"限制从属性说"否定责任的连带性而承认可罚的不法的从属性，① 不仅契合混合惹起说，并且能够妥当地划定共犯之成立范围。

三 帮助犯的成立条件

成立帮助犯同样要求具备主、客观要件，即帮助的故意与帮助的行为，依照从属性说，还要求正犯着手实行犯罪。一般认为，帮助可以事前为之，也可事中提供；其形式既可为物理性帮助，亦可为精神性帮助。关于帮助犯的争议，主要集中在客观的因果性要件和主观意思联络两个方面。

（一）帮助犯的因果性：结果促进说的张扬

客观层面的帮助行为主要讨论帮助犯的因果性问题，即是否需要以及在何种程度上要求帮助行为对法益侵害事实有因果贡献。因果关系不要说认为，帮助犯的成立无须帮助行为与正犯行为及结果之间具有因果关系。不要说的内部，有一种观点将帮助犯把握为抽象危险犯。德国学者赫兹伯格（Herzberg）认为，立法规定帮助犯旨在禁止任何一种对犯罪的帮助，任何形式的帮助一般都会提升侵害法益之风险，即便是多余的、没有效果的帮助也应受罚；② 日本的野村稔教授也认为正犯行为与帮助犯行为间客观上的因果关系不是

---

① 井田良：《讲义刑法学 总论》，东京：有斐阁2018年版，第483页。
② 刘凌梅：《帮助犯研究》，武汉大学出版社2003年版，第89—90页。

必要的，帮助犯是抽象的危险犯，也是举动犯。① 另一种学说将帮助犯理解为具体的危险犯，同样认为帮助行为不必与正犯行为及结果具有因果性。德国学者萨拉姆（Salamon）等便主张帮助犯是具体危险犯，即处罚帮助犯的原因是帮助行为提升了正犯侵害法益的危险性。② 但是，一方面，因果关系不要说在面对危险犯时，使得帮助犯与正犯失去界限，同时在结果犯中，即使正犯未造成结果，也认定帮助既遂；另一方面，从因果共犯论及从属性的立场出发，想必要求帮助行为与正犯行为间存在因果性是成立帮助犯之最低要求。在此基础上，可以说帮助犯之因果性所要讨论的问题，是在何种限度内将正犯行为（广义的行为）纳入帮助犯之因果流程中进行评价。换言之，要处罚帮助犯是否需要其行为与正犯意思、正犯行为、正犯结果之间存在因果关系？洛温海姆教授认为，共犯（特别是教唆犯）只要唤起他人实施犯罪之决意就足够了，正犯的实行不过是处罚条件；日本的中武靖夫教授也持相同观点，认为正犯的实行并非共犯的行为要素。然而，诚如高桥则夫教授所评价的那样，这种见解基本上是彻底贯彻责任共犯论的结果。③ 而且，仅把正犯之实行视作共犯的处罚条件，无异于放弃从属性的因果关系不要说。在肯定说内部，关于帮助犯的因果性要件的争论主要围绕：①是否要求具备单独犯那样的条件关系，在对这一问题持否定回答的前提下，②如何修正帮助犯的因果性要件，主要存在"行为促进说""结果促进说"及"合法则性条件说"等。如果赞同帮助犯因果关系的认定也适用单独犯"没有前者，就没有后者"的条件关系公式，则在帮助行为可替代或并未实际发挥作用（如望风）的场合，基本上会

---

① ［日］野村稔：《刑法总论》，全理其、何力译，法律出版社 2001 年版，第 427 页。

② 陈家林：《外国刑法理论的思潮与流变》，中国人民公安大学出版社 2017 年版，第 607—608 页。

③ ［日］高桥则夫：《共犯体系与共犯理论》，冯军、毛乃纯译，中国人民大学出版社 2010 年版，第 145—146 页。

否定可罚性。有鉴于此，关于帮助犯之因果关系的学说发展，基本上沿着结果具体化或者条件关系缓和化两个方向展开。

德国学者麦兹格与日本学者内田文昭认为，惹起结果是追究刑法上的责任不可欠缺的前提，即使帮助行为只不过对构成要件要素提供了完全不重要的影响，也可以认定对具体的结果有因果关系。例如在帮助犯提供钥匙，但正犯未使用且没有强化犯意的场合，也可基于"有使用钥匙的可能性，尽管对具体的行为决定要素并不重要，但修正了具体的行为形象"而成立帮助犯既遂。[①] 如果将这种极端具体化的倾向贯彻到底的话，那么"在即将出发实施盗窃的正犯的帽子上装上羽毛的人，也会被评价为具有因果性"[②]。但是，作为结果归属难道不应限于对构成要件重要的变更吗？显然，这种观点容易将那些对结果发生没有任何实际意义的行为认定为帮助犯，可能不当地扩展处罚范围。

有学者认为，根据从属性原理，成立帮助犯无须帮助行为对正犯结果具有因果性，只要在物理或心理方面促进正犯的行为，使其更加容易实施即可，但不必是对正犯不可缺少的行为。[③] 换言之，帮助犯是援助实行犯或使实行行为易于实施的一种参与形态，但需要对正犯之实行行为存在"直接重要之影响"。[④] 这种看法可以概括为

---

① 照沼亮介：《体系的共犯论と刑事不法论》，東京：弘文堂2005年版，第178页。

② [日] 西田典之：《共犯理论的展开》，江溯、李世阳译，中国法制出版社2017年版，第229页。

③ [日] 大谷实：《刑法讲义总论》，黎宏译，中国人民大学出版社2008年版，第402页；[日] 大塚仁：《刑法概说 总论》，冯军译，中国人民大学出版社2003年版，第273页；[日] 松宫孝明：《刑法总论讲义》，钱叶六译，中国人民大学出版社2013年版，第218页；佐久间修：《刑法总论》，東京：成文堂2009年版，第390页；刘凌梅：《帮助犯研究》，武汉大学出版社2003年版，第97—98页；陈子平：《刑法总论》，中国人民大学出版社2009年版，第410页；蔡桂生：《论帮助犯的要件及其归属》，载《北大法律评论》（第16卷第2辑），北京大学出版社2015年版，第9页。

④ 张伟：《帮助犯概念与范畴的现代展开》，《现代法学》2012年第4期；也可参见张伟《帮助犯研究》，中国政法大学出版社2012年版，第80—83页。

"正犯行为促进说",即帮助犯只需与正犯实行容易化之间具有因果性。在要求存在正犯实行的意义上,行为促进说与从属性说具有协调性。按照该说,在诸如提供钥匙而未使用、提供可轻易替代犯罪工具等场合,也可以认定帮助犯既遂。有批评者指出,该说以违法共犯论为基础,站在人的不法论的立场,漠视法益保护,而且可能导致无法区分既遂的帮助与未遂的帮助。① 从帮助犯系间接侵害法益的参与类型来看,该说忽视了帮助行为与作为不法核心的正犯结果之间的因果关系,致使刑法保护法益的目的落空。而且,将帮助行为效果未能持续至犯罪既遂阶段的情况,一概认定为帮助犯既遂,显著地扩张了既遂犯之范围。

与行为促进说不同,有论者从帮助犯间接侵害法益的属性出发,认为帮助犯的因果关系应理解为存在物理性或心理性地促进了正犯实行和结果的发生,使正犯的犯罪变得更容易这种关系。② 所谓"结果促进"可以理解为,对符合行为构成的结果所作的在因果性上、在法上不容许风险的提高。③ 这表明帮助行为之于正犯构成要件事实的实现至少不能是微不足道的,"促进正犯实行行为的危险性"必须"已然现实化",也就是说,"促进效果必须及于正犯引起的构成要件的结果"④。不过,该说内部的观察视角存在些许差别。例如,罗克辛教授采用了事前抽象判断与事后考察相结合的方式,即

---

① 陈洪兵:《中立行为的帮助》,法律出版社 2010 年版,第 55—56 页。

② [日]西田典之:《共犯理论的展开》,江溯、李世阳译,中国法制出版社 2017 年版,第 243 页;[日]佐伯仁志:《刑法总论的思之道 乐之道》,于佳佳译,中国政法大学出版社 2017 年版,第 311 页;[德]乌尔斯·金德霍伊泽尔:《刑法总论教科书》,蔡桂生译,北京大学出版社 2015 年版,第 451 页;黄荣坚:《基础刑法学》,中国人民大学出版社 2009 年版,第 557 页;张明楷:《共同犯罪的认定方法》,《法学研究》2014 年第 3 期。

③ [德]克劳斯·罗克辛:《德国刑法学总论》(第 2 卷),王世洲等译,法律出版社 2013 年版,第 145 页。

④ [日]山口厚:《刑法总论》,付立庆译,中国人民大学出版社 2018 年版,第 320 页。

便事前肯定风险提升可能性，如事后判断属多余时，也应否定因果性；西田典之与山口厚教授则完全进行事后判断。尽管如此，在结论上均以提升法益被害风险为必要。域外有学者批评道："因果关系是单独正犯、共同正犯和教唆犯共同的问题，即使典型地表现于帮助中，也不是帮助的特殊问题。为了解决这个问题而变更'因果关系'概念，从规范体系论来看，存在疑问。"① 但是，帮助犯的构造本来就与单独犯之独立引起、共同正犯之共同引起、教唆犯之纵向引起存在本质性差异，因此进行一定的修正符合事理、法理。除此之外，国内还有学者认为以"提升构成要件结果实现的风险"替代条件关系，意味着只要风险提升既遂，那么帮助犯必定既遂，这无异于承认帮助犯是危险犯，与帮助犯的结果犯属性相悖；而且，该说也会导致一旦正犯既遂，帮助行为的风险提升就是必定的，正犯未遂的，则帮助行为的风险提升便不存在。② 总之，在论者看来，该说难以奠定帮助犯既遂的刑事责任根据。正是基于上述考虑，该论者提倡采取合法则性条件说认定帮助犯的因果关系。扼要地说，根据经验知识、依照因果法则，如果可以认为帮助行为确实属于结果发生因果性流程中的必要成分，则可以肯定充足因果性要件。③ 首先，笔者认为该论者的批判似乎并未找准靶心。结果促进这种"风险提升"在正犯结果中实现，不成立帮助犯既遂，又是什么？反之，若没有实现，不是帮助犯未遂，又当如何定性？批判结果促进说会导致帮助犯沦为危险犯，恐怕是将行为促进说之弊病张冠李戴了。因为，结果促进说仍然强调帮助行为对正犯结果具有修正的因果性。其次，合法则性条件说难以解决共犯因果性问题。例如，正犯为杀人准备了手枪，帮助者将其替换为木棒这种降低风险的事例以及出

---

① 山中敬一：《刑法総論》，東京：成文堂2008年版，第922页。
② 阎二鹏：《帮助犯因果关系：反思性检讨与教义学重塑》，《政治与法律》2019年第2期。
③ 阎二鹏：《帮助犯因果关系：反思性检讨与教义学重塑》，《政治与法律》2019年第2期。

租车司机搭载行为人前往银行实施抢劫这种中性、非针对性的帮助的事例，根据合法则性条件说，显然会认定成立帮助犯既遂。但是，这一结论不仅与刑法保护法益目的相悖，也难以为公众的法感情所接受。恰如高桥则夫教授所言，正犯意思、正犯实行、正犯结果都属于共犯广义的结果，共犯行为只有及于正犯结果时方成立既遂之共犯。① 唯其如此，才符合因果共犯论之立场，只不过，帮助行为对正犯结果的因果性限于促进或重要地提升了发生的风险。

（二）帮助犯的故意：意思联络否定说的肯认

毫无疑问，成立帮助犯既遂，需要帮助者对其行为促进正犯实行及结果发生的客观事实存在故意（即所谓的"双重帮助故意"②）。问题是，帮助犯与正犯间是否有必要存在意思联络，即能否认可片面的帮助犯。在日本，肯定片面共犯的理论居于通说地位，其理由是：第一，刑法条文并未要求帮助者与正犯间存在意思联络；第二，帮助行为对正犯实行的促进不要求正犯认识到。否定片面共犯的理论以共同意思主体说、犯罪共同说为根据，如草野豹一郎与西原春夫教授认为成立共犯以意思联络为必要。在我国，除上述理由外，曾有否定论者认为承认片面共犯与我国刑法规定不符，违背了立法宗旨和共犯成立的一般原理，并且会造成处罚困难。③ 对此，有学者运用语义学解释方法提出反对意见，认为现行刑法框架下能够认可片面共犯。④ 的确，帮助犯不过是促进正犯实行与结果，在这一点上与"行为相互性归属"的共同正犯存在本质性差异，因此没必要进行意思联络。总体来看，否定片面共同正犯却肯定片面帮助

---

① ［日］高桥则夫：《共犯体系与共犯理论》，冯军、毛乃纯译，中国人民大学出版社2010年版，第156页。

② ［德］乌尔斯·金德霍伊泽尔：《刑法总论教科书》，蔡桂生译，北京大学出版社2015年版，第458页。

③ 肖中华：《片面共犯与间接正犯观念之破与立》，《云南法学》2000年第3期。

④ 李强：《片面共犯肯定论的语义解释根据》，《法律科学》（西北政法大学学报）2016年第2期。

犯，属于我国刑法学界的主流看法。①

帮助犯并不像共同正犯那样，在规范评价上将他人行为等价于自己实行，②因此基于意思联络不必要说而肯定片面帮助犯的见解，应当予以肯认。不过，本书认为在事实层面有必要区分物理性帮助与心理性帮助的情况。具体来说，在参与者提供物理帮助或者物理与心理双重帮助的情形中，只要参与者的物理因果性通过正犯实现于法益侵害结果中即可认定成立帮助犯，因此意思联络就不是必要的。但是，在单纯的精神性帮助的场合，如果正犯对"精神帮助"不知情，则由于不能认定该行为对正犯者有"强化、维持"犯意的作用，因此参与者不可能成立片面的帮助犯。

总而言之，成立帮助犯以存在正犯行为为前提，客观上以促进正犯之实行与法益侵害结果的发生为已足，且其协助行为不必为遂行正犯行为所不可欠缺；在主观层面，不要求帮助者与正犯有意思联络，仅需具备帮助的故意即可。

第二节 承继帮助犯的学说透视与检讨

关于承继的帮助犯，理论上也存在肯、否论之争，并且伴随着学说发展，出现了各种中间说。与承继共同正犯的学说争议格局不同，承继帮助犯的理论分歧主要在肯定说与否定说之间进行。但是，专门针对承继帮助犯而提出的理论并不多，部分学者以统一的原理来处理承继的共同正犯与承继的帮助犯问题，而有的学者在其教科

---

① 高铭暄、马克昌主编：《刑法学》，北京大学出版社、高等教育出版社2017年版，第167页；刘艳红主编：《刑法学》，北京大学出版社2016年版，第245页。陈兴良教授与郑泽善教授也否定片面共同正犯，但承认片面教唆犯与片面帮助犯。参见陈兴良《口授刑法学》，中国人民大学出版社2007年版，第344—346页；郑泽善《片面共犯部分否定说证成》，《政治与法律》2013年第9期。

② 罗世龙：《片面共同正犯否定论的证成》，《荆楚法学》2022年第2期。

书中甚至没有提及承继的帮助犯。① 需要说明的是，由于承继共犯二分说彻底否定承继的共同正犯而肯定承继的帮助犯，因此下文将在肯定说或中间说中对之进行述评。

一 承继帮助犯全面肯定说的批驳

与承继的共同正犯一样，犯罪共同说或"一罪不可分割性"是肯定承继帮助犯的有力根据，有关其论理，前文已经进行了详细的介绍，不再赘言。仍需强调的是，犯罪共同说并不适用于狭义共犯，因此以其为理由的完全肯定说并不妥当。曾经有学者认为承继的帮助犯与承继的共同正犯应适用同样的原理，即以后行者认识先行行为并参与帮助完成剩余行为为标准，认定成立全体犯罪之帮助犯。② 这种观点的缺陷，前文亦有述及，实在不必浪费笔墨；更重要的问题是，该见解将共同正犯与帮助犯等而视之，完全无视二者属于不同的参与类型。此外，也有论者以"共犯成立上的一体性，处罚的个别性"为由肯定承继的帮助犯，③ 如上文所述，分离定罪与处罚没有充分的依据，因此并不妥当。

现在，肯定承继的帮助犯的学说基本上着眼于帮助犯之特殊构造。

行为支配论者认为，帮助犯并不像共同实行犯那样要求对犯罪事实存在支配力，即使在帮助者参与时有部分行为构成要素已经实现，也可以考虑认定为帮助犯。譬如，受害人因先行为者的欺骗行为而陷入认识错误后，局外人加入进来协助领取财物，以及抢劫罪中，在被害人反抗被压制后，知情者介入并帮助先行为者从现场转

---

① 对相关著述没有论及承继帮助犯的原因，笔者不得而知，但可揣测他们或许认为承继帮助犯本来就不成其为问题，或者认为承继共同正犯与承继帮助犯原理一致，没有必要进行特殊讨论。

② [日] 福田平、大塚仁：《日本刑法总论讲义》，李乔等译，辽宁人民出版社 1986 年版，第 179 页。

③ 刘凌梅：《帮助犯研究》，武汉大学出版社 2003 年版，第 166 页。

移财物的场合，后参与者可分别成立诈骗罪之帮助犯与抢劫罪之帮助犯。因为中途参与的帮助者对正犯构成要件事实的实现具有促进作用，其协助行为仍属于该犯罪构成。但是，状态犯中，在被害人的财产损害已经出现后，就不再可能是帮助而是包庇。① 的确，共同正犯是对犯罪事实具有"本质性共动"者，帮助犯则只需要对构成要件事实存在促进型因果关系。换言之，正是由于对共同正犯采用行为支配理论，而对帮助犯采取促进型因果共犯论，才导致对承继的共同正犯与承继的帮助犯形成了截然相反的态度。不过，一方面以行为支配理论理解共同正犯存在不妥，另一方面该说全面肯定承继的帮助犯，意味着结合犯中的后行者要对与其没有促进型因果关系的、具有相对独立性的前罪承担罪责，这显然是不合理的。值得注意的是，有行为支配论者认为因果性是承继共犯的共同课题，对此宜统一适用"效果持续说"，在后行者对犯罪事实无功能性支配时，肯定就全体犯罪成立承继的帮助犯。② 但是，帮助犯只不过是促进正犯行为与结果，而非与正犯间相互利用、补充彼此行为。因此，对帮助犯而言，只需要正犯行为可以评价为尚未终了即可，没有必要要求先行为之"效果持续"，以便在规范上认可"共同实行"。况且"效果持续"只是表明存在先后行为结合的契机，而不代表后行为与先前事实具有因果性。所以，本书不赞同行为支配理论下的肯定说。

此外，也存在基于因果共犯论而全面认可承继的帮助犯的学说。德国学界的优势理论认为，帮助犯是促进他人的犯罪行为，因此只要帮助者在个别方面支持、促进了其所认识到的整体行为，自然就可以承认就全体犯罪的承继帮助犯。③ 国内也有学者持类似观点，即

---

① [德] 克劳斯·罗克辛：《德国刑法学总论》（第 2 卷），王世洲等译，法律出版社 2013 年版，第 167 页。
② 王光明：《共同实行犯研究》，法律出版社 2012 年版，第 145 页。
③ [德] 乌尔斯·金德霍伊泽尔：《刑法总论教科书》，蔡桂生译，北京大学出版社 2015 年版，第 457 页。

帮助犯是通过正犯行为间接侵害法益的人，只要其行为在事实上促进了法益侵害结果的实现即告成立；既然后行为者在中途介入并促进了先行为者实现法益侵害结果，就应当成立整个犯罪的帮助犯。① 促进型因果关系说本来的趣旨，想必是将帮助犯的成立范围限制在其促进实现的构成要件之内，唯其如此，才符合个人责任原则。然而，在结合犯以及结果加重犯中，在前罪或加重结果已经由先行为者独立实现的情况下，后行为者不可能对这种构成要件的实现起到促进作用。因此，全面认可承继的帮助犯的观点实际上已经背离了其理论初衷。

有共同意思主体说论者认为，共同意思主体是包括共同正犯、教唆犯、帮助犯在内的概念，从先行为者引起的实行行为中途的介入，不可能成立"承继的共同正犯"，但有可能成立"承继的从犯"。其原因在于，共同意思主体的形成是复数行为人在犯罪遂行目的下使之成为一体，只有在此前提下，才能讨论共同正犯、教唆犯、帮助犯，进而根据"重要的贡献"区分正犯与从犯。在单纯一罪中，后行者在中途介入时与先行者首次就此后的事实形成共同意思主体，只成立普通的共同正犯，因此附加"承继的"实无必要；在结合犯中，中途介入者对先前事实的事后认容、承继的意思，只是片面的意思，至多将其理解为补充共同犯罪的意思，由于结合犯的实行行为不可分割，后行者不可能对全体犯罪发挥重要作用，因此不能成立共同正犯，只能成立全体犯罪之帮助犯。② 如果认为共同意思主体的形成，在论理上先于共犯参与类型判断的话，上述论证的逻辑无疑是自洽的。然而，这恰恰说明共同意思主体的形成不过是描述复数人犯罪的一个空洞的概念，其所发挥的功能至多是确立复数行为

---

① 戴波、江溯：《承继的共同正犯研究——以日本的判例和学说为中心的考察》，载陈兴良主编《刑事法评论》（第 14 卷），北京大学出版社 2004 年版，第 460 页。

② 山本雅子：《承继的共同正犯论》，载甲斐克则《立石二六先生古稀祝贺论文集》，东京：成文堂 2010 年版，第 467—485 页。

人一体性地成立某一犯罪,但这似乎又回到了罪名从属性(该论者也赞同意思共同体说是"最坚定的犯罪共同说")。依照该说,在结合犯的场合,由于实行行为不可分,后行为者要对其没有促进实现的、具有相对独立性的前罪承担责任。但是,不仅实行行为具有绝对不可分割性的理由不妥当,上述结论难以令人接受。最要紧的问题是,共同意思主体说要求帮助犯与正犯基于意思联络形成一体,相当于在帮助者与正犯间进行行为相互归属,而这与帮助犯的构造完全不相容。如前文所指出的,帮助犯与正犯间本就无所谓"共同",因此,用以说明共同正犯的共同意思主体说不宜应用于帮助犯中。

最近,有学者从行动规范论出发,否定承继的共同正犯,但全面肯定承继的帮助犯。具体来讲,以自律性决断原理为基础,实行行为内在的意思——共同决定构成要件的故意是区分共同正犯与帮助犯的基准,为此,成立共同正犯需具备真正的构成要件故意,事前故意与事后故意均不能成立共同正犯。但是,帮助犯之行动规范是对实现分则所规定的犯罪的帮助行为的自律性决断,帮助者对犯罪的实行行为没有决断,因此无须具备构成要件故意。[1] 鉴于共同正犯与帮助犯在构造上的这种差异,在承继共犯现象中,中途加担者仅了解先行为的情况,不能认定为就全体事实存在共同正犯的构成要件的故意,所以不可能认可承继的共同正犯;但帮助行动规范以正犯行为的一部分为规范内容,因此,后行者只要对全体事实有认识,通过正犯志向于法益侵害结果,就可以成立帮助犯。[2] 无论在结合犯抑或结果加重犯中,以上结论都可以成立。关于以构成要件故意区分共同正犯与帮助犯,进而以此为根据全面否定承继的共同正

---

[1] 小島秀夫:《共同正犯と幇助犯の区別基準——故意の再評価》,《法学研究論集》33号(2010年)。

[2] 小島秀夫:《いわゆる承継的共犯の規範論的考察》,《大東法学》63号(2014年)。

犯，前文已作了批判，兹不赘述。即便论者对帮助行动规范的厘定是合理的，也不能必然说明全面承认承继帮助犯的论理和结论就具有说服力。只要通过正犯志向于法益侵害即可成立帮助犯，实际是修正惹起说的基本观点，在此前提下，关于帮助犯的因果性，论者自然会支持行为促进说。由此来看，该说不过是行为促进说的行动规范论版表达。但是，修正惹起说忽视了共犯本身的不法，只要促进正犯行为即认定帮助犯既遂，相当于否定帮助行为的间接法益侵害性。此外，该说将由先行为者单独实现的结合犯之前罪、结果加重犯之加重结果归责于没有做出任何促进性贡献的后行为者，毫无疑问违反了个人责任原则。

即使帮助犯之主、客观层面不同于共同正犯，也不必然就能够全面肯定承继的帮助犯。尤其是让后行者对没有发挥促进作用的法益侵害事实、相对独立的构成要件承担责任，不符合正义原则。

二 承继帮助犯全面否定说的反思

尽管并不绝对，但行为共同说仍然是反对承继共犯的重要理由。行为共同说认为共犯是不法形态，甚至是一种犯罪方法，这就为相对独立地评价共犯者之行为提供了可能。也就是说，由于对共犯行为的评价不依赖于对正犯行为的评价，因此自然不能从正犯的视角来认定共犯行为的属性。[1] 例如，在抢劫致人重伤案件中，不能认为后行为者所参与实施的取财行为是先行为者抢劫罪的一部分，其行为之评价应独立于正犯行为，仅成立盗窃罪。吊诡的是，同样支持行为共同说的西田典之教授却限定地认可承继的帮助犯。[2] 山中敬一教授基于行为共同说而原则上否定承继共犯，但对诈欺罪、恐吓取

---

[1] 姚培培：《承继共犯论的展开》，载陈兴良主编《刑事法评论》（第40卷），北京大学出版社2017年版，第134页。

[2] ［日］西田典之：《日本刑法总论》，王昭武、刘明祥译，法律出版社2013年版，第331页；［日］西田典之：《共犯理论的展开》，江溯、李世阳译，中国法制出版社2017年版，第269页。

财罪等多行为犯中的后行为人，则认可成立承继的帮助犯。① 赞同行为共同说的张明楷教授认为，"原则上，后行为人参与的行为性质与前行为人的行为性质相同"，若其在犯罪中发挥作用较小时，可认定成立承继的帮助犯。② 笔者认为，上述同一学说内部之间的观点歧异，归根结底乃是因共犯认定方法之差异造成的。详言之，彻底否定"承继"的见解认为，共犯之认定应遵循"以因果性为核心""以共同事实为基础""以被评价的共犯本身为视角"。③ 相反，肯定性质同一性的观点认为，共犯的认定应坚持"以不法为重心""以正犯为中心""以因果性为核心"。④ 正是这种"以被评价的共犯本身为视角"与"以正犯为中心"的区隔，造成了前一种观点彻底否定承继，后一种见解肯定行为性质的"承继"。不过由于上述观点都采取"以因果性为核心"的认定方法，完全地贯彻因果共犯论，所以二者皆反对后行为者就加入前的结果承担责任。但是，前文已经阐明，犯罪共同说与行为共同说仅仅是就共同正犯而言的，正犯与帮助犯之间不存在所谓的"共同"。因此，以行为共同说为依据否定承继帮助犯的见解是理论的误用。再者，帮助犯之法益侵害具有间接性，即必须经由正犯行为方可与法益侵害事实产生关联。因此即便采取行为共同说，帮助犯之认定也应当"以正犯为中心"。进一步而言，成立共同正犯以共同者之间具有意思联络为必需，行为共同说放弃意思联络要件，使得共同正犯成为一种偶然现象；虽说帮助犯与（共同）正犯之间没有必要进行意思上的疏通、联络，但也不意味着行为共同说适用于狭义共犯。

学说上，彻底否定承继的帮助犯的主要根据是因果共犯论，即

---

① 山中敬一：《刑法総論》，東京：成文堂 2008 年版，第 903—904 页。
② 张明楷：《刑法学》，法律出版社 2016 年版，第 432 页。
③ 姚培培：《承继共犯论的展开》，载陈兴良主编《刑事法评论》（第 40 卷），北京大学出版社 2017 年版，第 132—133 页。
④ 张明楷：《刑法学》，法律出版社 2016 年版，第 383—386 页；也可参见张明楷《共同犯罪的认定方法》，《法学研究》2014 年第 3 期。

由于中途参与者并非对全体构成要件要素存在因果性，因此不仅承继的共同正犯不能成立，承继的帮助犯也不应得到认可。山口厚教授认为，因果共犯论是共同正犯与狭义共犯共通的处罚根据，二者只不过是在构成要件该当事实的引起方式上存在差异，但它们的成立均要求对全部的构成要件事实具有因果性。因此，仅对一部分事实有因果性，不足以让行为人承担共犯责任，即不可能成立帮助犯。① 陈洪兵教授也从因果共犯论出发，彻底否定承继的帮助犯。概言之，共同正犯与帮助犯是根据行为者在犯罪中的作用及侵害法益的样态而作出的区别，在因果性的范围上并不存在差异。所以，只要后行者的行为与先行行为及结果不存在因果性，那么承继的帮助犯就不能成立。② 由此可见，以因果共犯论为依据否定承继的帮助犯的学者一致认为，共同正犯与狭义共犯的因果性要件完全一致，因果关系必须及于全体构成要件要素，不得进行缓和。否定说在广义共犯中采取因果共犯论的立场，且同时否定承继的共同正犯与承继的帮助犯，可以说在说理上是一以贯之的，因此具有很强的说服力。虽说如此，这种学说难道不是同时彻底否定了共同正犯与帮助犯在构造上的差异吗？进而，掩盖了共同正犯与帮助犯在因果性要件上的区别。前文已经表明，条件关系公式并不适用于帮助犯，帮助行为只要促进了正犯实行及结果的发生即为已足，否定说要求帮助犯对所有构成要件要素具有因果性，过于苛刻。

承继帮助犯否定说不仅存在以上说理层面的问题，而且其结论也不合理。即使并非绝对，也可以在某种意义上认为，不论出于行为共同说抑或是因果共犯论反对承继帮助犯的见解，其更深层次的

---

① ［日］山口厚：《刑法总论》，付立庆译，中国人民大学出版社 2018 年版，第 368 页；松原芳博教授认为帮助犯与共同正犯、教唆犯同样要与全部事实具有因果关系，因此例外地认可承继的从犯的观点难以理解，引自 2019 年 3 月 19 日松原芳博教授在云南大学法学院所作的"承继的共犯"的讲座。

② 陈洪兵：《承继共犯否定论：从因果共犯论视角的论证》，载陈兴良主编《刑事法评论》（第 25 卷），北京大学出版社 2009 年版，第 423 页。

依据多为结果无价值论。结果无价值论者通常会认为支配出（或参与引起——笔者注）何种法益侵害是定罪的必需标准，行为人主观上的恶性或行为无价值因素仅在量刑层面予以考虑，[1] 或者主要是为了实现类型化处理以遵循罪刑法定原则[2]。例如，先行为者为了夺取财物使用暴力将被害人杀死后，先行为者因受到反抗而负伤，对于此时介入仅协助先行为者完成取财行为的后行为者，多数结果无价值论者认为其仅参与侵害了财产法益，因而只能成立盗窃罪之帮助犯。然而，无论如何都不能否认后行为者所促进完成的对象是抢劫罪之构成要件，与暴力强取财物具有因果性。可见，将其认定为盗窃罪之帮助犯不仅罔顾事实，而且必然违反罪责刑相适应原则。这种问题在敲诈勒索罪、诈骗罪的场合更加突出，即会导致协助完成财物受领进而促进敲诈勒索罪、诈骗罪构成要件实现的后行为者，不构成任何犯罪。总而言之，承继共犯否定论难以妥当评价后行为之性质，甚至会造成法网疏漏，不利于保护法益。

三 承继帮助犯部分肯定说的张扬

对承继的帮助犯持限定肯定态度的学说相当有力，大体来看，中间说内部的部分学者主张对承继的共同正犯与承继的帮助犯适用统一原理；有的学者则着眼于帮助犯之特殊性，提倡对其适用有别于承继共同正犯的理论。

（一）承继共犯适用统一原理观之摒弃

以统一原理处理承继共犯问题，在此之下采取某种标准区分承继的共同正犯和承继的帮助犯，是极其常见的学说现象。大谷实教授认为，"继承帮助犯的处理，应当和继承共同正犯的情况同样对待"，例如在先行为人抢劫杀人后，后行为人介入协助完成取财行为

---

[1] 任海涛：《承继共犯研究》，法律出版社2010年版，第143页。
[2] 张明楷：《行为无价值论的疑问——兼与周光权教授商榷》，《中国社会科学》2009年第1期。

的，不能认为后行为人继承了先行为人的杀人行为，因此只能成立抢劫罪之帮助犯。① 西田典之教授以"效果持续说"为指引，有限地肯定承继共犯，在此之下以"重要作用"为标准区分承继的共同正犯与承继的帮助犯。② 张明楷教授认为，原则上后行为人的参与行为性质与先行为人一致，在此基础上，以其所发挥的作用重要与否，分别认定成立承继的共同正犯或承继的帮助犯，但后行者不对其加入前的事实承担责任。③ 上述学说均认为承继的共同正犯与承继的帮助犯是共通的问题，尽管各自的处理结论不乏合理性，但将二者等而视之，显然忽略了共同正犯与帮助犯在结构上的重大差异。"缓和因果性说"的提倡者认为对因果性的缓和适用于共同正犯与狭义共犯，只要后行为者与构成要件结果或主要法益的侵害存在因果性，即可在此基础上，根据在犯罪中所发挥的作用部分地认定成立承继的共同正犯或承继的帮助犯。④ 如前文所述，共同正犯与帮助犯的因果性要求不同，帮助犯只需要促进了正犯实行及结果的发生，即告既遂。可见，这种促进关系本来就不需要进行"缓和"。

最近，日本学者高桥直哉站在因果共犯论的立场，提倡以统一原理解决承继共犯问题的主张，值得注目。从共犯的处罚根据——混合惹起说来考察，只要先行为者惹起的不法并非后行为者所不能犯之罪，那么就存在将先、后行者的行为纳入同一犯罪构成要件结构内评价的余地，即可以认为后行为者经由将自己的行为与先行为者的行为连接起来，而共同惹起了同一犯罪之不法。这种"连接"

---

① [日] 大谷实：《刑法讲义总论》，黎宏译，中国人民大学出版社 2008 年版，第 404 页。

② [日] 西田典之：《日本刑法总论》，王昭武、刘明祥译，法律出版社 2013 年版，第 330—331 页。

③ 张明楷：《刑法学》，法律出版社 2016 年版，第 432 页。

④ [日] 桥爪隆：《论承继的共犯》，王昭武译，《法律科学》（西北政法大学学报）2018 年第 2 期；[日] 十河太郎：《相续的共犯之考察》，王昭武译，《月旦法学杂志》2016 年第 3 期。

有两个方面的根据：其一，后行为者是以将先行为者所制造的影响以投影的形式实施后行为的，因此对该部分行为不能单独评价；其二，后行者于中途参与先行者正在实行的犯罪这种承继共犯固有的情况，可以表现为产生了所谓的构成要件的压缩。即先行者正在遂行其犯罪的这种情况，是一种构成要件状况的运作，也就是说，应在与进行中的犯罪关联的意义上来理解后行者参与后的行为。析言之，后行为者在明知先行事实的情况下，将其与自己的行为连接，就继受了对先行为的构成要件的评价，其与参与后符合构成要件的事实之因果性相辅相成，构成了共犯固有的不法。以上论理统一适用于承继的共同正犯与承继的帮助犯，在此前提下，以后行为之作用的重要性为标准区隔共同正犯与帮助犯。[1] 上述观点极富洞察力，笔者原则上赞同"后行者通过将自己的行为与先行者的行为连接起来，进而继受先行为之构成要件评价"的论断。不过，论者自己也承认其见解实际上采用了"因果缓和说"。即，论者认为共犯与单独犯不同，因此没有必要对构成要件该当事实全体有因果性，而只要与最终法益侵害结果间存在因果关系即可。但是，如前文所指出的，帮助犯乃促进正犯实行与结果的参与类型，其因果性要件不同于共同正犯，根本没有必要进行缓和。而且，以统一原理来解决承继的共同正犯与承继的帮助犯问题，也忽视了二者之间决定性的差异。在这个意义上，本书不能赞同这一观点的论理逻辑。

（二）结果促进说下承继共犯部分肯定说的提倡

目前，有不少学者区分对待承继的共同正犯与承继的帮助犯，并且在承继的帮助犯上采取中间说的立场。

高桥则夫教授是承继共犯二分说的有力倡导者，其完全否定承继的共同正犯之成立可能性，但部分地肯定承继的帮助犯。高桥则夫教授的结论有两个方向上的依据：其一，共同正犯与帮助犯的处

---

[1] 高橋直哉：《承継的共犯論の帰趨》，川端博、浅田和茂、山口厚、井田良編《理論刑法学の探求9》，東京：成文堂2016年版，第180—185页。

罚根据不同。即从以意思疏通为根据的"相互的行为归属"的处罚共同正犯处罚依据出发，应当彻底否定承继共同正犯；而帮助犯的处罚根据是从属性法益侵害，因此，对于承继的帮助犯，在其对全体犯罪的因果性贡献的限度内可予以承认。例如，在强盗致死罪中仅参与财物夺取行为的场合，后行者在成立盗窃罪的共同正犯的同时，因其对强盗部分有因果性贡献，所以也成立强盗罪的帮助犯，二者之间属于想象竞合。在伤害罪的场合，如果伤害结果发生在参与前，由于不能认定后行为者对此存在因果性贡献，因而成立暴行罪的共同正犯。① 其二，应当承认正犯行为的二重性，即同一正犯行为在正犯者的内容和共犯者的内容中会有不同评价。在此前提下，即使正犯者实施了强盗杀人的行为，对帮助者也可以只评价其中一部分，而成立强盗罪。② 如前文所述，单方面地以"意思联络"为中心理解共同正犯并不妥当，但高桥则夫教授明显意识到了共同正犯与帮助犯的构造差异，这一点值得肯定。

　　早期，齐藤诚二教授认为，共同正犯应主要适用"行为支配"原则，而帮助犯应主要适用"从属性"原则，二者采行不同的归责原则，不能混同。因此，在先行为者出于强盗故意将被害人杀死后，仅参与取财行为的后行为者，应成立盗窃罪共同正犯与强盗罪帮助犯，二者属法条竞合关系。③ 现在，采取类似论证路径的是照沼亮介博士。在共同正犯的本质这一问题上，照沼亮介博士赞同机能的行为支配理论，因而彻底否定承继的共同正犯；关于承继的帮助犯，则站在混合惹起说的立场持限定肯定态度。具体来说，根据混合惹起说，"如果帮助者通过'正犯的该当构成要件的行为'促进了法益侵害结果的发生"，即可成立帮助犯。"既然只要在正犯行为实

---

① 高橋則夫：《刑法総論》，東京：成文堂 2018 年版，第 474 页。
② ［日］高桥则夫：《共犯体系与共犯理论》，冯军、毛乃纯译，中国人民大学出版社 2010 年版，第 184 页。
③ 齐藤诚二：《承継的共同正犯をめぐて》，《筑波法政》第 8 号（1985 年）。

行期间就可以促进,那么即使在强盗罪这种结合犯中,(仅协助取财的——笔者注)促进'强取'行为也是完全可能的。"但是,即使认定后行为者就全体犯罪成立帮助犯,也只能在促进的范围内进行责任归属,即"承继的帮助犯不可能继承参与前的不法"①。照沼亮介博士的观点建立在区分共同正犯与帮助犯的基础上,充分体现了共同正犯与帮助犯在归责根据上的差异性。在此前提下,他的理论见解对承继帮助犯的行为定性及责任范围的确定都是前后一致的论述。

上述观点从混合惹起说——从属性法益侵害的处罚根据出发,限定地肯定承继的帮助犯的结论,无疑是妥当的。之所以将承继帮助者与先行为者的行为在同一构成要件内评价,就在于其通过将自己的协助行为与先行的正犯行为相连接,促进了该罪不法的实现。但是,既然帮助犯是通过正犯行为间接侵害法益的参与类型,那么其责任范围就应限制在其促进实现的构成要件之内。例如,在抢劫致死案件中,由于后行为者没有现实地促进"致死"这种加重构成的实现,因此不承担责任。但是,在诈骗罪、敲诈勒索罪中,后行者仅协助取财的,也仍然可以认定为诈骗罪与敲诈勒索罪的帮助犯。实际上,这不仅是因果共犯论、个人责任原则的逻辑归结,也是犯罪构成要件理论所决定的。

在以违法和责任为支柱的犯罪论体系中,构成要件是违法行为类型。如果某些要素的增加导致违法行为类型发生变更时,即意味着形成了新的犯罪构成,存在既、未遂问题。通常来讲,以数额巨大、情节严重、多次等事由升格法定刑的,只是量刑规则,仅存在成立与否的问题;而因为行为、对象等要素的特殊性使得行为类型发生变化,法律据此升格法定刑的,属于加重构成,相对独立于变更前的犯罪构成。② 行为人只对与其行为有因果性的加重构成之实现

---

① 照沼亮介:《体系的共犯論と刑事不法論》,東京:弘文堂 2005 年版,第 247 页。
② 张明楷:《责任刑与预防刑》,北京大学出版社 2015 年版,第 214—226 页。

承担罪责。在共同犯罪的语境中，区分加重构成与量刑规则的意义在于：在单次犯罪中，如果个别行为人与加重构成的实现不具有个别的因果性，则其只能在基本犯罪构成限度内承担责任；相反，即便量刑规则（多次犯除外）系部分行为人造成，其他共犯者也要对其承担罪责，只不过在量刑时可以从宽处罚。简而言之，对于加重构成，帮助犯只有促进其实现，才能够承担责任；与之相对，在同一机会下发生的单次犯罪中，量刑规则一旦成就，对帮助犯就应在相应法定刑档次内进行刑罚裁量。以这种理解为前提，抢劫致人死亡是抢劫罪的加重构成，在先行为者独立造成死亡结果的场合，仅协助取财的后行为者只成立抢劫罪的基本犯。与之相反，如果先行为者盗得数额较大财物，在同一犯罪机会中，帮助者中途协助正犯继续实施盗窃，先后两段行为所盗财物的总额达到"数额巨大"时，对帮助者也应适用加重法定刑，并在此限度内予以从宽处罚。再如，先行正犯已经盗伐数量巨大的林木，后行为者介入后又帮助先行正犯盗伐少量林木且尚未达到"数量特别巨大"的，对于后行为者也应按照盗伐林木数量巨大来决定处罚。这样考察的话，后加入的帮助犯仍然是对其促进实现的犯罪构成承担责任，因此并不违反因果共犯论与责任主义。上述原理同样适用于结合犯，即因为后行为者没有促进相对独立之前罪的构成要件的实现，因而只成立结合犯之后罪的帮助犯。最后，将明知先前事实而中途提供协助者的行为性质与先行为者作一致评价，有利于发挥构成要件的违法提示机能。

事实上，在特定个罪中，以因果共犯论为根据否定承继帮助犯的学者，也承认中途参与部分行为的人成立该罪之共犯。例如，钱叶六教授认为强奸罪、非法拘禁、绑架罪中，知情的中途参与者成立该罪之共犯；[①] 山中敬一教授对诈欺罪与恐吓罪等多行为犯，则肯定后行为者成立承继的帮助犯[②]。由此也可以认为，否定说难以贯彻

---

① 钱叶六：《共犯论的基础及其展开》，中国政法大学出版社2014年版，第143页。
② 山中敬一：《刑法総論》，東京：成文堂2008年版，第858、903—904页。

到底，以否定说为基础限定地肯定承继的帮助犯，具有必然性和妥当性。

第三节　本章小结

帮助犯通过正犯间接地引起法益侵害结果，其不法性应从自身的不法与正犯的不法两方面来把握。基于这种"混合惹起说"的立场，自然会否定"无正犯之共犯"而肯定"无共犯之正犯"。我国《刑法》第 29 条第 2 款的规定，并不构成反对"混合惹起说"而肯定"纯粹惹起说"甚至"责任共犯论"的根据。"没有犯被教唆的罪"是指"没有犯被教唆的罪（既遂）"，因此"混合惹起说"与我国刑法关于共同犯罪的规定不存在抵牾。在"混合惹起说"看来，处罚共犯要求该构成要件可以被评价为对正犯和共犯都是禁止的，这就为肯定承继的帮助犯提供了理论空间。

成立共犯至少要求正犯着手实行犯罪，共犯独立性说与二重性说的立论依据不可靠，二者的结论可能导致不当扩张狭义共犯处罚范围的后果，甚至有陷入心情刑法之虞。至于从属性的限度，宜采取"限制从属性说"，即成立共犯要求正犯行为符合构成要件且具有违法性，如此既与"混合惹起说"相适应，也有助于适度限制狭义共犯的处罚范围。

帮助犯是通过正犯行为引起法益侵害结果的参与类型，既不同于单独引起法益侵害结果的单独正犯，也与"共同引起"法益侵害的共同正犯存在显著差异。对帮助犯的因果性要件，应采取"结果促进说"，仅促进正犯实行尚不足以彰显帮助犯自身的不法性，只有当帮助透过正犯行为及于正犯结果时，才能认定帮助犯既遂。帮助犯并不需要像共同正犯那样实现"行为相互性归属"，因此帮助者无须与正犯进行意思联络，只要对其行为促进正犯实行及结果发生的客观事实存在故意即可。综上所述，一方面应当认可片面帮助犯，另一方面帮助犯不需要自始伴随正犯。

　　帮助犯的因果性要件不同于共同正犯，认可承继的帮助犯无须缓和其因果关系。只要后行为者促进正犯实行及其法益侵害结果，就可以认定其成立正犯行为之帮助犯，进而可以认为承继的帮助犯的行为性质原则上与正犯一致，但是后行为人只对其促进实现的犯罪构成承担责任。在单次犯罪中，如果后行的帮助行为与加重构成、结合犯之前罪的实现不具有因果性，则其只能在基本犯罪构成、结合犯之后罪限度内承担责任；在后行帮助行为对特定量刑规则的成就具有因果性的场合，或者在先行为已经独立充足特定量刑规则的情况下，后行帮助者参与协助先行正犯继续犯罪但未进一步升级量刑规则的，后行为人都应在该特定量刑规则对应的法定刑幅度内处罚，只不过可以根据参与程度予以从宽处罚。从结论上看，承继的帮助犯与承继的共同正犯在行为性质与责任承担范围方面是一致的，但二者所采用的理论路径并不相同，这根源于帮助犯与共同正犯的结构性差异。

第 五 章
我国刑法语境下承继共犯的归责

通过对中外判例、学说的梳理与分析，笔者认为部分地肯定承继的共同正犯与承继的帮助犯是妥当的。本书主张将"效果持续说"与"因果缓和说"进行综合以解决承继共同正犯问题，即共同正犯不必像单独正犯那样对所有构成要件要素具备因果性，毋宁只需要以意思疏通为基础，共同引起该当于构成要件的不法结果即可。在承继共同正犯场合，先行为尚未结束且其效果处于持续状态，后行为者明知此情况共谋参与并利用该效果实施剩余行为，将先、后行为连接在一起形成"共同行为"，进而可以将后行为纳入先行者犯罪之构成要件中进行评价，即继受了先行为之构成要件的评价。帮助犯是促进正犯实行和结果的参与类型，其因果性要件无须缓和，知情的中途介入者只要促进了先行者（正犯）之犯罪构成要件的实现，即成立该罪之承继帮助犯。不过，在先行为者单独引起加重构成、单独实现结合犯之前罪的场合，后行者仅可能就基本犯或后罪成立共同正犯与帮助犯。总而言之，虽然承继者的行为原则上与先行者的行为性质一致，但仅对其共同实现或促进实现的法益侵害结果承担责任。以上结论不过是一般性原理，为认定承继的共同正犯、承继的帮助犯提供了理论可能。鉴于我国刑法未直接规定"共同正犯""帮助犯"，而是使用了"主犯""从犯"这样的概念，加之分则个罪与德国、日本刑法规定之间存在较大差异，因此解决承继者的归责（合理性）问题，终究需要回到我国犯罪参与体系及分则个罪的具体规定中。

第一节　我国的犯罪参与体系

一　分裂与融合：我国犯罪参与体系的理论争议述评

通说认为，我国现行刑法对共犯人分类采用了以作用分类为主、分工分类为辅的方法。这种分类方法体现了混合分类的效果，既解决了共同犯罪人的定罪问题，又解决了共同犯罪人的量刑问题。① 立法如肃穆而立的神明，不移不易，然而关于我国的犯罪参与体系的争议从未静穆片刻。单一正犯体系说与区分制犯罪参与体系说截然对立，晚近以来，有学者明确主张我国刑法采取了富有中国特色的双层区分制犯罪参与体系和共同归责意义上的区分制。

（一）在区分制与单一制之间：我国犯罪参与体系的立场分裂

区分制不仅在犯罪成立的意义上将犯罪参与者区分为正犯与共犯（教唆犯、帮助犯），而且在刑罚处罚层面也对两者予以区分。区分制是我国学界的主流观点，其说理主要围绕实定法和区分制的理论优越性展开。就刑法规定而言，区分制的理论如下：第一，我国刑法或直接或间接地规定了正犯、帮助犯与教唆犯的概念，并赋予其不同层级的不法内涵；② 第二，刑法中没有明确规定为犯罪成立提

---

① 高铭暄、马克昌主编：《刑法学》，北京大学出版社、高等教育出版社 2017 年版，第 172—173 页；贾宇主编：《刑法学》（总论），高等教育出版社 2019 年版，第 244 页；陈兴良：《共同犯罪论》，中国人民大学出版社 2006 年版，第 169 页；齐文远主编：《刑法学》，北京大学出版社 2016 年版，第 164 页。

② 陈家林：《共同正犯研究》，武汉大学出版社 2004 年版，第 5 页。也可参见陈家林《试论正犯的两个问题》，《现代法学》2005 年第 2 期；周光权《"被教唆的人没有犯被教唆的罪"之理解——兼与刘明祥教授商榷》，《法学研究》2013 年第 4 期；谭堃《单一制正犯体系之质疑——兼论我国犯罪参与体系的归属》，《法治研究》2013 年第 2 期。

供条件者皆为正犯，或者将共犯人在本质上都视为具有同等价值，对各共同犯罪人也不能适用同一法定刑；① 第三，在实务中，司法机关也广泛认可实行犯、帮助犯、教唆犯、组织犯等概念，而且是依照正犯行为性质来确定罪名②。上述理据，暗合于张明楷教授和陈兴良教授的观点。张明楷教授似乎没有就我国犯罪参与体系进行专门论述，但其观点符合区分制的基本特点。张明楷教授撰写的教科书与相关论文明确区分了共同正犯、教唆犯、帮助犯，并肯定共犯与正犯在不法内涵上的差异，在此基础上，也认可狭义共犯之从属性。③ 陈兴良教授认为《刑法》第 29 条关于教唆犯的规定是区分正犯和共犯的依据，分则所规定的是正犯，对狭义共犯的处理必须按照刑法总则规定再结合分则有关规定才能定罪。这就是共犯在定罪上对正犯的从属性，因此我国刑法不可能采用单一制。④ 换言之，区分制的支持者不仅认为立法规定和实务中认可正犯、教唆犯和帮助犯的参与类型区分，而且也遵循了以正犯为中心、共犯之成立从属于正犯的区分制原理。此外，从纯学理的角度来讲，区分制以限制的正犯概念为基石，能够充分发挥构成要件的定型化机能，有助于维系、实现法治国原则，是区分制支持者引以为豪的理论优势。在区分制下，共犯的认定经由从属性原理与正犯相关联，进而使得共同犯罪的认定与构成要件形成勾连，能够妥当地

---

① 周光权：《"被教唆的人没有犯被教唆的罪"之理解——兼与刘明祥教授商榷》，《法学研究》2013 年第 4 期；王光明：《共同实行犯研究》，法律出版社 2012 年版，第 39 页。

② 谭堃：《单一制正犯体系之质疑——兼论我国犯罪参与体系的归属》，《法治研究》2013 年第 2 期。

③ 张明楷：《刑法学》，法律出版社 2016 年版，第 379—430 页；张明楷：《论教唆犯的性质》，载陈兴良主编《刑事法评论》（第 21 卷），北京大学出版社 2007 年版，第 85—90 页；张明楷：《共同犯罪的认定方法》，《法学研究》2014 年第 3 期；张明楷：《共犯的本质——"共同"的含义》，《政治与法律》2017 年第 4 期。

④ 陈兴良：《共犯论：二元制与单一制的比较》，载中国人民大学刑事法律科学研究中心编《刑事法热点问题的国际视野》，北京大学出版社 2010 年版，第 155 页。

限制处罚范围,实现罪刑法定原则。因此,区分制这一方向是值得肯定的。不过,形式化的正犯概念难以妥当地处理共同犯罪中非实行的"核心角色"的刑事责任,有鉴于此,正犯概念逐渐趋于实质化甚至"膨胀化"。

围绕着正犯与主犯关系的课题,在我国共同犯罪语境下,区分制说的内部出现了三种发展趋向:第一种方向,是将正犯与主犯的功能进行分离,正犯只表明行为人实施了实行行为或仅解决定罪问题,主犯彰显其在共同犯罪中的作用或解决量刑问题,据此正犯概念应采取形式的客观说,即正犯可能不是主犯,帮助犯也可能是主犯。① 第二种方向,是对主犯、从犯概念加以规范化以及对正犯、共犯概念予以实质化,进而将正犯、帮助犯与主犯和从犯一一对应。② 第三种方向,是对正犯作实质化理解,但是认为主从犯的区分标准比正犯和狭义共犯的区分标准更加实质,即主犯、从犯、胁从犯是一种量刑情节。因此,在国外属于共同正犯,在我国仍可能只成立从犯。③不过,如前文所述,形式的正犯概念并不可取,相反,正犯实质化的方向值得肯定。但是,后两种对正犯作实质化理解的观点,特别是第二种已经倾向于造成"主犯正犯化"④ 的问题,忽

---

① 陈兴良:《共同犯罪论》,中国人民大学出版社2006年版,第168页;陈家林:《共同正犯研究》,武汉大学出版社2004年版,第25页。陈兴良教授主张主客观统一的构成要件说,但其本质与形式的客观说无异,即以满足构成要件而非在犯罪中所起的作用为标准。

② 何庆仁:《我国共犯理论的合法性危机及其克服》,载陈泽宪主编《刑事法前沿》(第6卷),中国人民公安大学出版社2012年版,第182页;杨金彪:《分工分类与作用分类的同一——重新划分共犯类型的尝试》,《环球法律评论》2010年第4期;金光旭:《日本刑法中的实行行为》,《中外法学》2008年第2期;刘艳红:《论正犯理论的客观实质化》,《中国法学》2011年第4期;王光明:《共同实行犯研究》,法律出版社2012年版,第40—43页。

③ 张明楷:《刑法学》,法律出版社2016年版,第450页;张明楷:《刑法的私塾》,北京大学出版社2014年版,第172页。

④ 刘明祥:《主犯正犯化质疑》,《法学研究》2013年第5期。这种倾向也可见于实务中,参见河北省高级人民法院〔2016〕冀刑终289号刑事判决书。

视了国内外立法规定差异，同时该说也未能够提出区分正犯与共犯的明确标准。① 第三种观点对主犯何以比正犯"更加实质"语焉不详，而且也有将参与类型和量刑分离的迹象。值得强调的是，正是在第一种和第三种趋向上，孕育、发展出了后文所述的双层区分制这种折中的观点。

单一正犯体系以因果关系论中的条件说为基础，认为凡对犯罪之成立赋予条件者，即为正犯。单一制内部又可区分为形式的单一正犯体系、机能的单一正犯体系，二者的共同之处在于放弃对共动形式进行价值上的等级区分，差异是后者在概念或类型上对共动形式进行了区别。② 当前，既有学者认为我国共犯体系属于形式的单一正犯体系，也有学者从机能的单一正犯体系进行论证。前一种主张的主要依据是：其一，从立法原意或者立法沿革来看，为了方便量刑并适应复杂的影响刑事责任的因素，我国刑法采用了主从犯之规定。③ 其二，我国刑法中不存在"正犯""帮助犯"概念，代之以主、从犯这种独具特色与优势的分类，而且从共同犯罪成立条件、处罚上来看，也不存在共犯（如第 29 条所规定之教唆犯）从属于正犯，实行犯的处罚未必重于教唆犯和帮助犯。④ 其三，在实践中，司法机关在办案时也不重视参与人行为类型的划分，仅在量刑阶段根

---

① 何庆仁：《共同犯罪归责基础的规范理解》，《中外法学》2020 年第 2 期。
② 小島秀夫：《正犯者概念と帮助構成要件》，《法学研究論集》第 29 号（2008 年）。
③ 黄明儒、王振华：《我国犯罪参与体系归属单一制的立法依据论》，《法学杂志》2017 年第 12 期。
④ 刘洪：《我国刑法共犯参与体系性质探讨——从统一正犯视野》，《政法学刊》2007 年第 4 期；刘明祥：《论中国特色的犯罪参与体系》，《中国法学》2013 年第 6 期；黄明儒、王振华：《我国犯罪参与体系归属单一制的立法依据论》，《法学杂志》2017 年第 12 期。需要指出的是，虽然刘明祥教授没有明确指出我国犯罪参与体系属形式的单一正犯体系，但从其所持（1）否定我国刑法对参与类型进行了区分，所有为犯罪创造条件者都是等价的共同犯罪人及（2）不存在正犯和帮助犯概念等论据来看，其观点无异于形式的单一正犯体系。

据参与程度，区分主犯和从犯，以确定处罚之轻重。① 其四，从"共犯行为正犯化"等立法修改的特点上看，具有明显的单一制取向。② 其五，我国刑法所采取的主从犯立法模式，只不过是针对参与程度或量刑而进行的分类，在参与类型层面根本没有着眼于"直接实现构成要件"与"间接实现构成要件"这种共犯人的分类。③ 与之不同，江溯博士则认为我国共犯体系属于机能的单一正犯体系。其理由如下：第一，现行刑法沿袭了《唐律》及革命根据地时期以来的共犯立法模式，区分"首从"而不存在"正犯"这一概念；第二，即使认为存在正犯概念，其也与"量刑"分离；第三，作为犯罪参与形式之一的共同犯罪，刑法之所以对其进行特别规定，不过是因为共同犯罪是一种典型的犯罪方法。④ 由此可见，即便在单一正犯体系内部，对我国共同犯罪立法规定的理解以及定罪阶段区分参与类型的必要性，也存在不同的认识。除了对实体法规定进行分析外，单一正犯体系的支持者还进行了纯学理的论证。其理论上的相关论据，可以归结为"共犯与正犯间系事实上的依赖而非法律上的从属""共犯的违法具有独立性"。⑤ 换言之，论者实际上认为共同犯罪只不过是复数人犯罪的一种方法，只要个别行为者与法益侵害具有因果性即有必要加以规制，其违法与否、构罪与否，需要作独

---

① 黄明儒：《二元的形式单一正犯体系之提倡——犯罪参与体系问题二元论研究的新思考》，《法学》2019 年第 7 期。

② 黄明儒、王振华：《我国犯罪参与体系归属单一制的立法依据论》，《法学杂志》2017 年第 12 期。

③ 阎二鹏：《犯罪参与体系之比较研究与路径选择》，法律出版社 2014 年版，第 144—145 页。阎二鹏教授认为我国共犯规定倾向于单一制参与体系，但没有明确是其中哪种类型。不过，由于阎教授否认我国刑法在定罪层面区分了参与类型，因此基本上属于形式的单一正犯体系。

④ 江溯：《犯罪参与体系研究：以单一正犯体系为视角》，中国人民公安大学出版社 2010 年版，第 243—250 页。

⑤ 张伟：《限制的正犯概念与二元犯罪参与体系批判》，《比较法研究》2019 年第 5 期。

立判断而无须考虑与他人间的关系。

不得不正视的是，我国刑法中确实没有明确使用"正犯""帮助犯"概念，从立法规定的文义上看，从犯之处罚也不必然从属于主犯。在这个意义上讲，单一正犯体系说有其合理之处。然而，立法论毕竟有别于解释论，字面规定的概念缺位不代表没有解释的余地。事实上，我国学界的通说承认《刑法》第 26 条第 1 款之"在共同犯罪中起主要作用的"便涵括了实行犯；而第 27 条第 1 款之"在共同犯罪中起次要作用"指涉的是次要的实行犯，"在共同犯罪中起辅助作用"指的就是帮助犯。① 况且，诚如江溯博士所言："分工分类法和作用分类法并不足以作为区分不同国家犯罪参与体系的参照系。"② 此外，单一制的上述论理并非都十分充分。笔者以为，"共犯正犯化"的立法修正动态非但不能证明我国刑法采取了单一正犯体系，相反，恰恰说明我国的犯罪参与体系是区分制。因为，既然与法益侵害具有因果性之行为者皆为正犯，就没有必要对帮助行为作正犯化处理。另外，在将共同犯罪视为实现犯罪方法这个意义上，单一正犯体系尤其是形式的单一正犯体系赋予所有参与者相同的不法内涵与罪责，其归责基础彻底走向单独归责模式。③ 如果将单一正犯体系所采取的条件说贯彻到底，甚至可以认为，其是以归因取代归责，抹杀了构成要件的限定处罚机能，进而与依法治国原则间形成紧张关系。这在我国《刑法》中集中体现为，以第 29 条的文义为依据否定共犯从属性，进而在正犯连预备行为都没有实施的场合，也处罚狭义共犯。最后，单一制在定罪阶段不重视参与形态的区分，试图绕过正犯与狭义共犯的区分问题，而实现共同犯罪认定的经济、便利之目的。然而，这一目的的实现并非轻而易举。因为，在量刑

---

① 高铭暄、马克昌主编：《刑法学》，北京大学出版社、高等教育出版社 2017 年版，第 173、175 页。

② 江溯：《犯罪参与体系研究：以单一正犯体系为视角》，中国人民公安大学出版社 2010 年版，第 233 页。

③ 何庆仁：《归责视野下共同犯罪的区分制与单一制》，《法学研究》2016 年第 3 期。

阶段也必须区分各"正犯"的作用，显而易见，这并不比区分制下界分正犯和共犯更加容易。可见，单一制既不具备理论合理性，也很难与我国共犯立法规定相兼容，加之不区分参与类型，使得处罚的轻重与构成要件疏离，在实务中也易流于司法者的恣意。

（二）双层区分制与归责区分制：我国犯罪参与体系的立场融合

鉴于区分制独有的优势，单一正犯体系逐渐与区分制相融合是犯罪参与模式发展的趋势。① 在我国，双层区分制与归责区分制就可谓这种融合的例证。

1. 双层区分制

钱叶六教授明确指出，我国刑法根据分工分类法将共犯人类型划分为正犯、组织犯、教唆犯及帮助犯，这属于共犯分类的第一层次；与此同时，又根据作用标准把共犯人区分为主犯、从犯和胁从犯，这属于共犯分类的第二层次。第一层次客观地反映了行为人在共同犯罪中从事了什么活动及其法益侵害方式（直接或间接），所要解决的是定罪及共犯人间的从属关系问题；第二层次是在第一层次的基础上，以作用大小为标准，解决参与人的量刑问题。第一层次所作的参与类型的划分最终都要做出主犯、从犯的判定，前者只不过是认定后者的参照因素之一，因此二者间并非一一对应之关系。② 总而言之，我国刑法中的分工分类与作用分类功能各异，所遵循的是先形式后实质、先解决定罪问题后解决量刑问题。③ 显而易

---

① 王华伟：《犯罪参与模式之比较研究——从分立走向融合》，《法学论坛》2017年第6期。

② 钱叶六：《中国犯罪参与体系的性质及其特色——一个比较法的分析》，《法律科学》（西北政法大学学报）2013年第6期；钱叶六：《共犯论的基础及其展开》，中国政法大学出版社2014年版，第19—20页。

③ 钱叶六：《双层区分制下正犯与共犯的区分》，《法学研究》2012年第1期。关于正犯与共犯的区分，张开骏博士也持类似观点。参见张开骏《区分制犯罪参与体系与"规范的形式客观说"正犯标准》，《法学家》2013年第4期。

见，双层区分制本质上仍属于区分制，但在使参与类型与处罚轻重丧失必然的对应性方面，吸收了单一制的智慧（或曰是对区分制的一种变通）。双层区分制的提出，明显借鉴了区分制的第一、第三种发展趋向，不同之处在于其对正犯与共犯的区分，既没有采用彻底的形式客观说，也没有采用实质的客观说。在双层区分制下，正犯与共犯的区分是发生在第一层次的问题，应坚持以构成要件行为为轴心的规范的实行行为说（可谓修正的形式客观说）。即所谓的正犯，是指实施了分则个罪的基本构成要件行为的犯罪类型，包括直接正犯、间接正犯和（实行的）共同正犯；共犯则是通过教唆行为、帮助行为等加功于正犯，间接引起法益侵害的犯罪类型。[①] 值得注意的是，有学者也赞同双层区分制的说法，但认为在这种具有中国特色的犯罪参与体系下，正犯与共犯的区分应坚持形式的客观说。申言之，正犯充其量只表明其直接的法益侵害性，共犯事实上必须通过正犯才能侵害法益，但这种物理层面的界分与规范或价值层面的理解没有必然关联性。[②] 可以发现，正是我国《刑法》所规定的主犯、从犯作为托底，缓解了双层区分制下正犯与共犯的区分偏形式化可能造成处罚漏洞或罪刑失衡的担忧。最典型的事例就是，即便不将共谋共同正犯等认定为正犯，也可以处以主犯之刑。

  双层区分制的优势在于避免了正犯的"过度实质化"，将构成要件行为与正犯直接关联，并经由从属性原理与狭义共犯建立紧密联系，从而维系了构成要件在共同犯罪领域所具有的罪刑法定机能。与此同时，双层区分制也较好地解决了分工分类与作用分类交错而造成的历史困惑，使得区分制下的从属性原理在定罪层面仍然获得了维持。但是，对于参与类型与刑罚轻重的脱钩，双层区分制没有给出令人信服的说理，反而实际上诱发了构成要件与归责相分离的

---

① 钱叶六：《双层区分制下正犯与共犯的区分》，《法学研究》2012 年第 1 期。
② 张伟：《我国犯罪参与体系下正犯概念不宜实质化——基于中、日、德刑法的比较研究》，《中国刑事法杂志》2013 年第 10 期。

风险。坚持形式客观说的双层区分制，则完全泯灭了正犯与共犯区分的规范意义，已然背离了区分制的初衷。另外，双层区分制下，在共同犯罪中居于"核心地位"的组织犯、犯罪集团的首要分子等只能评价为狭义共犯，虽然最终可经由主犯概念实现罪责刑相适应，但不能就此掩盖参与类型评价上的偏差，导致刑法的一般预防机能难以实现，同时也有违公众朴素的正义感。

2. 归责区分制

何庆仁教授非常肯定地提出，"我国刑法采取的不仅是区分制，而且是归责意义上的区分制"[1]，更确切地说，我国刑法对共同故意犯罪采取的是归责区分制，对共同过失犯罪采取了单一制。[2] 归责区分制说的理由主要有以下几点：第一，我国刑法关于主从犯的规定，既赋予其不法内涵，同时也解决量刑问题，因此不可能将其界定为单一制；第二，我国刑法没有使用正犯、共犯的表述，而是规定了主犯、从犯等概念，区分的依据不在于行为类型而在于归责程度的不同，即是否对构成要件的整体实现负有主要责任。其中，正犯是归责的核心人物，共犯是归责的边缘人物。对此，论者解释道，在共同犯罪中，"全部参加者的行为是作为一个整体而充足构成要件，且只充足一次"[3]，各阶段的行为不具有独立的不法内涵，"共同归责的对象就只应当是作为整体的构成要件之实现"[4]，而共同归责的根据则在于包括教唆犯、帮助犯在内的"全体共同犯罪人共同塑造的构成要件之实现，构成要件之实现是全体共同犯罪人的'共同作品'"[5]。总而言之，共同犯罪归责的范围是行为整体，全体共同犯罪人都要为全部行为及其结果之不法负责，并根据规范的标准区分主犯、从犯。

---

[1] 何庆仁：《归责视野下共同犯罪的区分制与单一制》，《法学研究》2016年第3期。

[2] 何庆仁：《区分制与单一制：中国刑法的立场与抉择》，《中国社会科学院研究生院学报》2020年第4期。

[3] 何庆仁：《归责视野下共同犯罪的区分制与单一制》，《法学研究》2016年第3期。

[4] 何庆仁：《共同犯罪归责基础的规范理解》，《中外法学》2020年第2期。

[5] 何庆仁：《共同犯罪归责基础的规范理解》，《中外法学》2020年第2期。

该说反对在共犯论中推行"直接—间接模式",① 在否定我国刑法规定了正犯与共犯的同时,认为正犯与共犯并非行为类型或参与形式的差异;另外,该说并非以限制的正犯概念和从属性理论为基础,而是以"共同归责论"作为界分正犯与共犯根据,认为符合构成要件的是全部行为形成的一个整体,各环节的片段行为不具有独立的不法内涵。以上这些理论特色与单一制的观点存在一定的重叠。但是,在另一方面,该说又将主犯、从犯同时赋予定罪和量刑功能,使得构成要件与处罚相关联,这就与区分制的核心观念相契合。显而易见,该说充满了折中主义的浓厚意味。这一点可以从论者认为过失共同犯罪和故意共同犯罪采取不同犯罪参与体系的观点中得到进一步印证。

归责区分制站在规范论的立场思考共同犯罪的本质及正犯与共犯的区分,具有一定的合理性,但其在规范论的道路上走得太远了,势必导致一系列问题。首先,该说彻底否定正犯与共犯在行为类型上的差异,使得正犯与共犯的区分变得不可捉摸。论者也承认何谓占主要份额的正犯,何谓占非主要份额的共犯,很难给出明确的判断标准,② 以至于得出仅提供妇女、儿童信息的行为人成立拐卖妇女、儿童罪主犯这种难以让人接受的结论。其次,如前文所述,共同正犯之间才能够形成一个行为整体——"共同行为",正犯与共犯之间不存在形成"共同行为"的基础。如果认为共犯与正犯可以形成一个行为整体,那么在被教唆者误将教唆者当作行为对象强奸的场合,只能推导出违背常理的处置结论。③ 再次,该说将传统区分制下的正犯湮没在主犯中,导致正犯与主犯混同,同时在依据归责程度区分主要归责者和次要归责者这一点上,实际上有偏向单一制的

---

① 何庆仁:《共犯论中的直接—间接模式之批判——兼及共犯论的方法论基础》,《法律科学》(西北政法大学学报)2014年第5期。
② 何庆仁:《共同犯罪归责基础的规范理解》,《中外法学》2020年第2期。
③ 刘明祥:《再论我国刑法采取的犯罪参与体系》,《法学评论》2021年第4期。

嫌疑。最后，该说试图在共犯领域中彻底贯彻规范主义的方法论，但这只能是美好的想象。例如，在共同归责基础上区分主犯与从犯时，特别是要想认定组织犯、首要分子为主犯，就不可避免地基于存在论的因果关系判断贡献份额。

二　重塑区分制共犯体系之新尝试："半实质化正犯"概念的提倡

区分制本身具有理论合理性，而且如前文所述，我国共同犯罪的立法规定也完全可以采用区分制来理解。但是，在引入域外法教义学时，应当注意区分教义学知识和教义学方法，[①] 在比较借鉴中克服对域外法教义学的"路径依赖"，提升中国刑法教义学的自主性[②]。教义学原理具有世界性，教义学知识则是地方性的，当域外的教义学知识与我国立法发生冲突时，应当修正的是教义学知识而非立法。在区分制下，正犯实质化的方向应当得到坚持，但其实质化的程度必须兼顾我国刑法主从犯的分类。这就要求我们在构建区分制犯罪参与体系时，应立足我国现行《刑法》之规定。一方面，要避免"主犯正犯化"，坚持区分制的基本原理，发挥构成要件在共同犯罪领域的定型化机能；另一方面，要保持与立法的协调，防止理论引介陷入"南橘北枳"的境地。

全程参与过《刑法》起草过程的高铭暄教授指出，主从犯的分类已经包含了组织犯、实行犯、帮助犯，[③] 结合第 29 条规定的教唆犯，可见立法原意及规定实际上考虑了参与类型的区分。理论界的通说则认为，主犯包括"犯罪集团的首要分子""犯罪集团的骨干分子""一般共同犯罪中的实行犯""一般共同犯罪中的教唆犯"及

[①] 车浩：《刑法教义的本土形塑》，法律出版社 2017 年版，第 1 页。
[②] 周光权：《论中国刑法教义学研究自主性的提升》，《政治与法律》2019 年第 8 期。
[③] 高铭暄：《中华人民共和国刑法的孕育诞生和发展完善》，北京大学出版社 2012 年版，第 32 页。

"聚众犯罪的首要分子",从犯则包括"次要的实行犯""帮助犯"与"教唆犯"。① 不难发现,通说将实行犯拆分为"主要的实行犯"和"次要的实行犯",分属主犯和从犯;帮助犯绝对属于从犯,教唆犯则可能是主犯也可能是从犯。这与德国、日本刑法中实质化的正犯概念下,正犯、共犯的关系存在很大差异。这种语境下,正犯与共犯的区分显然不能原封不动地移植德国、日本刑法语境下的重要作用说和行为支配说。因为,既然肯定正犯是在全体犯罪过程中发挥"重要作用"或处于"支配地位"者,就不可能再将其认定为发挥"次要作用"或"辅助作用"的从犯。质言之,中国刑法的特殊语境注定了我们不可能采用德国、日本刑法学中正犯实质化的标准。

鉴于此,我国共犯语境下的正犯概念应以"次要的实行犯"为最低标准加以确定,并且对"重要作用"或"支配地位"进行缓和化处理,唯其如此,才能协调正犯与主犯的关系(包括避免"主犯正犯化")。在此,钱叶六教授所提倡的规范的实行行为说与前文井田良教授强调的"不法结构"具有重要的启发意义。即,仍然以构成要件行为作为界分正犯与帮助犯的轴心,但成立"次要的正犯"以行为人控制或支配"不法结构"的次要部分为必要。据此,行为人支配或控制构成要件行为之"次要的不法结构"部分,成立次要的实行犯;反之,行为人支配或控制构成要件行为之"重要的不法结构"部分,则成立主要的实行犯。由于前者所支配实现的是构成要件行为的次要部分,自然归属于从犯;后者所控制实现的是构成要件的重要部分,当然成立主犯。同时,教唆犯、帮助犯的成立以正犯着手实施构成要件行为为必要,这就维系了区分制下的共犯从属性原理,有效地限制了刑罚权的恣意发动。由于帮助犯的因果性弱,应一律认定为从犯;教唆"次要的实行犯"只能以从犯论处,

---

① 高铭暄、马克昌主编:《刑法学》,北京大学出版社、高等教育出版社2017年版,第173—176页;贾宇主编:《刑法学》(总论),高等教育出版社2019年版,第247—251页。

教唆"主要的实行犯"则可视其原因力,认定为主犯或从犯。教唆、帮助行为既可以指向"次要的实行犯",也可以针对"主要的实行犯"。如此一来,分工分类与作用分类就实现了协调,避免了"主犯正犯化",参与类型与归责也建立起了紧密联系,同时还能够与立法原意和通说理解保持完全一致。而且,这样的处理意味着在区分主从犯时,首先要重视构成要件要素所表达的规范意义之于构成要件行为整体的重要性,随之再判断个别行为对于犯罪实现的贡献份额,从而在共犯领域兼顾规范论与存在论的视角。除上述裨益之外,在将"次要实行犯"认定为从犯这一点上,本说可以较好地修正我国分则个罪法定刑配置过高的弊病,以便在司法层面适应处罚轻缓化的趋势。在以构成要件行为为轴心重视其定型化机能的意义上,本说向形式的客观说倾斜,从引入"重要作用"或"支配"概念而放弃亲自着手实施构成要件行为来看,本说偏向于实质说。因此,这种折中主义视域下的正犯,可以称为"半实质化正犯概念"。

论述至此,仍有两个疑惑需要解答:其一,在这种区分制下,应当如何理解组织犯、犯罪集团的骨干分子、聚众犯罪中的首要分子?其二,能否将构成要件行为分解为"重要的不法结构部分"与"次要的不法结构部分",其标准是什么?

关于第一个问题,组织犯的行为方式是组织、领导犯罪集团进行犯罪活动。尽管其所实施的行为并非构成要件行为,但在犯罪集团严密的权力等级或者组织结构中直接的实行人成为可替换性的"部件",首要分子由此居于一种新模式的间接正犯的幕后支配地位,并借由组织控制来实现犯罪。[1] 也就是说,学理上可以将组织犯理解为一种新型的间接正犯,其与传统的间接正犯的区别,是后者以强迫或欺骗形式实现意志控制,组织犯则以权力等级的形式实现意志

---

[1] 笔者的这一观点借鉴了罗克辛教授关于"凭借有组织的国家机关的意志控制"型间接正犯理论。[德] 克劳斯·罗克辛:《德国刑法学总论》(第 2 卷),王世洲等译,法律出版社 2013 年版,第 37—38 页。

控制。至于"犯罪集团的骨干分子",由于刑法并未设定其行为方式,因此并非主犯中的独立类型。① 聚众犯罪是聚众行为与危害行为的复合结构,聚众行为本身就是实行行为,② 而且其行为方式通常也是组织、指挥他人实施危害行为,当然可以认定为主犯。

关于第二个问题,所谓构成要件行为的"重要部分"与"次要部分"之划分并非在物理上分解构成要件行为,而是在价值层面进行判断。这种主、次之分有别于"抢劫罪=暴行罪+盗窃罪"这样的物理性分割,而是应当分别判断暴力、胁迫行为与取财行为之于全体构成要件的重要程度,即判定个罪之不法内容的"重心"。事实上,国内也有学者认可对构成要件进行重要部分与次要部分的划分,并将参与实施次要部分的行为者认定为从犯。③ 一般认为,法益概念具有解释论和刑事政策等方面的机能,④ 因此其应当在构成要件行为不法重心的判断中发挥指导作用。据此,本书初步认为分则个罪不法"重心"之判断应以保护法益为核心,结合关联个罪运用体系解释的方法,进行实质的判断。不法内容"重心"的判断实际是一种价值层面的份额判断,因此,一般来说对法益侵害的发生贡献份额大者,即成立主要实行犯。譬如,在故意杀人罪中"致死"行为就是构成要件行为的重要部分,假设二人共同实施持刀杀人行为,则直接刺中心脏者当认定为"主要的实行犯",而刺中被害人臀部者虽然也是故意杀人罪的正犯,但其对构成要件实现所起的作用较小,只不过是"次要的实行犯"。当然,并非所有犯罪的构成要件行为都可以在规范上区分出重要、次要部分,例如强奸罪中作为手段的暴力行为和作为目的的奸淫行为,均直接指向被害妇女的性自主权,二者之于构成要件行为整体具有同等重要的价值。囿于篇幅,笔者

---

① 王光明:《共同实行犯研究》,法律出版社2012年版,第41页。
② 程红、王永浩:《论聚众扰乱社会秩序罪中定量要素的认定——以对判决书的实证分析为切入点》,《广西大学学报》(哲学社会科学版)2019年第3期。
③ 钱叶六:《共犯论的基础及其展开》,中国政法大学出版社2014年版,第68页。
④ 张明楷:《法益初论》,中国政法大学出版社2003年版,第197—249页。

将在承继共犯归责部分就具体事例展开论述。

第二节　承继共犯的归责路径之展开

前文将"效果持续说"与"因果缓和说"进行整合，认为限定地肯定承继的共同正犯具有理论上的可能性；同时，以结果促进说为依据，有限地肯定了承继的帮助犯。但是，能否现实地认定后行为人成立承继共同正犯、承继帮助犯及其罪责大小的确定，必须立足于我国犯罪参与体系，并考量其所参与的犯罪的不法结构。易言之，承继共犯的成立条件及其归责问题，不能止于一般性的理论探讨，必须回归实体法特别是个罪的保护法益与构成要件。

一　承继共犯的成立条件

先行为者的犯罪行为可以被评价为正在继续，后行为者对先前事实具有认识、容认，是认定后行为者成立承继的共同正犯和承继的帮助犯的共同要件。由于肯定承继共同正犯和承继帮助犯的理论基础及二者在价值层面存在巨大差异，因此除上述二要件外，承继的共同正犯与承继的帮助犯的成立条件存在显著的不同。

（一）承继的共同正犯的成立条件

一种有影响力的观点认为，承继共同正犯的成立条件应根据单一行为犯或复合行为犯而作不同要求。[①] 单行为犯与复行为犯的重要区别是，前者不存在作为中间结果的某种"状态"，[②] 而后者的构成

---

① 聂立泽：《承继共犯研究》，《云南大学学报》（法学版）2004 年第 3 期；陈晨：《承继共同正犯的责任范围》，《国家检察官学院学报》2015 年第 4 期。

② 作为构成要件预设的中间结果的"状态"具有规范层面的意义，单行为犯中没有预定这种状态，但不意味着不存在事实层面的状态，例如故意伤害罪中被害人的反抗被压制而受到殴打。相较于复行为犯在构成要件中明确规定了某种状态而言，这种事实层面的状态可谓"隐性状态"，旨在说明先行为正在继续。

要件则预设了该状态。因此，原则上，在单行为犯中，只要后行为者认识、容认先行事实，介入后所实施的行为与最终的结果具有因果关系，即可认定其与先行为者成立共同正犯；在复行为犯的场合，一般会在此之外附加"利用先行事实"或"先行为效果正在持续"等要件。这种类型化处理的方法反映了行为结构差异对共同正犯成立所带来的影响，无疑具有一定的合理性。但是，无论在单行为犯还是复行为犯中，承继共同正犯也是共同正犯，所以其成立也必须符合共同正犯的一般性要件。即，先、后行为者必须具有①共同实行的意思，进行主观上的意思疏通或联络，②共同实行的事实，根据半实质化的正犯概念，行为者不需要亲自实施构成要件行为，但必须至少可以评价为其控制了构成要件行为的次要部分。鉴于承继共同正犯现象的特殊性，在具体认定时，上述要件必然会有不同程度的修正。

"效果持续说"与"因果缓和说"是有限地肯定承继共同正犯的理论前提。因此，后行为人不仅应对其介入后实施的犯罪事实存在故意，而且在加功先行者的犯行时，必须认识到先行行为的效果正在持续，并现实地将该效果作为实现后续犯罪的手段而加以利用。在这个意义上，本书与黎宏教授的观点①基本一致。但是，笔者赞同部分犯罪共同说，因此后行为者必须就共同实行犯罪与先行为者进行主观上的意思联络，联络的形式既可以是明示的，也可以是默示的。只有在认识先行行为持续之效果之外，与先行为者进行犯意疏通，才能奠定"相互性行为归属"的主观基础。且不论客观行为的重要性，在先行为者以抢劫故意使用暴力致被害人昏迷后，路经现场的后行为者趁先行为者不注意取走被害人财物。此时，因为不能肯定先、后行为人有共同实行的意思，断然不可能成立抢劫罪之共同正犯。不止如此，根据部分犯罪共同说，成立共同正犯要求各共同者具有主观上的意思联络，因此后行为者不可能成立片面的承继

---

① 黎宏：《刑法学总论》，法律出版社 2016 年版，第 278 页。

共同正犯。如上文所述，我国犯罪参与体系下，正犯的最低标准是对构成要件行为之次要部分的实现具有支配性或发挥了重要作用。所以，认定后行为者成立承继的共同正犯，除具备上述条件外，后行为者还必须认识到其中途参与实施的行为的社会意义。举例来讲，在诈骗罪的场合，后行为者不仅要认识到被害人因先行为者的欺骗行为陷入错误状态且该状态处于持续中，并在与先行为者进行意思联络的基础上，现实地利用该错误状态实施受领财物行为，而且要认识到实施的行为属于"骗取"。

承继共同正犯现象的客观特征在于，行为事实的先行后续及因果关系的不完整性。在"因果缓和说"之下，共同正犯之行为不必与全体构成要件要素存在因果性，但必须对法益侵害结果的发生做出因果贡献。这是将法益侵害事实归属于行为人的最低要求。根据本书的观点，先行为持续的效果具有从客观上"黏合"先后行为事实的机能，这一事实是后行为者透过先行为实现构成要件的前提。因此，在后行为者介入时，先行为必须能够评价为正在进行且其效果须处于持续状态，二者缺一不可。例如，在先行为者欺骗被害人使其陷入错误状态后，便自动放弃犯罪，无事前通谋的后行为者维持、强化该状态，并受领被害人交付的财物。对此，只能认定先行为者成立诈骗罪之中止犯，后行为者成立诈骗罪之单独犯。原因是先行为者之诈骗行为已经终了，后行为者不可能参与其犯罪。将该案例稍作改动，假设虽然先行为者之诈骗行为正在继续，但被害人识破骗局，后行为者加入后独立制造了被害人新的认识错误，并受领了财物。这种场合下，也不能认为后行为者与先行为者成立诈骗罪之共同正犯，同样只能将其认定为诈骗罪之单独犯。除上述条件外，鉴于我国犯罪参与体系的特殊性，要让后行为者承担共同正犯（次要实行犯）的责任，至少要求能够将其行为评价为控制了该罪构成要件行为之次要部分。考虑到参与形式与归责的紧密关联性，关于构成要件行为之"重要部分"与"次要部分"的判断，笔者将在承继共犯归责部分，以典型个罪为例加以说明。

（二）承继的帮助犯的成立条件

帮助犯是通过正犯行为间接侵害法益的参与类型，在法益侵害结果出现之前，都有可能成立帮助犯。承继的帮助犯也是帮助犯，因此其成立必须符合前文所述之帮助犯的一般性要件：①帮助的故意，即认识且意欲或容认正犯行为及结果，并通过帮助行为促进正犯行为既遂，但不需要与正犯进行意思联络；②帮助行为，即客观上实施了促进正犯行为及结果发生的物理或心理帮助行为。在承继的帮助犯的场合，帮助故意与帮助行为的认定一般不会成为问题，但仍有下述问题有进一步说明的必要。

与事前帮助和伴随帮助相比，承继帮助对正犯实行行为的促进并不完整，因此认定承继的帮助犯以先行的正犯行为正在进行为必要。如果先行的正犯行为已经实质性地停止，就不可能成立帮助犯，这也是德国司法实践中普遍的看法。① 例如，先行为者已经欺骗被害人将钱款汇至指定银行账户，后行为者认为诈骗行为仍在继续而参与协助提现的，只能成立掩饰隐瞒犯罪所得、犯罪所得收益罪。相反，在正犯从有矮墙的院落里盗窃财物并放在墙外，路经此地的友人受托协助转移财物时，该后行为者就应成立盗窃罪的帮助犯，而非妨害司法类犯罪。因为，在诈骗的案例中，被骗资金已经完全由正犯控制；而盗窃案中，正犯并未稳固地占有赃物。需要强调的是，帮助犯与正犯间不存在相互利用、相互补充之"共同性"，因而认定成立承继的帮助犯，没有必要在正犯行为正在进行之外附加"效果持续"。

承继帮助犯故意的认定与其他类型帮助犯并无特别之处，前文已有述及，兹不赘言。有必要说明的是，在承继的帮助犯的范畴内完全可能存在片面的帮助犯，即片面的承继帮助犯。这是因为成立帮助犯不要求帮助者与正犯者间进行意思联络，主观层面仅需要其认识正犯行为与自己的协助行为及其危害后果。据此，即使后行为

---

① ［德］克劳斯·罗克辛：《德国刑法学总论》（第2卷），王世洲等译，法律出版社2013年版，第165页。

者单方面援助先行的正犯，也能成立该罪之帮助犯，并在其促进的行为和结果的限度内承担责任。

但是，认可后行为者与先行为者成立该罪之共同正犯与帮助犯并不意味着其对参与前的事实承担责任。根据个人责任原则，行为人只能对与其有因果性的事实承担罪责。这也正是"因果缓和说"和"效果持续说"对承继共同正犯责任范围的一贯主张，同时也是"结果促进说"下帮助犯责任范围的逻辑归结。需要再次重申的是，在承继共犯的场合，后行为者所承继的是先行为者犯罪的构成要件之评价，而非先行行为及其结果，并且不能将先行为者独立实现的加重构成等归责于后行为人。在这个意义上，也可以认为本书观点是以否定说为基础的限定肯定说。

二 承继共犯责任的具体认定：以典型个罪为中心

承继共犯责任的认定，本质上是处理正犯、帮助犯与主犯、从犯——行为定性与刑罚轻重——的关系问题。对此，不少学者尝试以单一行为犯与复行为犯或者其他标准类型化地讨论承继共犯的责任归属。[1] 笔者以为这种方式虽然能够揭示行为构造对共犯责任的影响，但也容易忽视我国犯罪参与体系的特殊性和同一类型犯罪内部不同个罪间的差异性。如前文所述，在我国犯罪参与体系下，参与类型与处罚程度原则上相挂钩，即对正犯的处罚重于狭义共犯，对狭义共犯的处罚轻于正犯。但是，作为例外，对次要实行犯以从犯

---

[1] 对承继共犯持否定态度并采取这种类型化的方式认定后行为者责任的文献，例如任海涛：《承继共犯研究》，法律出版社 2010 年版，第 73—130 页；陈洪兵：《承继共犯否定论：从因果共犯论视角的论证》，载陈兴良主编《刑事法评论》（第 25 卷），北京大学出版社 2009 年版，第 423—426 页。对承继共犯持全面肯定或部分肯定态度，并采取这种类型化的方式认定后行为者责任的文献如，陈兴良：《共同正犯：承继性与重合性——高海明绑架、郭永杭非法拘禁案的法理分析》，载陈兴良主编《刑事法评论》（第 21 卷），北京大学出版社 2007 年版，第 36—37 页；刘宪权、张娅娅：《承继共犯的刑事责任探讨》，《政治与法律》2010 年第 2 期。

论处，对发挥主要作用的教唆犯以主犯论处。因此，妥当地区分主要实行犯和次要实行犯，就成为实现共犯罪刑均衡的关键之所系。综合考察实务与理论的争议焦点，可以发现，承继共犯主要在故意伤害罪、非法拘禁罪、索财型绑架罪、抢劫罪、盗窃罪、诈骗罪等犯罪中成为问题。下文将以这些典型个罪为例，探讨承继共犯的归责，以期取得深化理论和指导实践的双重价值。

(一) 故意伤害罪：单行为犯的视角

故意伤害罪是典型的单行为犯，但其特殊性在于"具有累积升高的侵害程度"①，因此后行为者有可能参与加重由先行为造成的伤害结果。在伤害罪中，与承继共犯相关的情形有三种：其一，最终伤害结果由先行行为直接造成。其二，不能查明最终伤害结果发生于后行为者介入之前还是之后的阶段。其三，后行为者介入后加重了先行的伤害结果。

在第一种情形下，后行为者不可能支配伤害结果的发生，但可能加重或加速伤害结果的发生。因此，其虽然不成立伤害罪之承继共同正犯，但完全可能成立承继的帮助犯，并且在其所加重的结果的范围内承担责任。实务中，判断最终伤害结果发生原因时，可以参照先、后行为人使用的器械、殴打部位等因素。就此而言，为了免除证明困难而全面肯定承继共犯的做法或观点，显然是不妥当的。在第二种情形下，由于不可能查明造成最终法益侵害结果的原因，根据"疑罪从无原则"，不允许将伤害结果归属于后行为者，应由先行为者承担故意伤害罪既遂的责任。② 不过，这并不意味着后行为者

---

① 朱艺楠：《承继共同正犯中间说的肯定说之提倡——引入支配犯与义务犯的概念》，载江溯《刑事法评论》，北京大学出版社 2018 年版，第 38 页。

② 有论者认为"疑罪从无原则"应该公平地在先后行为人间适用，据此在无法查明结果发生原因时，原则上先后行为人都要承担责任，参见周铭川《承继的共同正犯研究》，《环球法律评论》2008 年第 5 期。但是，之所以由先行为者承担责任，原因在于无论该结果发生于后行为人介入前后哪个阶段，先行行为均与该结果具有因果性。因此，论者的上述观点没有道理。

不可能成立正犯。如果其行为具有造成伤害结果的高度、直接的危险性，同样可以成立故意伤害罪之共同正犯，反之则成立帮助犯，但无论如何都只能承担未遂责任。第三种情形下，在能够认定后行为者对既成的伤害结果发生"相当程度严重化"具有（共同）支配力的前提下，当然可以就全体犯罪成立共同正犯；反之，则只能认定为帮助犯。总而言之，后行为者为结果的发生提供了因果性（加速或扩大伤害发生）时即成立伤害罪既遂，反之则只能认定为伤害罪未遂。事实上，由于我国刑法没有规定暴行罪，如果在伤害结果由先行为者造成或发生原因不能查明的场合，彻底否定承继共犯，那么参与共同伤害犯罪的后行为人将不会得到任何处罚。显然，这种结论难以为普罗大众所接受。撇开分析路径，就故意伤害罪中后行为者的责任范围而言，本书的结论与彻底否定承继共犯说是一致的，[1] 也符合否定伤害罪承继共犯案件的裁判结果[2]。这样理解的话，《日本刑法》第 207 条关于同时伤害成立共同正犯的特例，只不过是为了实现"举证责任的倒置"，[3] 但仍然有违反"疑罪从无原则"的嫌疑。因此，不能将第 207 条之规定推而广之，用以承认对无因果性之伤害的归属。

（二）非法拘禁罪：继续犯的视角

非法拘禁罪是典型的持续犯，拘禁行为与被害人自由受剥夺的违法状态同时存在是其核心特点。因此，学界一致认为非法拘禁罪既遂后，仍有成立承继共同正犯的余地。根据司法解释的规定，在

---

[1] 陈洪兵：《承继共犯否定论：从因果共犯论视角的论证》，载陈兴良主编《刑事法评论》（第 25 卷），北京大学出版社 2009 年版，第 423—424 页。值得注意的是，承继共犯否定论中，有学者对伤害罪承继共犯现象进行了细致划分，在后行为者促进了结果的提前发生时，肯定其成立本罪既遂（任海涛：《承继共犯研究》，法律出版社 2010 年版，第 82—83 页）。对此，本书也深表认同。

[2] 相关裁判例如，"日本大阪地裁昭和 45 年 1 月 17 日判决"，载《判例タイムズ》249 号；我国山东省临沂市中级人民法院〔2014〕临刑一初字第 39 号判决书。

[3] ［日］松宫孝明：《刑法各论讲义》，王昭武、张小宁译，中国人民大学出版社 2018 年版，第 37 页。

不考虑其他情节的情况下，成立本罪以非法拘禁他人 24 小时以上为构罪标准。那么，在先行为人非法拘禁被害人 23 小时后，后行为人基于合意加入独立拘禁被害人 2 小时的，该如何定性？对此，承继共犯否定论者认为后行为者的拘禁行为尚未达到值得科处刑罚的程度，不宜定罪处罚。① 但这种观点割裂了紧密联系的先后两段事实，没有在"共同"犯罪的意义上将先后两段行为作为整体进行考量。在本书看来，即便后行为者没有对非法拘禁行为的重要部分发挥重要作用，但是客观上参与实现了非法拘禁罪之构成要件，应当认定为非法拘禁罪次要实行犯，并承担从犯之责任。就此而言，实务中将先后相续的非法拘禁行为作为整体考察的旨趣与本书是一致的。绑架罪也属于继续犯，在先行为者劫持、控制被害人后，对于中途介入短时间参与看管被害人者，同样适用上述原理。至于《刑法》第 238 条第 2 款所规定的非法拘禁罪之结果加重犯的归责问题，本书拟以更具典型性的抢劫罪之结果加重犯为例进行探讨。

（三）绑架罪：短缩的二行为犯与结合犯的视角

索财型绑架罪中的承继共犯主要存在两个方面的问题：一是在先行为者绑架被害人后，仅参与索取财物的后行为人之行为定性及归责。二是在绑架杀人这种结合犯中，如何认定仅参与实施杀人行为的后行为者之刑事责任。

关于第一个问题，如前文所述，我国（包括台湾地区）实务界采取了全面肯定承继或者以"认识、容认+积极利用"为标准的限定地肯定承继的态度。林山田教授认为在释放被掳的人之前，先行为者的犯罪行为仍在继续进行中，后行为者虽未参与掳人行为但出面勒索财物，系在掳人勒索犯罪继续进行中参与该罪的目的行为，应成立掳人勒索罪的共同正犯。② 陈兴良教授也持相同观点，认为绑

---

① 陈洪兵：《承继共犯否定论：从因果共犯论视角的论证》，载陈兴良主编《刑事法评论》（第 25 卷），北京大学出版社 2009 年版，第 430 页。

② 林山田：《刑法各罪论》，北京大学出版社 2012 年版，第 362 页。

架罪属继续犯，因此在先行为者劫持被害人后，后行为者仅参与看管人质或实施勒索财物、收受被勒索财物行为的，应当认定为绑架罪的承继共同正犯。① 绑架罪的继续犯属性为二位教授所重视，但似乎忽略了索财型绑架罪在构造上属于短缩的二行为犯。绑架罪的保护法益是被害人在本来生活状态下的行动自由和身体安全，② 这就决定了勒索财物行为并非绑架罪的构成要件行为（更不可能是构成要件行为的重要部分），实施目的行为不可能对绑架罪之遂行发挥重要作用。换言之，成立索财型绑架罪，以行为人主观上出于勒索财物的目的劫持被害人为已足，不需要现实地实施勒索财物行为，更不要求实现该目的。据此，索财行为尽管延续并在规范上提升了前行为所创设的风险，但该行为并非绑架罪真正的构成要件行为，犯罪流程的支配仍然掌握在实施劫持、控制被害人行为的前行为人手中，所以后行为人不可能成立绑架罪之共同正犯。③ 不过，由于勒索财物这种目的行为所提升的风险，仍然在绑架罪构成要件的评价范围内，因此可以认定仅实施索财行为者成立绑架罪之帮助犯，处以从犯之刑。回到前文的章某绑架案，以"认识、容认+利用"作为理由，认定仅实施勒索财物行为者成立绑架罪之从犯，并不充分。根据上述分析，后行为人章某所实施的勒索财物行为属于绑架罪的目的行为，应当纳入绑架罪进行评价，认定其成立绑架罪之帮助犯并以从犯论处。

第二个问题的适例是，先行为者劫持、控制被害人后，后行为者首次加入参与实施了杀害被绑架人或者故意伤害被绑架人致其重伤、死亡。问题是，后行为者仅参与杀人或故意伤害致人重伤、死

---

① 陈兴良：《共同正犯：承继性与重合性——高海明绑架、郭永杭非法拘禁案的法理分析》，载陈兴良主编《刑事法评论》（第 21 卷），北京大学出版社 2007 年版，第 39 页。

② 张明楷：《刑法学》，法律出版社 2016 年版，第 886 页。

③ 高颖文：《绑架罪中仅参与提出不法要求之行为人的共犯性质认定——兼论短缩的二行为犯中共犯的承继性》，载江溯主编《刑事法评论》（第 41 卷），北京大学出版社 2018 年版，第 63 页。

亡行为，能否认定成立绑架罪并适用无期徒刑、死刑，并处以没收财产之法定刑？大塚仁教授认为，结合犯（如强盗罪）不允许轻易地分解为暴行、胁迫罪和盗窃罪，既然后行为者在认识、利用先行为者实施的暴行、胁迫的意思下，与先行为者共同盗窃了被害人的财物，那么其行为就是作为强盗罪的实行行为的强取。[①] 依此推论，在绑架杀人或绑架故意伤害这种结合犯中，对于仅参与实施杀人行为或故意伤害致人重伤、死亡行为的后行为者，也应当认定成立绑架罪并处以对应法定刑。但是，一方面，如前文所述，像绑架杀人或强盗强奸这样的结合犯，是由本来相互独立的两罪结合构成，没有理由绝对否定其可分割性；另一方面，后行为者参与实施的杀人行为、故意伤害致人重伤、死亡行为只是绑架罪之附属行为，并非直接侵害本罪保护法益的实行行为。总而言之，即便刑法将绑架行为与杀人或故意伤害行为结合为绑架罪一罪进行评价，其二者之间也只是并列关系，属于法定一罪。所以，"一罪不可分割性""认识、容认+利用先行为者的绑架行为"均不能成为认定后行为者成立绑架罪的理由。众所周知，在《刑法修正案（九）》颁布之前，立法者为"绑架并杀害或故意伤害被害人致其重伤、死亡"行为配置了死刑这种绝对确定的法定刑。然而，单独犯杀人罪也不必然直接处死刑，何以在绑架的场合对仅参与实施杀害或故意伤害并致被害人死亡的后行为者直接处以死刑？即便经过修正，这种结合犯的最低刑也还是无期徒刑，显著高于故意杀人罪。如果以绑架罪论处后行为人，适用"无期徒刑、死刑，并处没收财产"的法定刑，无疑违反了罪责刑相适应原则。因此，本书认为在绑架罪中，仅参与实施杀害被害人的，或故意伤害被害人致其重伤、死亡的，应认定为故意杀人罪，视其作用成立故意杀人罪之共同正犯或帮助犯，并适用故意杀人罪的法定刑。

---

① [日] 大塚仁：《刑法概说 总论》，冯军译，中国人民大学出版社2003年版，第252页。

（四）抢劫罪：复行为犯、结果加重犯与事后抢劫的视角

综观实务与理论分歧状况，承继共犯在抢劫罪中尤其成为问题，甚至可以说抢劫罪是承继共犯理论观点对立最为激烈的场域。抢劫罪中承继共犯成为问题的场合主要有三个：其一，在抢劫罪基本犯中，先行为人以暴力、胁迫压制被害人反抗，后行为人仅参与夺取财物行为，对此应当如何认定其行为性质并追究刑事责任。其二，在抢劫致人重伤、死亡这种结果加重犯的案件中，如果加重结果发生于后行为人介入前的阶段或不能查明发生于哪一阶段时，后行为者应承担何种责任。其三，在事后抢劫中，后行为人未参与实施盗窃、诈骗、抢夺行为，但在"盗窃、诈骗和抢夺的机会继续中"，实施了暴力或以暴力相威胁的行为，能否认定为抢劫罪及承担何种责任。

抢劫罪是由暴力、胁迫行为与夺取财物行为复合而成的犯罪，前者是手段行为，后者是目的行为。据此，抢劫罪的基本构造应理解为：使用暴力、胁迫—压制被害人反抗—当场夺取财物。抢劫罪承继共犯中的后行为者未参与实施以暴力、胁迫压制被害人反抗的前半部分行为，因此在判断后行为者成立共同正犯还是帮助犯时，必须以抢劫罪的保护法益为指导，评价前半部分行为与夺取财物行为之于本罪构成要件的重要性。我国通说认为抢劫罪的保护客体是公私财产所有权和人身权，[①] 晚近以来，超越所有权来界定财产法益的观点逐渐变得盛行[②]。但是，无论财产法益的外延如何变动，学界和实务界的主流观点仍然认为抢劫罪的保护法益是财产法益和人身法益，并且前者居于主要地位。然而，这种见解将人身和财产法益完全剥离，特别是在静态意义上孤立地认识保护法益，忽视了存在于其背后的法益主体的自决或自由实现。本书不赞同将法益界定为

[①] 高铭暄、马克昌主编：《刑法学》，北京大学出版社、高等教育出版社2017年版，第494页。

[②] 张明楷：《刑法学》，法律出版社2016年版，第972页。

"由法所保护的生活利益或某种状态"这种纯事实的、静态的法益概念。因为，在一个以所有主体都相互平等为价值向度的社会中，守法即意味着尊重他人的生活规划，对他人生活规划的忽视就意味着将他人的生活规划作为自己可支配的可利用物。① 这就意味着静态的法益所彰显的是主体对自我生活的规划，对归属于自身的静态法益的自由利用。易言之，法益应该是静态要素与动态要素相结合的双层结构，不仅包含法益客体的静态存续，也包含权利人的支配自由。②

根据这种以主体之自由实现为基础的法益概念，抢劫罪的保护法益应是主体不受强制地支配、运用其财产或财产性利益。因此，暴力、胁迫的手段行为与强取财物的目的行为都属于本罪实行行为的组成部分，但二者在重要性上处于不同位阶。使用暴力、胁迫压制被害人反抗的行为的重要性，在于其表征了犯罪人对主体"不受强制"地运用财产实现自我的不尊重或者侵害。井田良教授认为，从体系解释的视角看，抢劫罪中重要的是以暴行或胁迫为手段使财物占有发生转移或取得财产上的利益，非因暴行、胁迫手段而夺取财物占有的，成立准抢劫罪。据此，可以将强盗罪视为不法内容上"向前倾斜的犯罪"。③ 笔者认为，即使我国刑法没有规定准抢劫罪，这一结论也同样成立。因为，与同样是违反被害人意志转移财物占有的盗窃罪相比，抢劫罪的评价和法定刑之所以更重，其原因在于行为人系通过暴力、胁迫的手段"强取"财物，直接侵害权利主体的自由实现基础。职是之故，抢劫罪构成要件行为中的重要部分应

---

① ［德］米夏埃尔·帕夫利克：《人格体 主体 公民：刑罚的合法性研究》，谭淦译，中国人民大学出版社 2011 年版，第 64 页。

② 王钢：《被害人自治视阈下的承诺有效性——兼论三角关系中的判断》，《政法论丛》2019 年第 5 期。

③ ［日］井田良：《相续的共同正犯随笔》，黄士轩译，《月旦法学杂志》2018 年第 7 期。

当是"以暴力、胁迫压制被害人反抗",取得财物为相对次要部分。① 实践中,之所以将造成被害人轻伤结果视为本罪既遂,是因为伤害结果在社会一般观念上剥夺了被害人对财产的自我规划能力,造成了自我实现之主体不能的不法结果;而将劫取财物认定为本罪既遂,则是由于抢劫行为致使主体自由实现之条件落空,造成了自我实现之对象不能的不法结果。

结合前文关于正犯与帮助犯界分的理论,本书认为在使用暴力、胁迫压制反抗的阶段发挥重要作用者即构成抢劫罪之主要实行犯,在本阶段发挥次要作用或者在夺取财物阶段发挥重要作用者属于抢劫罪之次要实行犯。当然,在全体犯罪过程中发挥重要作用者更应当认定为抢劫罪之主要实行犯。由此出发,在第一种情形下,因为后行为者仅参与实施了强取财物行为(对手段行为没有因果性),没有支配本罪构成要件行为之重要部分,所以只能认定为抢劫罪之次要实行犯,处以从犯之刑。② 在第三种情形下,应视后行为者在事后暴力、胁迫行为中发挥的作用,认定为抢劫罪之主要实行犯或次要实行犯,但需要作进一步论证。

在此,我们首先讨论第二种情形下后行为者的归责问题。抢劫致人重伤、死亡是指抢劫罪基本行为造成加重结果,由基本构成与加重构成复合而成,并且行为人至少要对加重构成具有过失。如前文所述,让行为人对加重结果等加重构成承担责任的前提,是其行为对加重构成的实现提供了因果性。在抢劫致人重伤、死亡的案件中,死、伤结果完全由先行为者独立造成,后行为人不可能对该加重构成的实现赋予因果力,自然不应当对死、伤结果进行归属。换言之,当某种加重根据在行为人介入前已经完全实现,就应当排斥

---

① 强奸罪虽然存在压制反抗的手段行为与奸淫的目的行为,但二者直接指向的法益无法进行手段与目的的划分,因此强奸罪的不法结构是前后均衡的。这样理解的话,中途介入仅实施奸淫行为的,也应认定为主要的实行犯。

② 后行为者对先前暴力、胁迫行为没有因果性,这样处理相当于在此限度内减轻了其处罚。

将其归属于该行为人。或许有人会对此提出疑问，即后行为人同样没有对暴力、胁迫行为给予因果性贡献，何以承担抢劫罪之责任？正如前文所指出的，先行为造成的被害人反抗受压制的效果正在持续，后行为人明知此情况仍基于意思联络参与实施剩余的"强取"财物行为，具有继受先行为构成要件评价的作用。由于强取财物行为对抢劫罪构成要件的实现提供了因果性，当然应认定后行为者成立抢劫罪。只不过基于该行为的重要性位阶较低，因此构成抢劫罪之次要实行犯，应以从犯论处。

《日本刑法》第238条规定："盗窃取得财物后，为了防止财物被夺回、逃避逮捕或隐灭罪证，而施加暴行或胁迫的，以抢劫论。"① 我国《刑法》第269条也作了类似规定，因此事后抢劫罪的共犯问题在中国、日本刑法中具有共通性。事后抢劫中，在先行为人犯盗窃、诈骗、抢夺罪后，如何追究仅参与实施暴力或以暴力相威胁的后行为者之刑事责任成为问题。传统理论上存在两条不同的路径：一是将事后抢劫理解为身份犯，后行为者实施暴力行为相当于对具有特定身份的先行为者之犯罪进行加功，因此成立先行为者犯罪的共犯。不过，在学界，究竟将事后抢劫中的盗窃者理解为构成身份还是加减身份存在争议。构成身份说认为应将事后抢劫理解为是以盗窃犯为主体的真正身份犯，在盗窃犯为防止财物返还而对被害人施加暴行之际，未参与盗窃者开始加功于暴行的，应根据《日本刑法》第65条第1项成立事后抢劫罪之共同正犯。② 我国也有学者认为《刑法》第269条所要求的盗窃罪、诈骗罪、抢夺罪的"身份"的是不法层面的身份，只是为了解决事后抢劫行为的定罪问题，并且将其视为构成身份也能体现事后抢劫罪侵犯双重法益的特

---

① 张凌、于秀峰编译：《日本刑法及特别刑法总览》，人民法院出版社2017年版，第50页。

② ［日］前田雅英：《刑法总论讲义》，曾文科译，北京大学出版社2017年版，第297—298页；井田良：《刑法各論》，東京：弘文堂2007年版，第118页。

征。① 但是，这种观点将时空及心理上具有紧密联系的同一犯罪之前半部分视为身份，无疑过分扩张了身份犯的范围，导致复行为犯都可能被认定为身份犯。而且，如果认为盗窃行为的意义仅在于表明身份，那么事后抢劫的既未遂便与盗窃、抢夺等行为无关。与构成身份相对，加减身份说认为设立本罪的旨趣是防止行为人在盗窃犯罪过程中使用暴力、胁迫行为，因此事后盗窃属于加减身份犯。不过，对不具有盗窃身份者以本罪的目的与盗窃犯共同实行暴行、胁迫的，有日本学者认为应根据《日本刑法》第65条第2项成立暴行罪或胁迫罪。② 有学者则主张应依据《日本刑法》第65条第1项成立事后抢劫罪的共同正犯，但对非盗窃犯的共同行为人应根据第65条第2项，处以暴行罪或胁迫罪的刑罚。③ 但是，我国刑法中没有规定暴行罪、胁迫罪，因此不能完全移植日本的学说。然而，在我国仍有学者倾向于认为事后抢劫罪属于不真正身份犯，同时承认身份犯说具有混淆身份和实行行为的瑕疵。④ 但是，最为致命的问题是，如果将本罪理解为不真正身份犯就会导致事后抢劫罪成为暴行罪或胁迫罪的加重类型，然而事后抢劫罪在本质上仍属于财产罪。况且在事后抢劫中引入本就迷雾重重的共犯与身份理论，无异于简单问题复杂化。⑤ 因此，运用身份犯理论难以妥当地破解事后抢劫罪中后行为者责任归咎难题。

第二条路径是运用承继共犯理论来解决事后抢劫罪中的共犯问题，但其中也有不同的见解。第一种观点认为，事后抢劫罪是由盗窃行为与暴力、胁迫行为组合而成的结合犯，盗窃行为和暴行、胁

---

① 娄永涛、王天奇：《事后抢劫罪的教义学检讨》，《政法学刊》2017年第5期。
② [日] 大谷实：《刑法讲义各论》，黎宏译，中国人民大学出版社2003年版，第221页。
③ 大塚仁：《刑法概说 各論》，東京：有斐閣2005年版，第224页。
④ 郑泽善：《转化型抢劫罪新探》，《当代法学》2013年第2期。
⑤ 陈洪兵、周春荣：《事后抢劫的共犯论展开——以日本承继共犯及共犯与身份相关理论为视角》，《山西警官高等专科学校学报》2008年第1期。

迫都属于本罪的实行行为。由于后行为人仅对参与后的行为及其结果承担责任，因此其不对事后抢劫负责，而只对暴行、胁迫行为及其结果承担罪责。① 这一结论实际上是承继共犯否定论的逻辑归结。不过，立足于《日本刑法》，即使理论上（部分）肯定承继共犯，也可能以事后抢劫属于结合犯为由，否定后行者成立抢劫罪之共犯。然而，我国刑法没有规定暴行罪和胁迫罪，因此至少在我国不能认为事后抢劫属于结合犯。第二种观点认为事后抢劫罪具有结合犯的构造，其特征在于盗窃先行于暴行、胁迫，因此即便行为人只参与实施了后半部分的暴行、胁迫，也应作为承继的共同正犯，以事后抢劫罪论。② 显然，这一观点对事后抢劫罪的承继共同正犯持肯定态度。张明楷教授也基本赞同第二种观点，认为事后抢劫罪系两个实行行为构成的犯罪，但我国刑法语境下的事后抢劫并非结合犯，其中的后行为不是单纯的暴力行为，而具有使前行为者的盗窃行为转化为事后抢劫的实行行为的作用。并且，在我国刑法语境下，仅实施暴力、胁迫行为的后行为者应认定为从犯，其处罚可能较德国、日本之暴行罪的正犯更轻。③ 张明楷教授的上述分析思路具有合理性，但笔者不赞同将后行为者认定为抢劫罪从犯的结论。根据我国刑法共犯参与体系及抢劫罪的不法结构，暴力、胁迫行为属于抢劫罪构成要件行为的重要部分。因此事后抢劫共犯中的后行为者属于主要的实行犯，应当处以主犯之刑。或许会有论者批判本书观点导致仅参与暴力、胁迫者处罚重于德国、日本刑法中的暴行罪，但这只不过是立足于承继共犯否定论进行的批判，说服力有限。况且，在盗窃、诈骗、抢夺的较轻罪向更重的抢劫转化过程中，后行为者起到了至关重要的作用，支配了事后抢劫罪构成要件的实现。因此，

---

① 山口厚：《刑法各論》，東京：有斐閣2005年版，第229页。
② 中森喜彦：《刑法各論》，转引自［日］大塚仁《刑法概说 各论》，冯军译，中国人民大学出版社2003年版，第255—256页。
③ 张明楷：《事后抢劫的共犯》，《政法论坛》2008年第1期。

认定其为主要实行犯并以主犯论处，正是罪责刑均衡原则的体现。

晚近以来，日本及我国有学者提出引入"财物返还请求权"解决事后抢劫罪的共犯问题。日本有学者认为，事后抢劫罪中，仅参与暴行、胁迫者原则上成立盗窃罪，但是如果其行为使得被害人行使财物返还请求权变得困难，就应当认定为事后抢劫罪的共同正犯。而且这一结论，同样适用于强盗强奸罪、强盗杀人罪等主体局限于财产犯的犯罪。[①] 周啸天教授认为，事后抢劫罪既可以理解为身份犯，也可以认为是由两个实行行为构成的犯罪，并且财物返还权也属于抢劫罪的保护法益。在盗窃、诈骗、抢夺行为既遂的情况下，后行为本身就是对财物返还请求权的抢劫行为，自然应以抢劫罪论处。在盗窃、诈骗、抢夺行为未遂的场合，后行为并没有侵害财产法益，因此不能认定为抢劫罪，而只能视情况成立妨害司法类犯罪或故意伤害罪。[②] 该说实际上是以否定承继共犯为前提的，之所以例外地肯定后行为者成立事后抢劫罪的共犯，原因是其行为侵犯了被害人的财物返还请求权。但是，如前文所述，以因果共犯论、共犯从属性、行为共同说等为依据否定承继共犯，存在说理不充分或者结论不合理的缺陷，为本书所不取。除此之外，该说自身的说理也有待商榷。民法中将财产权区分为原权和救济权，救济权是因原权受到侵害或有受侵害之虞时而产生的援助原权的权利。[③] 财物返还请求权是派生自所有权的救济权，其存在本身就是为了救济所有权，以实体法保护救济权违反逻辑。财物返还请求权作为所有权的一种效果或内容，在将侵犯所有权的行为作为财产犯处罚时就已经对其进行了评价，因此财物返还请求权并非刑法中的财产性利益。[④] 其

---

① 岛田聪一郎：《事後強盗の共犯》，《现代刑事法》44卷12号（2002年）。
② 周啸天：《事后抢劫罪共犯认定新解——从形式化的理论对立到实质化的判断标准》，《政治与法律》2014年第3期。
③ 朱庆育：《民法总论》，北京大学出版社2016年版，第519页。
④ 张明楷：《财产性利益是诈骗罪的对象》，《法律科学》（西北政法学院学报）2005年第3期。

次，该说完全无视后行的暴力、胁迫行为是在"盗窃、诈骗及抢夺的机会继续中"实施的，以致忽视了取财和暴行倒置的事后抢劫与普通抢劫之间的等价性。在先行为者犯盗窃、诈骗、抢夺罪的场合或同一机会中，后行为人介入参与实施的暴行和胁迫行为是事后抢劫罪的重要组成部分，行为人亦明知其使用暴力、胁迫"强取"财物行为的性质。若以妨害司法类犯罪或故意伤害罪论处，不仅不能发挥构成要件的违法提示机能和刑法的规范机能，同时还可能轻纵犯罪。

（五）盗窃罪：数额犯的视角

根据《刑法》第264条之规定，盗窃数额较大的公私财物成立盗窃罪，并根据数额较大、数额巨大、数额特别巨大配置了轻重不同的法定刑，这表明此类盗窃罪属于数额犯。尽管理论上对数额犯的界定尚存在分歧，但一般认为所谓数额犯是指"以一定的犯罪数额作为犯罪构成要件的犯罪形态"[①]。数额犯中的承继共犯问题主要表现为两种形式：其一，前行为人犯罪数额没有达到定罪标准，在同一机会中，后行为人基于合意与前行为人共同或单独继续实施盗窃行为，最终的犯罪数额达到定罪起点。其二，前行为人正在盗窃"数额巨大"的财物（尚未既遂），在同一机会中，后行为人与前行为人在意思联络基础上，单独或共同继续实施盗窃少量财物，最终的犯罪数额仍未超过"数额巨大"的上限。需要说明的是，这里的"同一机会"旨在说明前行为者的盗窃行为正在继续。如前文判例梳理部分所述，除盗接油气管道、盗接电力外，盗窃罪既遂即意味着犯罪终了，因此如果先行的盗窃行为已经既遂，就丧失了肯定盗窃罪之承继共犯的余地。例如，甲破窗侵入丙超市盗窃财物，在返回途中偶遇友人乙并将盗窃事实告知乙，乙从甲所破坏的窗户进入超市独立实施了盗窃行为。由于甲先前的盗窃行为已经终了，乙不可

[①] 于志刚：《关于数额犯未遂问题的反思》，载赵秉志主编《刑法论丛》（第21卷），法律出版社2010年版，第55页。

能与甲成立先后两起盗窃犯罪的承继共同正犯,甲乙分别就各自犯罪承担单独正犯之责任。

　　根据上述分析,在第一种情况下,可以认为先、后行为人共同实现了盗窃罪之基本构成要件,应就全体犯罪数额追究共同行为人责任。不过,后行为者的参与类型及处罚轻重需要具体情况具体分析。前文已经指出,不法"重心"的判断实际是价值层面的份额判断,因此当后行为人在构成要件的实现中承担了主要份额时,① 即成立主要的共同实行犯,以主犯论处。反之,即便后行为人实施了盗窃罪实行行为,但其在盗窃罪全体要件的实现中仅发挥了次要作用,则成立次要的实行犯,以从犯论处。假设甲盗窃价值 800 元财物,乙路经案发现场,协助甲翻出院墙,后由甲在院外望风,乙翻入院内继续窃取价值 300 元财物。该案中,虽然中途参与者的乙支配、控制了后半部分的盗窃行为,但在全体犯罪中仅起到了次要作用,宜认定为盗窃罪之次要实行犯,以从犯处罚。当然,如果后行为人只不过是援助先行为者完成盗窃,则应认定为盗窃罪之承继的帮助犯,以从犯论处。

　　第二种场合下,尽管后行为者对先前"数额巨大"的盗窃没有因果性,并且只不过在先前犯罪继续途中加入盗取少量财物,但笔者认为其应就"盗窃数额巨大"承担责任,进而适用"三年以上十年以下有期徒刑,并处罚金"的升格法定刑。盗窃"数额巨大"、盗窃"数额特别巨大"与盗窃"数额较大"的行为类型并无不同,只是前两者的不法程度高于后者。因此,"数额巨大""数额特别巨大"只是量刑规则而非加重构成,属于同一犯罪构成内不法之量的差异。即便先行为者单独盗窃的财物已达到"数额巨大",只要后续盗窃行为与先前盗窃行为处于同一机会中,就可以认为该量刑规则

---

① 有必要说明的是,在财产犯特别是数额犯中,犯罪数额是判断不法"重心"的重要参照因素,但不是唯一要素,相反任何时候都应以行为对构成要件实现的因果贡献份额为指引进行认定,同时参考犯罪过程中的其他要素判断主、从作用。

是先、后行为人共同成就的。例如，先行为者们通过盗接管道已经窃得"数额巨大"的石油且仍在继续盗窃，后行为者加入与先行为者共同盗窃了较少的石油。对此，后行为者应当就介入前后所盗全部石油承担罪责。当然，由于后行为者对该量刑规则之成立所起到的作用较小，应认定为盗窃罪之次要实行犯，进而适用从犯"应当从轻、减轻处罚或者免除处罚"的原则。对这种场合下，中途介入帮助先行为者盗窃少量财物者，宜认定成立帮助犯，并处以较次要实行犯更加宽缓的刑罚。

（六）诈骗罪：取财者的责任归咎

实务中，仅参与诈骗罪取财行为者的责任归咎困惑主要发生于两种场合：其一，在普通诈骗中，先行为者实施欺骗行为使被害人陷入错误状态，后行为人受领被害人的财物占有转移。其二，在电信诈骗中，受先行为人欺骗，被害人转账至犯罪分子控制的账户后，后行为人参与实施提现。前文判例梳理部分表明，对上述两种情况，既有判例肯定后行为者成立诈骗罪之共同犯罪，亦有判例认定后行为者成立掩饰隐瞒犯罪所得罪。不过，前一种场合下，后行为人介入时财物占有尚未发生转移，而后一种场合的诈骗行为，至少在形式上已经达成既遂。想必这种差异会对后行为者之取财行为的定性产生影响，因此有必要对两种情况作分别检讨。

关于第一种场合下的后行为，部分承继共犯否定论者笼统地认为由于不存在事前通谋且对被害人陷入错误状态没有因果性贡献，因此仅参与实施受领财物行为者没有侵害被害人对财物的占有，不成立诈骗罪之共犯，而应当认定为占有脱离物侵占罪。[①] 不过，我国刑法没有明确规定占有脱离物侵占罪，此种场合下的后行为似乎难以获致妥当的评价。有学者在我国刑法语境下讨论诈骗罪中后行为

---

① 浅田和茂：《刑法総論》，東京：成文堂 2007 年版，第 424 页；姚培培：《承继共犯论的展开》，载陈兴良主编《刑事法评论》（第 40 卷），北京大学出版社 2017 年版，第 138 页。

者的刑事责任，提出可以考虑将此种场合的后行为人认定为不作为的欺诈或侵占罪，甚至认为即便后行为难以评价为犯罪，也不能因此就放弃否定说。① 但是，如前文所述，理论上难以赋予中途参与者作为义务，因此不能认定其成立不作为的诈骗罪。同时，我国刑法中的侵占罪所关涉的占有脱离物仅包括遗失物与埋藏物，显然不能涵括诈骗罪中被害人转移交付的财物。为了坚持否定说，甚至无视其在解释上造成的"虚假处罚漏洞"②，或多或少有点"鸵鸟精神"的意味。

事实上，在第一种场合，是否当面受领被害财物的占有转移，确实可能对后行为定性的根据或结论产生影响。因此，日本学界有不少学者将其区分为当面交付型（手交型）与寄送型（送付型）诈骗。

在当面交付型的诈骗中，后行为人在受领之际的言行是明示或默示的欺骗行为，因此多数情况下可以认定成立诈骗罪。③ 的确，如果可以认定后行为人在受领交付之际通过其行为维持、强化了被害人的错误状态时，当然可以认为其参与了欺骗行为，进而成立诈骗罪的共犯。然而，这并非诈骗罪承继共犯的典型事例，后行为人对错误状态完全没有因果性的场合才真正成为问题。根据本书的观点，个别的共同者无须对错误状态与财产转移均具有因果性。后行为人介入之际先行为造成的"错误状态"正在持续，后行为人基于意思联络而实施作为本罪实行行为内容的取财行为，当然应继受先行为者犯罪的构成要件评价，成立诈骗罪的共犯。至于后行为者成立诈

---

① 陈洪兵：《承继共犯否定论：从因果共犯论视角的论证》，载陈兴良主编《刑事法评论》（第25卷），北京大学出版社2009年版，第426页。

② 依照张明楷教授的观点，能够用解释学所填补的漏洞是虚假的漏洞，因此要在遵守罪刑法定原则的前提下，尽可能通过解释减少、避免刑法中的漏洞。参见张明楷《刑法分则的解释原理》，中国人民大学出版社2011年版，第216页。

③ 橋爪隆：《特殊詐欺の"受け子"の罪責について》，《研修》827号（2017年）。

骗罪共同正犯还是帮助犯，以主犯还是从犯论处，下文将以诈骗罪的保护法益和不法结构为依据展开探讨。

在寄送型诈骗中，取财行为者并非直接从被害人处受领财产占有之转移，绝无可能因其维持、强化被害人的错误状态而成立诈骗罪的共犯，也不宜以不作为的诈骗罪论处。松原芳博教授赞同这一结论，并进一步将寄送型诈骗案件区分为四类：受领者①未经收件人同意现实地装作他人（签收）的场合，②经收件人同意现实地装作他人（签收）的场合，③装作虚拟人（签收）的场合以及④使用受领者本人的姓名、住所的场合。他认为，第①种场合存在实际受领者与收件人不一致这种重要事项的错误，因此可以认定成立对快递员的诈骗罪。由于不能肯定快递员具有审查快件内容物合法性的义务，因此在第②—④种场合，不能认定受领者成立对快递员的诈骗罪。但是，与收取错误派送的邮件或收取多付的金钱一样，后行为人侵害了脱离占有的他人的财产。根据行为共同说，后行为者在与先行为人的诈骗罪的共同正犯的关系上成立占有脱离物侵占罪。同时，相对于打电话行骗的前行为者而言，其受领并保管、搬运被害财产的行为，成立搬运赃物罪或保管赃物罪。占有脱离物侵占罪与赃物犯罪间属于包括一罪的关系，应以处罚更重的赃物罪论处。①

松原芳博教授的观点以承继共犯否定论为基调，将后行为的评价与先行为的评价割裂开，在后行为的限度内讨论其定性及处罚。相较于引入不作为犯理论来评价后行为的学说，该说的确更加精致。但是，上述观点并非没有问题。第一，将先、后行为人相续地共同侵犯同一法益的行为进行分割评价，不仅忽视了诈骗罪实行行为的一体性，而且意味着将"错误状态"视为一种独立的结果。诈骗罪的法益侵害性应该理解为"将陷入错误的被害人作为工具加以利用，

---

① 松原芳博：《詐欺罪と承継的共犯：送付型特殊詐欺事案における受け子の罪責をめぐて》，《法曹時報》70卷9号（2018年）。

进而使之转移财物之占有"①，因此欺骗被害人使其产生错误认识并非本罪独立的结果。第二，肯定先后行为人成立共同正犯的同时，将后行为以赃物罪论处，并不妥当。成立赃物类犯罪，以后行为独立于先行者的犯罪为前提。但是，一方面，在诈骗罪承继共犯的场合，后行为人在与先行为人进行意思疏通的基础上，利用了先行为引起的状态而"诈取"财物，并非完全独立于先行者之犯罪；另一方面，只要二者存在共同正犯关系（即使所成立的罪名不同），就不能将后行为者的取财行为再认定为赃物犯罪。例如，甲以抢劫故意、乙出于盗窃目的共同转移了被害人财物，依照松原教授的逻辑，甲乙在成立共犯的基础上，还可能相互成立对方犯罪之赃物罪。很明显，这种观点不可避免地会造成共犯认定思路的混乱。第三，如前文所述，我国刑法中侵占罪的对象无法涵盖诈骗罪的被害人基于自愿处分的财产，因此这种结论难以适用于我国。在寄送型诈骗的场合，后行为人可能通过参与欺骗行为强化被害人的错误状态，进而成立诈骗罪之共同正犯。实际上，除这一点之外，当面交付型诈骗与寄送型诈骗中的承继共犯问题，没有任何其他的不同之处。因此，寄送型诈骗中仅实施取财行为者，也应当承继先行为之构成要件评价，成立诈骗罪的共犯。

至于后行为者成立诈骗罪之共同正犯还是帮助犯，应以主犯还是从犯论处，必须回溯到诈骗罪的不法结构及刑法的体系性解释中去寻求答案。井田良教授以"欺骗行为"的部分能够成立不真正不作为犯为由，认为诈骗罪系"向后倾斜的犯罪"。② 本书认为井田良教授的结论具有合理性，但其理由不足以令人信服。因为，承继共犯的场合很难认定后行为者成立不作为犯。对于这一问题，想必应

---

① ［日］桥爪隆：《论承继的共犯》，王昭武译，《法律科学》（西北政法大学学报）2018 年第 2 期。

② ［日］井田良：《相续的共同正犯随笔》，黄士轩译，《月旦法学杂志》2018 年第 7 期。

当结合诈骗罪的保护法益、不法构造及我国刑法的具体规定进行检讨。根据双层结构的法益概念，诈骗罪的保护法益是主体不受欺罔地支配、运用其财产及财产性利益。这就要求欺骗行为、被害人产生认识错误、基于错误处分财产、行为人或第三者取得财产、被害人遭受损失诸要件之间具有前后贯通的因果性。若依照抢劫罪之论理推演，诈骗罪的不法重心应为导致被害人陷入错误状态的欺骗行为，受领财产占有转移只不过是本罪之次要部分。但是，一方面，抢劫罪与诈骗罪的根本差异在于，诈骗罪中融入了被害人的"自愿处分"即处分意识；另一方面，我国刑法没有单独规定准诈骗罪，因而利用他人心神耗弱状态使之交付财物的行为，也应纳入诈骗罪的规制范围。据此，欺骗行为并非诈骗罪的不法重心，"将被害人作为工具加以利用，使之转移财物之占有"才是本罪不法的实质所在。在这个意义上，诈骗罪与抢劫罪相反，属于"向后倾斜的犯罪"。质言之，利用被害人的错误状态受领财物占有转移是诈骗罪不法结构的重心，欺骗行为属于本罪的相对次要部分。后行为人实施了作为本罪实行行为重要部分的财物受领行为，直接造成了被害人财产损失的后果，对诈骗罪构成要件的实现起到了重要作用，应认定为诈骗罪之主要实行犯，以主犯论处。部分承继共犯否定论者也不否认后行者所参与的并非"一个裸的取财行为"，而是黏合了诈欺要素，因此可以认定成立诈骗罪的共同正犯。① 先行为者不仅直接支配了欺骗行为，而且对财物受领行为也具有相当因果性，自然应认定为诈骗罪之共同正犯，并处以主犯之刑罚。

关于第二种场合，即电信诈骗中仅实施取款提现者，能否成立诈骗罪之共犯？问题的核心在于，这种情况下先行为者的诈骗犯罪行为是否终了。我国最高司法机关认为，如果行为人明知他人正在实施电信网络诈骗，而实施帮助转移诈骗所得及其收益、套现、取

---

① 任海涛：《承继共同正犯研究——以复合行为犯为视角》，载陈兴良主编《刑事法评论》（第22卷），北京大学出版社2008年版，第460页。

现行为的，以诈骗罪共同犯罪论处；如果诈骗犯罪已经终了，行为人明知是电信网络诈骗所得及其产生的收益，仍予以转账、套现、取现的，应认定为"掩饰、隐瞒犯罪所得、犯罪所得收益罪"。① 最高司法机关以诈骗犯罪行为是否正在进行为标准，判断套现、取现行为构成本罪共犯抑或是赃物犯罪，值得赞同。诈骗犯罪正在进行，意味着诈骗罪之构成要件处于正在实现的阶段。在被害人基于错误认识将钱款转入先行为人指定的账号后，诈骗罪的构成要件已经全部实现。在此后的阶段，即便先行为者自身实施取现、套现行为也不会被评价为实施诈骗犯罪的行为。因为，提现行为不过是诈骗犯罪的自然延伸部分。据此，在这种场合下，无事前通谋的后行为者的套现、取现行为并非诈骗罪构成要件行为的组成部分，不可能对诈骗罪构成要件的实现提供任何因果性贡献。因此，在被害人已经将钱款转入行为人所控制的账户后，后行为人依照先行为者的指示提款、套现的，只能成立掩饰、隐瞒犯罪所得、犯罪所得收益罪。易言之，此种场合下，先、后行为人不成立诈骗罪的共同犯罪，分别成立诈骗罪和掩饰、隐瞒犯罪所得、犯罪所得收益罪之单独正犯。

第三节 本章小结

承继共犯的认定及归责，必须回归我国刑法的具体语境，其中

---

① 参见 2016 年 12 月 19 日最高人民法院、最高人民检察院、公安部《关于办理电信网络诈骗等刑事案件适用法律若干问题的意见》。相关具体规定分别为："明知是电信网络诈骗犯罪所得及其产生的收益，以下列方式之一予以转账、套现、取现的，依照刑法第三百一十二条第一款的规定，以掩饰、隐瞒犯罪所得、犯罪所得收益罪追究刑事责任。但有证据证明确实不知道的除外：1. 通过使用销售点终端机具刷卡套现……5. 以明显异于市场的价格，通过手机充值等方式套现的。""明知他人实施电信网络诈骗犯罪，具有下列情形之一的，以共同犯罪论处，但法律和司法解释另有规定的除外：1. 提供信用卡、资金支付结算账户……8. 帮助转移诈骗犯罪所得及其产生的收益，套现、取现的。"

犯罪参与体系和分则个罪的不法结构的影响最为直接。

在建构我国犯罪参与体系时，应当正视并协调分工分类与作用分类相结合的共犯人分类方法，兼顾理论合理性与适应性。传统的区分制下，按照"重要作用"或"行为支配"界定正犯概念，容易导致"主犯正犯化"，并且使得"次要的实行犯"完全丧失存在的空间；单一制无法与我国立法规定相兼容，在论理上单一制将构成要件与量刑进行脱钩化处理，使得处罚逸脱规范的限定，同时个别地评价犯罪参与者的不法，忽视了各犯罪参与行为在事实与规范层面的联系。作为区分制与单一制竞争的折中产物，双层区分制虽然较好地协调了两种共犯人分类方法的功能，但是也存在分离参与类型与处罚轻重的问题；归责区分制则在规范论的道路上走得太远，不仅在正犯与共犯的区分上不具有可操作性，实际上也不可能将规范主义贯彻到底。区分制和正犯实质化具有不可否认的理论合理性，我国刑法关于共同犯罪的规定与区分制具有契合性。但是，在我国刑法语境下坚持区分制，必须缓和正犯实质化的程度，以"次要的实行犯"为最低标准来界定正犯概念。在认定"次要的实行犯"与"主要的实行犯"时，应首先以法益为指导在规范层面判断特定个罪的不法结构重心，然后在事实层面判断参与者所发挥的作用。具体来说，参与者对构成要件行为之"次要的不法结构"部分发挥重要作用的，成立次要的实行犯，以从犯论处；反之，行为人控制构成要件行为之"重要的不法结构"部分，则成立主要的实行犯，以主犯论处。教唆、帮助的对象既可以是主要的实行犯，也可以是次要的实行犯，且教唆犯与帮助犯的成立从属于正犯；教唆"次要的实行犯"应以从犯论处，教唆"主要的实行犯"则可视其原因力，认定为主犯或从犯，而帮助犯绝对属于从犯。

在此语境下，后行为者成立承继的共同正犯除了要求先行正犯的犯罪正在实行，且其行为效果处于持续状态，以及与先行正犯进行意思沟通之外，还需要后行为者至少控制了构成要件行为次要部分的实现。当然，承继共同正犯只有对构成要件行为重要部分的实现发挥重要作用，才能够被认定为主犯，控制次要部分实现的承继共同正犯只能以从犯论处。承继的帮助犯的成立条件相较于普通帮助犯并没有明显差异，但是帮助犯与正犯之间不存在"共同性"，因此并不要求先行正犯的行为效果正在持续。

在具体个罪的场合，认定后行为者成立承继的共同正犯还是承继的帮助犯，首先要以保护法益为指导，运用体系解释的方法明确该罪的不法结构——不法重心，继而判断后行为者对构成要件实现所发挥的作用，但需要充分注意现实生活的丰富性和复杂性，细致区分不同情形加以分析，兼顾事实与规范。

结　　语

　　先行为者实施部分犯罪实行行为并造成一定结果（状态）后，后行为人基于意思联络初次介入，与先行为者共同或参与实施剩余行为，就是所谓的承继共犯。在参与类型上，承继共犯包括承继的共同正犯与承继的帮助犯，不可能存在相对于先行的正犯者之承继教唆犯。对后行为者的归责是承继共犯理论的实质问题所在，在认定后行为者刑事责任时，应区分为对后行为的性质评价与后行为者的责任范围，并且承继的共同正犯与承继的帮助犯适用不同的法理。

　　共同正犯不同于单独正犯，其具有共犯性的侧面与正犯性的侧面，对共同正犯适用"部分实行，全部责任"原则的依据是以主观意思联络和客观行为重要作用为基础的相互性行为归属。共同正犯不同于单独正犯，无须对全体构成要件要素具有因果关系，只要其行为可以评价为对构成要件之实现发挥重要作用，即成立共同正犯。在承继共同正犯的场合，后行为者与先行为人主观上的意思联络、先行为效果持续具有"黏合"先后行为的功能。后行为人明知先行为者正在遂行其犯罪，基于意思联络而介入实施该罪剩余的实行行为，并对构成要件的实现提供了因果性，这一情况具有使后行为者承继先行为者犯罪构成要件评价的作用。换言之，承继共同正犯并非承继先行行为及其结果或某种效果，而是承继先行为之构成要件评价。值得特别强调的是，结果加重犯等加重构成、结合犯具有可分割性。如果后行为人对加重结果、结合犯之前罪的实现没有起任何作用，那么后行为人不应承继加重构成和前罪之评价，而仅成立基本犯与后罪之共犯。尽管后行为承继了先行为之构成要件评价，但后行为人仅就其介入后的事实承担责任。在这个意义上，以否定说为基础的限定肯定说具有合理性。因此，在与个人责任原则具有整合性的前提下，理论上存在限定肯定承继共同正犯的余地。

帮助犯是通过正犯间接侵害法益的共犯参与类型，只有在正犯着手实行犯罪后才可能成立帮助犯。帮助既遂以帮助行为促进正犯行为及结果实现为已足，这就意味着帮助犯的因果性要件本来就没有必要作任何程度的缓和。因此，对于中途加担促进正犯行为及法益侵害发生的，由于其通过将自己的协助行为与先行的正犯行为相连接，促进了该罪不法的实现，当然可以就全体犯罪成立帮助犯。即便如此，也只能在承继帮助者促进的范围内进行责任归属，也就是说，后行为者不能承继先行为之不法。与承继共同正犯一样，先行为者独立实现的加重构成及结合犯之前罪的构成要件评价不能投射给承继的帮助犯，但是在同一犯罪构成内的量刑情节之评价具有可承继性。总言之，关于承继的帮助犯，本书立场与基于否定说的限定肯定说可谓是一致的。

不过，关于承继者之参与类型及其处罚之轻重的具体判断，必须回到我国共犯参与体系及分则各罪之不法结构中进行。区分制具有无可比拟的理论合理性和现实说服力，而且区分制下正犯概念实质化的方向值得肯定。不过，由于我国刑法对共犯人采取了以作用分类为主、分工分类为辅的方法，在引介区分制理论时，尤其有必要对其进行适当调试，以适应我国独特的共同犯罪立法规定。从立法原意及理论与实务界的主流学说来看，我国刑法将实行犯区分为主要实行犯和次要实行犯，前者属于主犯，后者及帮助犯属于从犯，教唆犯根据其在共同犯罪中所起的作用，可能成立主犯或从犯。据此，在区分制下坚持正犯实质化的前提下，应以次要实行犯确定正犯实质化的最低标准。如果行为人支配或控制构成要件行为之次要的"不法结构"部分，则成立次要的实行犯，反之，行为人支配或控制构成要件行为之重要的"不法结构"部分，则成立主要的实行犯。至于不法结构重心的判断，应主要以特定个罪保护法益为指导，兼顾其他相关罪刑规范，运用体系解释方法进行实质的判断。在以构成要件行为为轴心重视其定型化机能的意义上，本书的观点向形式的客观说倾斜，从引入"重要作用"或"支配"概念而放弃亲自着手实施构成要件行为来看，本书的主张偏向于实质说。这种意义上的正犯可谓是一种"半实质化"的正犯概念，在发挥区分制理论优势的同时，最大可能地兼顾了我国共犯立法规定。

在上述理论前提及我国刑法语境下，本书以实务及理论研究中承继共犯问题最为突出的故意伤害罪、非法拘禁罪、绑架罪、抢劫罪、盗窃罪以及诈骗罪为例，就承继者的行为定性、责任范围及处罚轻重进行了较为详尽的研讨。一来检验前文一般性理论的合理性、可操作性，二来希冀为解决裁判困惑提供新的思考。

参考文献

一　中文著作

陈家林：《外国刑法理论的思潮与流变》，中国人民公安大学出版社 2017 年版。

陈家林：《外国刑法：基础理论与研究动向》，华中科技大学出版社 2013 年版。

陈家林：《共同正犯研究》，武汉大学出版社 2004 年版。

陈兴良：《教义刑法学》，中国人民大学出版社 2017 年版。

陈兴良：《判例刑法学》，中国人民大学出版社 2017 年版。

陈兴良：《刑法哲学》，中国人民大学出版社 2017 年版。

陈兴良：《共同犯罪论》，中国人民大学出版社 2017 年版。

陈兴良：《本体刑法学》，中国人民大学出版社 2017 年版。

陈兴良：《口授刑法学》，中国人民大学出版社 2007 年版。

陈兴良、周光权：《刑法学的现代展开Ⅰ》，中国人民大学出版社 2015 年版。

陈兴良、周光权：《刑法学的现代展开Ⅱ》，中国人民大学出版社 2015 年版。

陈子平：《刑法总论》，中国人民大学出版社 2009 年版。

陈洪兵：《共犯论思考》，人民法院出版社 2009 年版。

陈洪兵：《中立行为的帮助》，法律出版社 2010 年版。

陈洪兵：《中国式的刑法竞合问题研究》，中国政法大学出版社 2016 年版。

陈世伟：《论共犯的二重性》，中国检察出版社 2008 年版。
储槐植：《美国刑法》，北京大学出版社 2005 年版。
车浩：《阶层犯罪论的构造》，法律出版社 2017 年版。
车浩：《刑法教义的本土形塑》，法律出版社 2017 年版。
程红：《中止犯研究》，中国人民公安大学出版社 2015 年版。
蔡桂生：《构成要件论》，中国人民大学出版社 2015 年版。
付立庆：《犯罪构成理论：比较研究与路径选择》，法律出版社 2010 年版。
范德繁：《犯罪实行行为论》，中国检察出版社 2005 年版。
高铭暄：《中华人民共和国刑法的孕育诞生和发展完善》，北京大学出版社 2012 年版。
高铭暄、马克昌主编：《刑法学》，北京大学出版社、高等教育出版社 2017 年版。
甘添贵：《罪数理论之研究》，中国人民大学出版社 2008 年版。
黄荣坚：《基础刑法学》，中国人民大学出版社 2009 年版。
黄丽勤、周铭川：《共同犯罪研究》，法律出版社 2011 年版。
何荣功：《实行行为研究》，武汉大学出版社 2007 年版。
侯国云：《刑法总论探索》，中国人民公安大学出版社 2004 年版。
贾宇主编：《刑法学》（总论），高等教育出版社 2019 年版。
江溯：《犯罪参与体系研究：以单一正犯体系为视角》，中国人民公安大学出版社 2010 年版。
柯耀程：《变动中的刑法思想》，中国政法大学出版社 2003 年版。
柯耀程：《刑法竞合论》，中国人民大学出版社 2008 年版。
柯耀程：《刑法的思与辩》，中国人民大学出版社 2008 年版。
林山田：《刑法通论》，北京大学出版社 2012 年版。
林山田：《刑法各罪论》，北京大学出版社 2012 年版。
林东茂：《刑法综览》，中国人民大学出版社 2009 年版。
林东茂：《一个知识论上的刑法学思考》，中国人民大学出版社 2009 年版。

林玉雄:《新刑法总则》,元照出版有限公司2018年版。
黎宏:《日本刑法精义》,法律出版社2008年版。
黎宏:《刑法学总论》,法律出版社2016年版。
黎宏:《刑法总论问题思考》,中国人民大学出版社2016年版。
林亚刚:《刑法学教义》,北京大学出版社2017年版。
林维:《共犯论研究》,北京大学出版社2014年版。
刘艳红主编:《刑法学》,北京大学出版社2016年版。
刘艳红:《实质刑法观》,中国人民大学出版社2019年版。
刘士心:《美国刑法各论原理》,人民出版社2015年版。
刘凌梅:《帮助犯研究》,武汉大学出版社2003年版。
刘斯凡:《共犯界限论》,中国人民公安大学出版社2011年版。
李世阳:《共同过失犯罪研究》,浙江大学出版社2018年版。
马克昌主编:《犯罪通论》,武汉大学出版社1999年版。
马克昌:《比较刑法原理:外国刑法学总论》,武汉大学出版社2002年版。
马克昌:《宽严相济刑事政策研究》,清华大学出版社2012年版。
朴宗根:《正犯论》,法律出版社2009年版。
齐文远主编:《刑法学》,北京大学出版社2016年版。
齐文远、周详:《刑法 刑事责任 刑事政策研究:哲学 社会学 法律文化的视角》,北京大学出版社2004年版。
曲新久等:《刑法学》,中国政法大学出版社2016年版。
钱叶六:《共犯论的基础及其展开》,中国政法大学出版社2014年版。
钱叶六:《犯罪实行行为着手研究》,中国人民公安大学出版社2009年版。
任海涛:《承继共犯研究》,法律出版社2010年版。
童德华:《外国刑法导论》,中国法制出版社2010年版。
童德华:《刑法中客观归属论的合理性研究》,法律出版社2012年版。

王明辉：《复行为犯研究》，中国人民公安大学出版社 2008 年版。

王光明：《共同实行犯研究》，法律出版社 2012 年版。

王志远：《共犯制度的根基与拓展：从"主体间"到"单方化"》，法律出版社 2011 年版。

王安异：《刑法中的行为无价值与结果无价值》，中国人民公安大学出版社 2005 年版。

夏勇：《定罪与犯罪构成》，中国人民公安大学出版社 2009 年版。

许玉秀：《当代刑法思潮》，中国民主法制出版社 2005 年版。

余振华：《刑法总论》，三民书局 2011 年版。

阎二鹏：《犯罪参与体系之比较研究与路径选择》，法律出版社 2014 年版。

杨金彪：《共犯的处罚根据》，中国人民公安大学出版社 2008 年版。

赵秉志主编：《刑法总论》，中国人民大学出版社 2016 年版。

赵秉志主编：《英美刑法学》，科学出版社 2010 年版。

郑泽善：《共犯论争议问题研究》，中国书籍出版社 2019 年版。

张明楷：《刑法学》，法律出版社 2016 年版。

张明楷：《外国刑法纲要》，清华大学出版社 2007 年版。

张明楷：《刑法分则的解释原理》，中国人民大学出版社 2011 年版。

张明楷：《法益初论》，中国政法大学出版社 2003 年版。

张明楷：《罪刑法定与刑法解释》，北京大学出版社 2009 年版。

张明楷：《构成要件体系与构成要件要素》，北京大学出版社 2010 年版。

张明楷：《行为无价值论与结果无价值论》，北京大学出版社 2012 年版。

张明楷：《责任刑与预防刑》，北京大学出版社 2015 年版。

张明楷：《刑法的私塾》，北京大学出版社 2014 年版。

张开骏：《共犯从属性研究》，法律出版社 2015 年版。

张伟：《帮助犯研究》，中国政法大学出版社 2012 年版。

张凌、于秀峰编译：《日本刑法及特别刑法总览》，人民法院出版社

2017 年版。

周光权：《刑法总论》，法律出版社 2016 年版。

周光权：《刑法各论》，法律出版社 2016 年版。

周光权：《刑法学的向度：行为无价值的深层追问》，法律出版社 2014 年版。

周光权：《法治视野中的刑法客观主义》，法律出版社 2013 年版。

周光权：《刑法客观主义与方法论》，法律出版社 2013 年版。

周啸天：《共犯与身份论的重构和应用》，法律出版社 2017 年版。

朱庆育：《民法总论》，北京大学出版社 2016 年版。

最高人民法院刑事审判第一、第二庭编：《刑事审判参考》（总第 24 辑），法律出版社 2002 年版。

最高人民法院刑事审判一至五庭编：《刑事审判参考》（总第 62 辑），法律出版社 2008 年版。

最高人民法院刑事审判一至五庭编：《刑事审判参考》（总第 77 集），法律出版社 2011 年版。

最高人民法院刑事审判一至五庭编：《刑事审判参考》（总第 109 集），法律出版社 2017 年版。

二 中文译著

［德］冈特·施特拉滕韦特、洛塔尔·库伦：《刑法总论 犯罪论》，杨萌译，法律出版社 2006 年版。

［德］汉斯·韦尔策尔：《目的行为论导论：刑法理论的新图景》，陈璇译，中国人民大学出版社 2015 年版。

［德］克劳斯·罗克辛：《德国刑法学总论》（第 1 卷），王世洲译，法律出版社 2005 年版。

［德］克劳斯·罗克辛：《德国刑法学总论》（第 2 卷），王世洲、劳东燕、王莹等译，法律出版社 2013 年版。

［德］克劳斯·罗克辛：《德国最高法院判例刑法总论》，何庆仁、蔡桂生译，中国人民大学出版社 2012 年版。

［德］米夏埃尔·帕夫利克：《人格体 主体 公民：刑罚的合法性研究》，谭淦译，中国人民大学出版社 2011 年版。

［德］乌尔斯·金德霍伊泽尔：《刑法总论教科书》，蔡桂生译，北京大学出版社 2015 年版。

［德］约翰内斯·韦塞尔斯：《德国刑法总论：犯罪行为及其构造》，李昌珂译，法律出版社 2008 年版。

［德］康德：《法的形而上学原理》，沈叔平译，商务印书馆 2009 年版。

［日］川端博：《刑法总论二十五讲》，余振华译，中国政法大学出版社 2003 年版。

［日］大塚仁：《犯罪论的基本问题》，冯军译，中国政法大学出版社 1993 年版。

［日］大塚仁：《刑法概说 总论》，冯军译，中国人民大学出版社 2003 年版。

［日］大塚仁：《刑法概说 各论》，冯军译，中国人民大学出版社 2003 年版。

［日］大谷实：《刑法讲义总论》，黎宏译，中国人民大学出版社 2008 年版。

［日］大谷实：《刑法讲义各论》，黎宏译，中国人民大学出版社 2008 年版。

［日］福田平、大塚仁：《日本刑法总论讲义》，李乔、文石、周世铮译，辽宁人民出版社 1986 年版。

［日］高桥则夫：《共犯体系与共犯理论》，冯军、毛乃纯译，中国人民大学出版社 2010 年版。

［日］高桥则夫：《规范论与刑法解释论》，戴波、李世阳译，中国人民大学出版社 2011 年版。

［日］高桥则夫：《刑法总论》，李世阳译，中国政法大学出版社 2020 年版。

［日］泷川幸辰：《犯罪论序说》，王泰译，法律出版社 2005 年版。

［日］前田雅英：《刑法总论讲义》，曾文科译，北京大学出版社2017年版。

［日］松原芳博：《刑法总论重要问题》，王昭武译，中国政法大学出版社2014年版。

［日］山口厚：《刑法总论》，付立庆译，中国人民大学出版社2018年版。

［日］松宫孝明：《刑法总论讲义》，钱叶六译，中国人民大学出版社2013年版。

［日］松宫孝明：《刑法各论讲义》，王昭武、张小宁译，中国人民大学出版社2018年版。

［日］小野清一郎：《犯罪构成要件理论》，王泰译，中国人民公安大学出版社1991年版。

［日］西原春夫：《犯罪实行行为论》，戴波、江溯译，北京大学出版社2006年版。

［日］西田典之：《日本刑法总论》，王昭武、刘明祥译，法律出版社2013年版。

［日］西田典之：《共犯理论的展开》，江溯、李世阳译，中国法制出版社2017年版。

［日］野村稔：《刑法总论》，全理其、何力译，法律出版社2001年版。

［日］佐伯仁志：《刑法总论的思之道 乐之道》，于佳佳译，中国政法大学出版社2017年版。

［韩］金日秀、徐甫鹤：《韩国刑法总论》，郑军男译，武汉大学出版社2008年版。

三　外文著作

川端博：《刑法総論講義》，東京：成文堂2006年版。

大塚仁、河上和雄等：《大コンメンタール刑法》（第5卷），東京：青林書院1999年版。

大塚仁：《刑法概说 総論》，東京：有斐閣 1992 年版。
大塚仁：《刑法概说 各論》，東京：有斐閣 2005 年版。
大谷實：《刑法讲义総論》，東京：成文堂 2013 年版。
大谷實、前田雅英：《エキサイティング刑法総論》，東京：有斐閣 1999 年版。
福田平：《刑法総論》，東京：有斐閣 2001 年版。
岡野光雄：《刑法演習Ⅰ 総論》，東京：成文堂 1987 年版。
高橋則夫：《刑法総論》，東京：成文堂 2018 年版。
井田良：《刑法総論の理論構造》，東京：成文堂 2006 年版。
井田良：《刑法各論》，東京：弘文堂 2007 年版。
井田良：《讲义刑法学 総論》，東京：有斐閣 2018 年版。
井田良、丸山雅夫：《ケーススタデイ刑法》，東京：日本评论社 2004 年版。
堀内捷三、町野朔、西田典之：《判例によるドイツ刑法 総論》，東京：良書普及会 1987 年版。
堀内捷三：《刑法判例百選Ⅰ》，東京：有斐閣 2008 年版。
林幹人：《刑法総論》，東京：東京大学出版会 2008 年版。
木村亀二：《刑法概论 総論》，阿部纯二增补，東京：劲草书房 1974 年版。
木村光江：《刑法》，東京：東京大学出版会 2010 年版。
牧野英一：《刑法総論》（上册），東京：有斐閣 2001 年版。
平野龍一：《刑法総論Ⅱ》，東京：有斐閣 1975 年版。
平野龍一：《刑法概説》，東京：東京大学出版会 1977 年版。
前田雅英：《現代社會と實質的犯罪論》，東京：東京大学出版会 1994 年版。
浅田和茂：《刑法総論》，東京：成文堂 2007 年版。
山口厚：《刑法各論》，東京：有斐閣 2005 年版。
山中敬一：《刑法総論》，東京：成文堂 2008 年版。
団藤重光：《刑法纲要総論》，東京：創文社 1990 年版。

団藤重光：《法学の基礎》，東京：有斐閣 1996 年版。
藤木英雄：《刑法講義総論》，東京：弘文堂 1975 年版。
香川达夫：《刑法総論講义》，東京：成文堂 1995 年版。
西田典之：《刑法総論》，東京：弘文堂 2010 年版。
塩見淳：《刑法の道しるべ》，東京：有斐閣 2015 年版。
中野次雄：《刑法総論概要》，東京：成文堂 1992 年版。
中山研一：《口述刑法総論》，東京：成文堂 2007 年版。
佐伯千仞：《刑法講义 総論》，東京：有斐閣 1984 年版。
佐久間修：《刑法総論》，東京：成文堂 2009 年版。
曾根威彦：《刑法の重要問題 総論》，東京：成文堂 2005 年版。
照沼亮介：《体系的共犯論と刑事不法論》，東京：弘文堂 2005 年版。

四　中文论文

柏浪涛：《加重构成与量刑规则的实质区分——兼与张明楷教授商榷》，《法律科学》（西北政法大学学报）2016 年第 6 期。

陈兴良：《共同正犯：承继性与重合性——高海明绑架、郭永杭非法拘禁案的法理分析》，载陈兴良主编《刑事法评论》（第 21 卷），北京大学出版社 2007 年版。

陈兴良：《共犯论：二元制与单一制的比较》，载中国人民大学刑事法律科学研究中心编《刑事法热点问题的国际视野》，北京大学出版社 2010 年版。

陈家林：《继承的共同正犯研究》，《河北法学》2005 年第 1 期。

陈家林：《试论正犯的两个问题》，《现代法学》2005 年第 2 期。

陈洪兵：《一个案例的共犯论展开》，《内蒙古社会科学》（汉文版）2007 年第 6 期。

陈洪兵、周春荣：《事后抢劫的共犯论展开——以日本承继共犯及共犯与身份相关理论为视角》，《山西警官高等专科学校学报》2008 年第 1 期。

陈洪兵:《承继共犯否定论:从因果共犯论视角的论证》,载陈兴良主编《刑事法评论》(第 25 卷),北京大学出版社 2009 年版。

陈洪兵:《共同正犯"部分实行全部责任"的法理及适用》,《北方法学》2015 年第 3 期。

陈洪兵:《我国未规定共同正犯不是立法疏漏》,《东南大学学报》(哲学社会科学版)2011 年第 1 期。

陈晨:《承继共同正犯的责任范围》,《国家检察官学院学报》2015 年第 4 期。

蔡桂生:《论帮助犯的要件及其归属》,载《北大法律评论》(16 卷第 2 辑),北京大学出版社 2015 年版。

程红:《论实行行为终了的判断与中止行为类型的划分》,《云南大学学报》(法学版)2007 年第 4 期。

程红、吴荣富:《论承继共犯的范围——对日本最高裁判所平成 24 年 11 月 6 日判决的思考》,载程波主编《湘江法律评论》(第 14 卷),湘潭大学出版社 2016 年版。

程红、王永浩:《论聚众扰乱社会秩序罪中定量要素的认定——以对判决书的实证分析为切入点》,《广西大学学报》(哲学社会科学版)2019 年第 3 期。

戴波、江溯:《承继的共同正犯研究——以日本的判例和学说为中心的考察》,载陈兴良主编《刑事法评论》(第 14 卷),北京大学出版社 2004 年版。

段琦、黎宏:《过失共同正犯不必提倡》,《人民检察》2014 年第 7 期。

方军:《共谋共同正犯否定论》,《政治与法律》2015 年第 5 期。

高颖文:《绑架罪中仅参与提出不法要求之行为人的共犯性质认定——兼论短缩的二行为犯中共犯的承继性》,载江溯主编《刑事法评论》(第 41 卷),北京大学出版社 2018 年版。

侯国云:《论继承性共犯》,《政法论坛》2006 年第 3 期。

黄惠婷:《掳人勒赎罪》,《月旦法学杂志》2008 年第 8 期。

黄明儒、王振华：《我国犯罪参与体系归属单一制的立法依据论》，《法学杂志》2017 年第 12 期。

黄明儒：《二元的形式单一正犯体系之提倡——犯罪参与体系问题二元论研究的新思考》，《法学》2019 年第 7 期。

何庆仁：《我国共犯理论的合法性危机及其克服》，载陈泽宪主编《刑事法前沿》（第 6 卷），中国人民公安大学出版社 2012 年版。

何庆仁：《共犯论中的直接—间接模式之批判——兼及共犯论的方法论基础》，《法律科学》（西北政法大学学报）2014 年第 5 期。

何庆仁：《归责视野下共同犯罪的区分制与单一制》，《法学研究》2016 年第 3 期。

何庆仁：《共同犯罪归责基础的规范理解》，《中外法学》2020 年第 2 期。

何庆仁：《区分制与单一制：中国刑法的立场与抉择》，《中国社会科学院研究生院学报》2020 年第 4 期。

胡东飞：《过失共同正犯否定论》，《当代法学》2016 年第 1 期。

简筱昊：《论实行行为的规范限缩》，《中南大学学报》（社会科学版）2019 年第 1 期。

金光旭：《日本刑法中的实行行为》，《中外法学》2008 年第 2 期。

柯耀晨：《共同正犯形成之判断——兼评刑法修正后之适用与释字第 109 号之重新诠释》，《东海大学法学研究》2006 年第 2 期。

刘明祥：《主犯正犯化质疑》，《法学研究》2013 年第 5 期。

刘明祥：《论中国特色的犯罪参与体系》，《中国法学》2013 年第 6 期。

刘明祥：《再论我国刑法采取的犯罪参与体系》，《法学评论》2021 年第 4 期。

刘艳红：《实质的犯罪论体系之提倡》，《政法论坛》2010 年第 4 期。

刘艳红：《实质刑法的体系化思考》，《法学评论》2014 年第 4 期。

刘艳红：《论正犯理论的客观实质化》，《中国法学》2011 年第 4 期。

刘宪权、张娅娅：《承继共犯的刑事责任探讨》，《政治与法律》

2010 年第 2 期。

刘洪：《我国刑法共犯参与体系性质探讨——从统一正犯视野》，《政法学刊》2007 年第 4 期。

林亚刚：《共同正犯相关问题研究》，《法律科学》（西北政法学院学报）2000 年第 2 期。

林亚刚、何荣功：《论承继共同正犯的法律性质及刑事责任》，《法学家》2002 年第 4 期。

林钰雄、王士凡：《实务法学：刑法类》，《月旦裁判时报》2017 年第 3 期。

李冠煜：《结合犯的加重根据和本质新论》，《甘肃政法学院学报》2011 年第 5 期。

李强：《片面共犯肯定论的语义解释根据》，《法律科学》（西北政法大学学报）2016 年第 2 期。

吕翰岳：《实行行为概念之解构》，载《北大法律评论》（17 卷第 2 辑），北京大学出版社 2016 年版。

娄永涛、王天奇：《事后抢劫罪的教义学检讨》，《政法学刊》2017 年第 5 期。

罗世龙：《片面共同正犯否定论的证成》，《荆楚法学》2022 年第 2 期。

马克昌：《共同犯罪理论中若干争议问题》，《华中科技大学学报》（社会科学版）2004 年第 1 期。

马荣春：《承继共犯的成立：肯定说的新生》，《东方法学》2015 年第 5 期。

马荣春、王腾：《罪过共同说之提倡及其运用》，《中国人民公安大学学报》（社会科学版）2017 年第 3 期。

毛海利：《"修正的共犯二重性说"之提倡》，《法学论坛》2016 年第 2 期。

聂立泽：《承继共犯研究》，《云南大学学报》（法学版）2004 年第 3 期。

倪业群：《承继共犯罪责论》，《山东警察学院学报》2007 年第 2 期。

齐文远、苏彩霞：《犯罪构成符合性判断的价值属性辩正》，《法律科学》（西北政法大学学报）2008 年第 1 期。

齐文远、苏彩霞：《刑法中的类型思维之提倡》，《法律科学》（西北政法大学学报）2010 年第 1 期。

钱叶六：《双层区分制下正犯与共犯的区分》，《法学研究》2012 年第 1 期。

钱叶六：《共犯的实行从属性说之提倡》，《法学》2012 年第 11 期。

钱叶六：《中国犯罪参与体系的性质及其特色——一个比较法的分析》，《法律科学》（西北政法大学学报）2013 年第 6 期。

任海涛：《承继帮助犯研究》，《中国刑事法杂志》2008 年第 2 期。

任海涛：《承继共同正犯研究——以复合行为犯为视角》，载陈兴良主编《刑事法评论》（第 22 卷），北京大学出版社 2008 年版。

盛辉、陈卓见、胡兴汇：《承继的帮助犯之责任范围》，《人民司法》2012 年第 22 期。

童德华：《正犯的基本问题》，《中国法学》2004 年第 4 期。

谭堃：《单一制正犯体系之质疑——兼论我国犯罪参与体系的归属》，《法治研究》2013 年第 2 期。

伍柳村：《试论教唆犯的二重性》，《法学研究》1982 年第 1 期。

王彦强：《区分加重构成与量刑规则——罪量加重构成概念之提倡》，《现代法学》2013 年第 3 期。

王华伟：《犯罪参与模式之比较研究——从分立走向融合》，《法学论坛》2017 年第 6 期。

王钢：《被害人自治视阈下的承诺有效性——兼论三角关系中的判断》，《政法论丛》2019 年第 5 期。

王志远：《德日共犯制度实践思维当中的"主体间"与"单方化"——我国共犯制度思维合理性的域外视角审视》，《法律科学》（西北政法大学学报）2013 年第 6 期。

王莉君：《实行行为结构模式分析》，《法学杂志》2010 年第 12 期。

王昭武：《论共谋的射程》，《中外法学》2013年第1期。

武晓雯：《间接正犯概念的必要性——对基于区分制正犯体系的否定说之回应》，《清华法学》2019年第3期。

吴飞飞：《纯正身份犯的共同正犯论》，载赵秉志主编《刑法论丛》（第24卷），法律出版社2010年版。

肖中华：《片面共犯与间接正犯观念之破与立》，《云南法学》2000年第3期。

徐万龙：《不作为犯中支配理论的法教义学批判》，《现代法学》2019年第3期。

萧宏宜：《共同正犯的概念内涵与实务发展》，《法令月刊》2014年第2期。

薛智仁：《相续共同正犯概念之商榷》，《月旦刑事法评论》2016年第1期。

谢开平：《相续共同正犯应否对加入之前行为负责——评"最高法院"2009年台上字第四二零三号刑事判决》，《月旦裁判时报》2010年第2期。

阎二鹏：《帮助犯因果关系：反思性检讨与教义学重塑》，《政治与法律》2019年第2期。

杨金彪：《分工分类与作用分类的同一——重新划分共犯类型的尝试》，《环球法律评论》2010年第4期。

姚培培：《承继共犯论的展开》，载陈兴良主编《刑事法评论》（第40卷），北京大学出版社2017年版。

姚培培：《共犯本质论重述 行为共同说的本土化证成》，《中外法学》2022年第6期。

于志刚：《关于数额犯未遂问题的反思》，载赵秉志主编《刑法论丛》（第21卷），法律出版社2010年版。

杨金彪：《共犯的处罚根据论——以引起说内部的理论对立为中心》，载陈兴良主编《刑事法评论》（第19卷），北京大学出版社2006年版。

袁国何：《功能单一正犯体系的理论脉络及其检讨》，《中外法学》2019年第1期。

朱艺楠：《承继共同正犯中间说的肯定说之提倡——引入支配犯与义务犯的概念》，载江溯主编《刑事法评论》（第41卷），北京大学出版社2018年版。

朱章程、黄书建：《承继共犯后继帮助取款行为的定性》，《人民司法·案例》2007年第10期。

钊作俊、王燕玲：《承继共同正犯：意义、类别与学说对立》，《法律科学》（西北政法大学学报）2008年第2期。

钊作俊、王燕玲：《承继共同正犯研究》，载赵秉志主编《刑法论丛》（第13卷），法律出版社2008年版。

赵秉志、魏东：《论教唆犯的未遂——兼议新刑法第29条第2款》，《法学家》1999年第3期。

郑泽善：《论承继共犯》，《法治研究》2014年第5期。

郑泽善：《片面共犯部分否定说证成》，《政治与法律》2013年第9期。

郑泽善：《论过失共同正犯》，《政治与法律》2014年第11期。

郑泽善：《转化型抢劫罪新探》，《当代法学》2013年第2期。

周光权：《行为无价值论与犯罪事实支配说》，《法学》2015年第4期。

周光权：《"被教唆的人没有犯被教唆的罪"之理解——兼与刘明祥教授商榷》，《法学研究》2013年第4期。

周光权：《论中国刑法教义学研究自主性的提升》，《政治与法律》2019年第8期。

周啸天：《义务犯理论的反思与批判》，《法学家》2016年第1期。

周啸天：《事后抢劫罪共犯认定新解——从形式化的理论对立到实质化的判断标准》，《政治与法律》2014年第3期。

周啸天：《正犯与主犯关系辨正》，《法学》2016年第6期。

周建达：《承继共犯比较研究》，载赵秉志主编《刑法论丛》（第25

卷），法律出版社 2011 年版。

周铭川：《承继的共同正犯研究》，《环球法律评论》2008 年第 5 期。

张伟：《我国犯罪参与体系下正犯概念不宜实质化——基于中、日、德刑法的比较研究》，《中国刑事法杂志》2013 年第 10 期。

张伟：《帮助犯概念与范畴的现代展开》，《现代法学》2012 年第 4 期。

张伟：《限制的正犯概念与二元犯罪参与体系批判》，《比较法研究》2019 年第 5 期。

张开骏：《共谋共同正犯理论的反思》，《中国法学》2018 年第 6 期。

张开骏：《共犯限制从属性说之提倡——以共犯处罚根据和共犯本质为切入点》，《法律科学》（西北政法大学学报）2015 年第 5 期。

张开骏：《区分制犯罪参与体系与"规范的形式客观说"正犯标准》，《法学家》2013 年第 4 期。

张明楷：《共同过失与共同犯罪》，《吉林大学社会科学学报》2003 年第 2 期。

张明楷：《共犯的本质——"共同"的含义》，《政治与法律》2017 年第 4 期。

张明楷：《加重构成与量刑规则的区分》，《清华法学》2011 年第 1 期。

张明楷：《共同犯罪的认定方法》，《法学研究》2014 年第 3 期。

张明楷：《行为无价值论的疑问——兼与周光权教授商榷》，《中国社会科学》2009 年第 1 期。

张明楷：《事后抢劫的共犯》，《政法论坛》2008 年第 1 期。

张明楷：《财产性利益是诈骗罪的对象》，《法律科学》（西北政法学院学报）2005 年第 3 期。

张明楷：《论教唆犯的性质》，载陈兴良主编《刑事法评论》（第 21 卷），北京大学出版社 2007 年版。

张淼、杨佩正：《承继犯研究》，载吴振兴主编《犯罪形态研究精要》，法律出版社 2005 年版。

五　中文译文

［日］大谷实：《日本刑法中正犯与共犯的区别——与中国刑法中的"共同犯罪"相比照》，王昭武译，《法学评论》2002 年第 6 期。

［日］泷川幸辰：《犯罪论序说》（下），王泰译，载高铭暄、赵秉志主编《刑法论丛》（第 4 卷），法律出版社 2000 年版。

［日］井田良：《相续的共同正犯随笔》，黄士轩译，《月旦法学杂志》2018 年第 7 期。

［日］桥爪隆：《论实行行为的意义》，王昭武译，《苏州大学学报》（法学版）2018 年第 2 期。

［日］桥爪隆：《论承继的共犯》，王昭武译，《法律科学》（西北政法大学学报）2018 年第 2 期。

［日］桥爪隆：《共谋的意义》，王昭武译，《苏州大学学报》（法学版）2016 年第 3 期。

［日］山口厚：《承继的共犯理论之新发展》，王昭武译，《法学》2017 年第 3 期。

［日］十河太郎：《相续的共犯之考察》，王昭武译，《月旦法学杂志》2016 年第 3 期。

［日］西田典之：《日本共犯论的基本问题——以相续的共犯与共犯关系的脱离为中心》，王昭武译，《月旦法学杂志》2013 年第 8 期。

［日］松宫孝明：《结果反（无）价值论》，张小宁译，《法学》2013 年第 7 期。

［德］克劳斯·罗克辛：《正犯与犯罪事实支配理论》，劳东燕译，载陈兴良主编《刑事法评论》（第 25 卷），北京大学出版社 2009 年版。

［德］普珀：《反思过失共同正犯》，王鹏翔译，《东吴法律学报》

2006 年第 3 期。

六　外文论文

島田聡一郎:《事後強盗の共犯》,《現代刑事法》44 巻 12 号（2002 年）。

岡野光雄:《承継的共同正犯》,《研修》425 号（1983 年）。

髙橋則夫:《正犯・共犯類型と共謀共同正犯の規範論的基礎づけ》,《早稲田法学》78 巻 3 号（2003 年）。

宮﨑万壽夫:《承継的共犯論の新展開》,《青山法務研究論集》7 号（2013 年）。

井田良:《いわゆる参与形式三分法（共同正犯・教唆犯・幇助犯）をぬぐって》,《研修》784 号（2013 年）。

金尚均:《承継的共同正犯における因果性》,《立命館法学》310 巻 6 号（2006 年）。

今井康介:《承継的共同正犯について》,《早稲田法学》89 巻 2 号（2014 年）。

林幹人:《承継的共犯について》,《立教法学》97 号（2018 年）。

橋爪隆:《特殊詐欺の"受け子"の罪責について》,《研修》827 号（2017 年）。

斉藤誠二:《承継的共同正犯をめぐて》,《筑波法政》8 号（1985 年）。

松宮孝明:《"承継的"共犯について—最決平成 24 年 11 月 6 日刑集 66 巻 11 号 1281 頁を素材に》,《立命館法学》352 巻 6 号（2013 年）。

松原芳博:《詐欺罪と承継的共犯：送付型特殊詐欺事案における受け子の罪責をめぐて》,《法曹時報》70 巻 9 号（2018 年）。

山本和昭:《強盗の共謀時期と強盗致傷罪の承継的共同正犯の成立範囲》,《専修ロージャーナル》9 号（2013 年）。

山口厚:《インターネヅト上の名誉毀損罪における犯罪の終了

時期》,《平成 17 年度重要判例解説・臨時増刊》1313 号（2006 年）。

尾棹司：《わが国における承継的共犯論について》,《法学研究論集》48 号（2018 年）。

尾棹司：《だまされたふり作戦と詐欺罪の承継的共同正犯の成否について―高裁第三小法庭決定平成 29 年 12 月 11 日を素材として》,《法学研究論集》48 号（2018 年）。

丸山雅夫：《連鎖的共犯の可罰性と成立範囲》,《南山法学》40 巻 1 号（2016 年）。

小野清一郎：《強盗殺人における殺人後奪取のみに対する加功》,《刑事判例評釈集》（第 1 巻），東京：有斐閣 1941 年版。

小島秀夫：《いわゆる承継的共犯の規範論的考察》,《大東法学》63 号（2014 年）。

小島秀夫：《正犯者概念と幇助構成要件》,《法学研究論集》29 号（2008 年）。

小島秀夫：《共同正犯と幇助犯の区別基準――故意の再評価》,《法学研究論集》33 号（2010 年）。

下地謙史：《だまされたふり作戦事案における受け子の罪責について：未遂犯論と承継的共犯論の交錯》,《慶應法学》41 号（2018 年）。

小林充：《共同正犯と狭義の共犯の区別》,《法曹時報》51 巻 8 号（1999 年）。

佐久間修：《共犯の因果性について――承継的共犯と共犯関係の解消》,《法学新報》11＝12 号（2015 年）。

佐伯仁志：《犯罪の終了時期について》,《研修》556 号（1994 年）。

高橋直哉：《承継的共犯論の帰趨》，載川端博、浅田和茂、山口厚、井田良編《理論刑法学の探求 9》，東京：成文堂 2016 年版。

山本雅子：《承継的共同正犯論》，載甲斐克則《立石二六先生古稀祝贺論文集》,東京:成文堂 2010 年版。

七 学位论文

王明辉:《复行为犯研究》,博士学位论文,吉林大学,2006 年。

索　引

半实质化正犯概念 218

帮助犯 6-9，11，15，18，20，25，26，64，65，67，73，74，76－81，83，85，86，91，97，98，103，110，112，114，138，142，147，150，154，156－158，164，171，173－209，211，212，214，216，217，220，222－224，226，228－230，232，239，241，242，245，246，248

包容一罪 87，91，93

不法结构 6－8，65，87，92，156，170，217，218，220，232，235，241－243，245，246，248，249

不法内容因果说 156

不作为犯说 151

部分犯罪共同说 104-110，118，120，122，124，164，170，171，221

部分实行，全部责任 5，15，42，61，62，96，97，99，100，102，103，106－109，124，129，159－161，165，181，247

裁判规则 6，15，17，19，21，23，25－27，29，31，33，35，37，39，41，43，45，47，49，51，53，55，57，59，61，63，65

参与类型 7，79，93，137，156，174，181，186，190，192，199，201，203，205，207，209，210，212－214，216，218，223，224，238，245，247，248

承继（的）帮助犯 1，9，10，12，13，49，66，76，77，79-81，83，92，93，136，154，

索　引

173，189-205，220，222，223，225，238，246-248

承继（的）共同正犯 1-4，8-10，12-14，20-23，27，28，31，33，35-39，60，62，66，68-70，74，75，77，79-81，83，91-94，126-134，136，144，145，147-152，154，156-158，160-164，170-173，189-193，196-200，204，205，220，222，225，235，245-247

承继共犯 1，4-35，37-41，43，45，47-53，55，57，59，61-67，69-71，73-79，81-83，85-93，108，127，129，132-137，143，144，148-151，155-161，163，173，175，176，190，191，193-199，205，207，209，211，213，215，217，219-227，229-231，233-237，239-245，247，249

处罚根据 5，14，15，38，94，95，97-103，109，118，120，121，137，144，145，154，161，173-175，177，178，180，183，196，198-201

纯粹惹起说 175，203

次要的实行犯 211，217-219，238，245，248

从犯 2，7，18，19，42，43，46，48，49，56，57，63-65，86，112，113，121，125，157，162，170，172，192，196，205，208-219，224，227，228，232，233，235，238，239，241，242，245，246，248

从属性说 173-175，178，179，181-183，186

单纯一罪 9，26，31，85，87，88，91，93，126，127，192

单行为犯 63，70，77，83，85，93，220，221，225

单一犯 48，49，69，84，92，147-150

单一正犯体系 7，110，206，209-212

盗窃罪 10，21，22，24，29，30，45-47，52，53，63，64，67，72，73，75，78，90，91，132，136，138，155，169，194，197，200，219，223，225，229，231，233，236-239，249

独立性说 173，175，178-181，

203

二重性说 178，180，181，203

犯罪共同说 91，102-110，118，120，126，129－132，134，188，190，193，195

犯罪既遂 6，8，15，63，66－69，72，73，92，186

犯罪终了 6，15，63，67，69－73，92，237

非法拘禁罪 43，72，78，86－88，148，225-227，249

分工分类 7，206，208，211－213，218，245，248

复合犯 48，49，70，84，147-150，163

复行为犯 63，77，83，85，86，90－93，130，143，220，221，224，230，234

共犯 1，2，4-32，34-36，38－40，42-50，52-56，58，60-74，76－86，88－106，108－132，134－142，144－152，154－164，166－172，174－190，192－196，198－204，206－220，222，224－226，228，230，232－236，238－246，248，249

共犯性 15，95－98，101，102，109，116，117，141，145，146，156，162，166，170，171，178，179，228，247

共谋 3，4，15，21，24－34，36-39，42-45，47，64，67，73，78，80，88，92，96，100，102，103，106－109，120，121，124，131，151，152，156，161－163，166，167，169-172，205

共谋共同正犯 96，112，121－123，125，156，213

共同犯罪 2，5，11，12，14，26，32，41，42，45－50，56，57，60，64，76－78，81，83，97，100，101，104－110，117，118，122，124－126，129，130，133，134，139，149，160，164，170，171，174，176，178－180，186，192，195，202，203，206－216，239，244，245，248

共同实行 1，17，19，61，74，75，81，91，95，96，99，100，105，109，114，118－124，128，131－133，136，138，144，149，162，165，171，190，191，207，208，219，221，234，238

共同实行的意思 1，90，98，100，106，107，118－120，128，132，135，138，140，221

共同意思主体说 6，98－100，102，109，110，120，121，130，188，192，193

共同正犯 3，5－11，13－15，17－19，22－39，59－62，64－70，74，75，79－81，83，84，86，91，94－149，151－167，169－173，175，178，181，187－201，203－208，213，215，220－222，224－231，233－236，238，241－243，245－248

构成要件 6，11，15，17－20，22，46，49，52，53，61，63，67，70－73，75，76，78，80，81，83，84，87，90，92，96，98，101－109，111，112，114－118，120－122，124－130，133－138，141，143，145－149，153－158，163，164，166－180，182，183，185－187，191－194，196－203，205，207，208，210－220，222，224，227，228，230，233，235，237，238，240，242－248

构成要件评价承继说 15，164，166

构成要件行为 20，47，49，56，60，64，66，76，80，92，93，95，106－108，112，113，115，121，124，130，141，158，168，178，180，182，213，217－219，221，222，228，231，232，235，244，245，248，249

故意伤害罪 4，36－38，42，50－52，63，78，80，86，104，220，225，226，236，237，249

归责区分制 7，212，214，215，245

过失的共同正犯 110，119，120，165

混合惹起说 174－178，180，183，198，200，201，203

机能的行为支配说 95，97，99，101，109，116

积极利用说 9，139，140，143，144，149

继续犯 8，28，60，68，70-73，78，87，88，148，163，204，226－228

加重构成 15，133，141，149，

167-170, 201, 202, 204, 205, 224, 232, 238, 247, 248

间接正犯 96, 109, 112-114, 116, 121, 125, 162, 175, 178, 188, 213, 218

教唆犯 74, 79, 81-83, 93, 97, 98, 103, 125, 147, 157, 158, 170, 174, 175, 179-182, 184, 187, 189, 192, 196, 206, 207, 209, 212, 214, 216, 217, 225, 245, 247, 248

结果促进说 183, 184, 187, 199, 203, 220, 224

结果加重犯 4, 26, 27, 29, 30, 34, 44, 55, 56, 87, 88, 110, 127, 140, 143, 150, 167, 192-194, 227, 230, 247

科刑一罪 89, 91

量刑规则 15, 141, 168, 169, 172, 201, 202, 204, 238, 239

片面的帮助犯 188, 189, 223

片面的共同正犯 95, 108, 118-120

抢劫罪 1, 2, 18, 19, 24, 43-45, 56-58, 63, 64, 71, 75, 77, 78, 80, 84, 91, 126, 136, 137, 140, 142, 143, 148-150, 152, 163, 167, 178, 190, 191, 194, 197, 198, 202, 219, 221, 225, 227, 230-237, 243, 249

区分制 7, 15, 110, 175, 206-208, 211-218, 245, 248, 249

实质的客观说 112-114, 117, 121, 213

事后故意 29, 131, 133-135, 158, 193

事后抢劫 84, 137, 230, 233-235, 237

双层区分制 7, 113, 206, 209, 212-214, 245

狭义共犯 5, 65, 66, 76, 94, 98, 103, 105, 110-112, 116, 154, 156, 174, 175, 178-182, 190, 195, 196, 198, 203, 207, 208, 211, 213, 214, 224

限制从属性说 174, 176, 180-183, 203

相互利用、相互补充 15, 102, 103, 121, 122, 125, 139, 140, 171, 181, 223

相互性行为归属 101，102，129，156，164，165，221，247

效果持续说 9，11，12，142－146，161，165－167，170，171，191，198，205，220，221，224

行为共同说 6，13，91，103，105－110，118－120，126，131，150，164，176，194－196，236，241

行为价值共同说 158，159

行为性质 5－7，15，41，57，60，89，150，151，166，167，172，195，198，202，204，205，207，230

形式的客观说 95，111－114，121，208，213，218，249

修正惹起说 175，176，194

义务犯 13，14，86，116，161，162，225

意思联络 6，19，23，26，27，31，46，63，69，99－102，105－109，118，119，121－125，128，129，131，149，163，164，166，170，171，183，188，189，193，195，200，203，221－223，233，237，240，247

因果共犯论 4，10，13－15，38－40，52，55，58，62－64，98，129，131，135－137，141，142，144，145，147，150－157，161，174，175，182－184，188，191，195，196，198，201，202，224，226，227，236，240

因果缓和说 153，165，166，170，171，199，205，220－222，224

责任范围 3，5－8，15，24，32，44，49，66，74，77，78，80，85，90，93，136，144，149－151，167，201，220，224，226，247，249

责任主义 3，6，23，36，63，64，99，110，136，169，202

诈骗罪 10，47，48，53，63，67，68，78，86，91，129，136－138，140，142，150，152－155，169，191，197，201，222，225，233，236，239－244，249

正犯性 15，39，62，95，97，98，101，102，109，112，114，116，117，125，141，145－147，149，162，170，171，247

支配犯 13，14，86，132，161，

162，225

重要作用说 113-117，171，217

主犯 7，41，43，46，48-50，63，64，86，97，112，117，125，146，162，170，172，205，208-219，224，225，235，236，238，241-243，245，246，248

主犯正犯化 208，216-218，245

主要的实行犯 217-219，232，235，245，248

作用分类 7，97，206，208，211-213，218，245，248

后　　记

定稿之前，多次设想过如何写好后记，当我真正坐到桌前时，却百感交集、思绪杂乱，竟不知从何写起。且就逸脱法律的理性思维，信笔写些片段吧，算作是对一些人、一些事、一些时光的记录和感念。

一　走过的路

我出生在黄土高原吕梁山腹地一个不大不小的村庄，这里曾是国家级连片特困地区，落后、封闭和停滞是我年少时对家乡的印象。父亲扬鞭翻起爷爷犁过的土地，母亲操持着外婆从事过的家务，日复一日、一辈复一辈。在我幼小的记忆中，村庄十年也不曾发生大的变化，父亲这位乡邻口中的"能人"偶尔的讲述构成我童年时对外面世界的初步认识，省城的高楼、穿梭于城市的火车……而真正激发起我对外界的兴趣，则源于一次叛逆的经历。八岁时，我和哥哥在父母不知情的情况下，搭乘邻居家卖菜的农用三轮车，去往尖山铁矿区，那个回程的夜晚，我第一次见到了明亮的路灯和闪烁的霓虹灯，仰面躺在车厢里真像"少年派的奇幻漂流"。当然，父母焦急地找了一整天，加上当天还是哥哥的生日，回家后我们被母亲狠狠地教训了一顿。也正是从那时起，我萌生了走出大山去到更大世界的想法。目不识丁的母亲总是告诉我，要想改变命运，只有好好读书这一条路。后来，我的表哥、表姐在同一年双双考上大学，县里、乡里来了好几辆小汽车送奖学金、大红花，那一次我目睹了读书的"风光"。

那时,村里的小学同一位教师讲两三门课程是再正常不过的事情,由于教师待遇不好,老师也时常更换。整个小学阶段,我都是懂事、成绩好的"别人家的孩子",在小考时却发挥失常,差县初中录取分数线2分。因为父亲做小生意亏损,家里甚至拿不出1500元的择校费,我不得不去乡镇初中就读。乡镇中学距家十余里路,每周回家一次,很多时候为了省钱,我和几个小伙伴都是步行往返的。至今想起来,初中给我的印象就是"艰苦"。铺着7床褥子的大通铺要睡十四五个学生,晚自习结束后稍晚十来分钟回到宿舍,床上早已无"立锥之地",在使劲拱出一条缝隙的瞬间,便要趁势占领。拥挤也是有好处的,北方寒冷又漫长的冬季,我们可以相互取暖。吃不饱伴随了整整三年的初中生活,饭菜不仅不好吃、时常夹生,而且量也不够,遇上每周四大家最喜欢吃的米饭、烩土豆,行动稍慢些,就粒米不剩、汤汁见底,也因此造就了我狼吞虎咽般的吃饭速度。仍然记得,初三年级时,国家第一次发放"两免一补"费用,我和同学买了很多平时舍不得吃的零食,坐在学校外的河堤上尽情享用,不觉竟然吃到肚子胀痛,难以起身。即便在假期,也常要同父母一起下地干活或者到山上挖树坑挣钱,炎炎烈日下,最美的事就是喝一碗水靠在地垄的阴凉处睡个午觉。

初中毕业后,我考入县高中实验班,哥哥当时正读高三,父母遂搬到县城租房陪读。或许是长大后更加懂事了,又或许是常在父母左右,我更加明白了他们的辛劳。我们租住在一间狭小的房屋,炕头紧挨着门,放学回家必须先上炕,地上空间才够母亲一个人忙碌回旋。为了省下房租,母亲主动提出冬季为房东家烧锅炉,很多个凛冬的深夜,我看到母亲冒着气儿的身影,一阵忙碌后又蹑手蹑脚躺回到炕的边缘。父亲则在县城打零工,过重的苦力使他更加瘦削,也更显苍老,仿佛肃杀秋风吹过的枯藤老树。就这样寒夹暑往,我们一家人也数次搬迁,只为租住更加廉价实惠的房屋。后来,我考上大学、考上硕士研究生再到考取博士研究生,家里的境况尽管一直算不上景气，但好在家庭和睦、充满希望。离开故乡求学的十年，每次打电话父母亲总是反复叮嘱"不管好赖，先吃饱"。这期间，我也找各种机会勤工俭学，到培训机构讲课，甚至在工地当搬运工，在饭店端盘子刷碗，只为减轻父母肩上的负担。一次在工地干活，不小心踩中一枚生锈的铁钉，钉子生生刺进脚后跟近一寸深，钻心的疼痛，到现在想起来都忍不住龇牙。为了省钱，更为了不耽误挣钱，我没有去医院打破伤风疫苗，而是听从经验丰富的工友的建议，用木板使劲敲击伤口处放血治疗。读研时，为了在法考培训机构挣取生活费，几乎每个酷热的暑假我都不回家。骄傲的是，经历过武汉的暑热，我的抗热能力得到了大幅提升。

从农民的儿子到获得博士学位，再到成为一名大学教师，这条路的每一步都很不容易。但是，人很多时候就是靠着希望和相信的力量，咬着牙蹒跚前进的。正如父亲曾说的那样，"只要往前看，就有希望"。我们大部分人不都是这样嘛！

二 遇到的老师

一路走来，我得到了很多人的关心、帮助和指导，有的人给予我刹那的温暖，有的人则深深影响了我人生道路的走向，而老师是不一样的存在。给我启蒙的王金爱、尹三巴老师，初中时多次照顾生病的我的李靖才、蔡瑞芳老师，为我无偿补习英语的大军老师，总是督促敲打我的高中班主任郝艳华老师，一身正气的本科班主任高子华老师……这其中，导师程红教授在我人生路上占据着特殊的位置。

于我而言，程红老师是良师，更是益友和最亲的人。学业上，程老师耳提面命，在中南刑法学科以"严师"闻名。犹记得研一入学不久，我在程老师课堂上对期待可能性理论发表了一段"荒唐言"，为顾及我的颜面，程老师在课堂上只是点出了知识误区。课后，程老师在办公室对我进行了"约谈"，不仅系统地解释了有关理论，而且对我为学态度、行事方式进行了严肃教育。当时耳根子发烫的感觉和凝重的气氛，到今天依然记忆犹新。这件事之后，凡遇不熟悉的问题，我必遍查文献、小心求证，更不再轻易妄言。入学时，程老师会指定一份必读书单，同时启动常态化和非常态化的监督指导，最让我们紧张的就是非常态化的考察。与程老师漫步校园路上，围坐办公室笑谈时，随时可能发起案例或者理论讨论的"突袭"。在我们语塞时，程老师便双目充满期待和惊讶盯着学生，安静的空气中，只听得一声"不会吧，你连这个都没搞清"。随后，要么继续点名高年级的同门回答，要么循循善诱地进行引导，然后进行评价。论文是常态化考察的形式之一，不过名为考察，实际上每一篇文章都凝聚着程老师的心血，作为本书基础的同名博士学位论文的开题报告、初稿、各修改稿上，到处是程老师工整有力的"朱批"。

程老师不仅是业师，亦是人师。作为刑法学者，研究真问题、讲真话；作为教师，躬行垂范教导学生为人要真诚坦荡，对家庭、对事业要负责有担当。常记得老师总是教导我们，"在该拼的年纪，要能豁得出去"，也要"在该坦然的时候，适当与自己及周遭和解"，"事情要么不做，要做就做好"。程老师的这些谆谆教诲，足够我参悟，更令我受益无穷。

生活中，程老师更是知心的朋友和可亲可敬的亲人。硕士和博士期间，我曾担任程老师的助教与助研，这样就有更多机会与她接触、交流。同处办公室或校园漫步时，程老师会像朋友那样与我天马行空地聊到时事与历史、奇闻或趣谈以及生活和家庭。在发现我生性纠结后，程老师总是针对性地给我锻炼的机会，在考博等很多大小事上鼓励我"放手去做"。今天，在面对问题时，我已经变得更加勇敢、果断，更能放开手脚了。而这要"客观归属"于程老师的"知人"与"善教"。在校上学时，遇上天气变化，程老师会嘱咐我添衣加裳，碰到感冒生病，还会带药给我，见我手头拮据，程老师就以我能接受的方式给予经济帮助。当初程老师资助购买的手机，经过近 7 年的使用，已经有了明显的卡顿、磨损，但依旧是我小心翼翼呵护的珍藏。毕业后，许多时候考虑到老师忙碌和健康状况，我总是拿起电话又放下，编辑好信息又删除，但程老师却始终关心我的学术成长、工作和生活，总是在关键的时候给予扶持、开导与鼓励。2022年，父亲住院手术时，程老师几次打电话关心父亲的病情，并耐心安慰、鼓励深陷情绪低谷的我。而那段时间，她的身体状况也非常不好。说是老师，又何止于老师！每次想到程老师日渐消瘦的身体，总忍不住眼眶泛红，也常愧疚不能为老师分忧解难。

武汉大学的陈家林教授与程老师是令人羡慕的学术伉俪，得益于这层关系，我个人的成长和发展也得到了陈老师的许多关心和帮助。对陈老师，我心存深深的敬意和感激之情！

师恩浩荡，难以为报。唯愿永怀感恩之心，以我的老师为榜样，脚踏实地、敬业奉献。

三 言不尽的感谢

在博士学位论文的开题阶段，我得到了夏勇教授、童德华教授、康均心教授和王良顺教授的悉心指导；预答辩前，杨柳老师、王复春老师、张正宇老师给出了很多建设性的意见和建议；答辩过程中，武汉大学的莫洪宪教授和林亚刚教授，母校中南财经政法大学的齐文远教授、王良顺教授和周详教授提出了很多富有价值、引人深思的宝贵意见。这些都为本文的写作、修改完善提供了有益的启发，在此献上最真诚的感谢！感谢中南大刑法学科诸位老师的栽培与教育，祝愿老师们健康永驻、笑颜常开！

承蒙国家社科基金资助，拙作得以付梓面世，在此郑重感谢。也要感谢毕业论文盲评和优博出版项目评审过程中对本书予以支持并提出宝贵意见的匿名专家，本书的完善离不开各位匿名专家鞭挞入里的修改意见。不过，"人类在保护自己心爱的想法时最不理性"，我也不能例外，因此本书中任何的瑕疵与不妥，责任都在于作者本人的"不理性"。

感谢中国社会科学出版社为拙作出版所做的一切工作。特别感谢责任编辑梁剑琴老师提出的专业性真知灼见，梁老师全程跟进书稿出版的每一个环节，细致校正书稿的每一处瑕疵，耐心指导我进行修改，对我的疑问和求助，总能第一时间给出专业的回应。

也要感谢本文写作、修改过程中给予帮助的同门！与吴荣富博士、简筱昊博士的交流常使我茅塞顿开、受益匪浅，翟艺丹、唐已雯师妹在日文文献翻译上给予我很多帮助和指导。

感谢华中师范大学法学院的罗世龙师兄，世龙师兄先我获得优秀博士论文出版项目资助。在申请优博专项时，我曾向师兄请教申请书撰写的注意事项，他毫不吝啬地提供了帮助。

非常感谢山西财经大学法学院的领导与同事！学院领导为青年教师成长创造了良好的环境，督促并帮助我顺利地适应教学、科研工作；各位前辈教师，特别是刑法教研室的同事在课程安排、教学开展等方面给了我诸多的照顾和指导。诚愿山财法学院越来越好！

我要特别感谢我的家人。父亲、母亲是地地道道的农民，一辈子起早贪黑、辛劳无比，为了养育我们姐弟三人，早已透支体力以致家徒四壁，虽不富裕却永远把最好的留给我们，更是用瘦削的脊梁骨支持我追求奢侈的梦想！如今父母均年逾花甲，两鬓斑白、身体欠佳，三春之晖，无以为报。每念及此，难忍热泪两行。非常感谢哥哥、嫂子、姐姐对我的包容和支持，这些年他们主动挑起照顾父母、料理家庭的担子，付出了很大的心血，让我得以安心求学。也想当面感谢姐夫对我的关心和对家里的照顾，只可惜他英年罹难，阴阳两隔。感谢小侄子、外甥和外甥女带给我的快乐。感谢我的妻子郭慧女士，在我最艰难、崩溃的时候，毫无怨言地陪伴左右，给予我支持、鼓励、理解和包容。因为家的存在，我真实又持久地感受到生命是有温度的。

感谢所有关心、帮助过我的人！纸短情长，更担心挂一漏万，恕不一一列举，但点点滴滴都铭刻我心。

最后，我想分别摘引硕士学位论文和博士学位论文致谢部分的

两句话作为结尾:

"感恩我走过的路途,感恩我所有的际遇,感恩我拥有的一切!"

"那来日,依然充满希望,依然有着令人心驰神往的美好!"

二〇二三年十月中旬某深夜
于太原寓所